軍人皇帝時代の研究

軍人皇帝時代の研究

ローマ帝国の変容

井上文則

岩波書店

はしがき

本書は、軍人皇帝時代のローマ帝国政治史の研究である。

軍人皇帝時代とは、五賢帝時代に続いたセウェルス朝が二三五年に断絶してからディオクレティアヌス帝が即位する二八四年までのほぼ半世紀にわたる時代である。この間のローマ帝国は、その時代呼称が示すように、軍隊によって擁立された、時に本人自身も兵卒上がりの皇帝が次々と現れては、倒れていくという政治的混乱の中にあった。うち正統帝と見なされる皇帝(副帝も含む)——元老院によって正式に承認されたそれ——だけで二八名を数え、都に上ることができず、地方で果てた簒奪皇帝を含めるならば、皇帝の総数は五〇名を下らなかったと言われている。同時期に在位したペルシア皇帝の数がわずか五名であったことを考えるならば、いかに当時のローマ帝国が政治的に混乱を極めていたかは明白であろう。政治的混乱の最も甚だしかった一時期には、ローマ帝国は諸勢力によりその領土を三分されるまでに至っていた。

ローマ帝国が軍人皇帝時代を迎え、極度に混乱した原因には、ローマの政体が帝政になってからですらすでに二五〇年以上経っていたのであるから、積年の問題が数多くあったことは否めないが、直接的な引き金となったのは外敵の激しい侵入であった。すなわち、二二四年にイランの地に興ったササン朝ペルシアは、アケメネス朝ペルシアの旧領土の奪回を目指して、ローマ帝国に積極的な攻勢に出、ローマの東方諸属州を荒らし、これにまるで呼応するかのようにゴート族やアラマンニ族、フランク族などのゲルマン系諸民族の動きも活発化したからである。その結果、ユーフラテス、ドナウ、ラインの諸河川の帝国国境はほぼ常時緊迫し、帝国は、場合によっては、二面、三面戦争を余儀なくされた。必然的に、皇帝不在の戦線ができることになったが、軍閥化していた地方駐屯軍はこの事態に憤り、新たな皇帝を擁立するという行動を取ったため、外敵の侵入は、それにともなう惨禍だけに留まらず、内戦をも引き起こすことになった。こうして、ローマ帝国は泥沼のような政治的混乱の中に落ち込んでいったのであった。

伝統的な政治史の理解に従えば、この軍人皇帝時代の政治的混乱の中、初代皇帝アウグストゥスによって創始された元首政と呼ばれる政治体制は崩壊する。しかし一方で、これに代わる新しい政治体制、すなわち専制君主政の出現はディオクレティアヌス帝とコンスタンティヌス帝の改革を待たねばならないとされる。いわば、軍人皇帝時代は二つの政治体制の間の、混乱に満ちた過渡期と見なされてきたのである。だが、果たして本当にそうであったのであろうか。本書がその政治史の研究を通して最終的に目指すのは、このような「過渡期」としての軍人皇帝時代像の修正である。

目　次

略号一覧

AE = *L'Année épigraphique.*

ANRW = *Aufstieg und Niedergang der römischen Welt.*

CAH^{1} = *The Cambridge Ancient History*, 1st ed. vol. 12, 1939.

CAH^{2} = *The Cambridge Ancient History*, 2nd ed. vol. 12, 2005.

CIL = *Corpus Inscriptionum Latinarum.*

FGrH = *Fragmente der griechischen Historiker.*

ILS = *Inscriptiones Latinae Selectae.*

JRS = *Journal of Roman Studies.*

PLRE = *The Prosopography of the Later Roman Empire.*

SHA = *Scriptores Historiae Augustae.*

ZPE = *Zeitschrift für Papyrologie und Epigraphik.*

序章　軍人皇帝時代の政治史研究
──その課題と射程

本書の課題

ローマ帝国の歴史は、近代ローマ史学の創始者Th・モムゼンの研究以来、軍人皇帝時代(二三五〜二八四年)を過渡期として前後に時代区分されてきた。(1) 本来、モムゼンはこの時代区分を皇帝権力の法的あり方に着目して行い、前期のローマ帝国を「元首政(Prinzipat)」、後期のローマ帝国を「専制君主政(Dominat)」とそれぞれ呼んだのであるが、この時代区分は、後学の者たちによって次第に社会経済史の面からも肉づけされ、やがてローマ帝国史に関する伝統的歴史像が形成されていった。

それによれば、(2) 二世紀の五賢帝時代に最盛期を迎えた前期のローマ帝国は、続く三世紀には軍人皇帝時代と呼ばれる全面的な危機の時代を経験する。そして、この危機を克服したディオクレティアヌス、コンスタンティヌス両皇帝は「オリエント的専制君主政」、あるいは「カースト化した強制国家」というネガティヴなレッテルを貼られる、前期ローマ帝国とはまったく異質な国家をつくり上げたとされるのである。しかし、今日、伝統的な後期ローマ帝国史像のほうは大きく刷新されつつある。「オリエント的」という価値判断を含んだ表現はもはや用いられなくなり、皇帝権力の法理論上の絶対化は認められないとの説が提出されて、「専制君主政」という概念も批判にさらされている。[3]また、「カースト化した強制国家」とのイメージも今や完全に覆され、逆に、後期の帝国は前期のそれよりも社会的流動性の高い国家であったことが指摘されるようになってきているのである。[4]このような後期ローマ帝国像の変貌は、当然のことながら、前期から後期へのローマ帝国の変容過程をあらためて問い直すことを要求していると言えるだろう。

本書は、大きくは、この前期から後期へのローマ帝国の変容過程を、その過渡期として位置づけられてきている軍人皇帝時代の政治史の分析を通して、再考しようとする試みである。しかしながら、内外の研究状況を振り返ってみるならば、このような試みはこれまでほとんどなされてこなかったように思われる。それにはさまざまな要因が考えられるが、まずもって軍人皇帝時代の史料状況が劣悪であったこと、それにともなって軍人皇帝時代研究そのものが低調であったこと、さらには近年の「古代末期(Late Antiquity)」史研究の潮流を受けて、政治史に対する問題関心が希薄化したことなどを挙げることができよう。以下では、より具体的な本書の課題を述べるに先立ってこれらの点を順を追ってあらかじめ説明しておきたい。

軍人皇帝時代の史料

軍人皇帝時代の史料状況については、後期ローマ帝国に関する大著で知られるA・H・M・ジョーンズが的確に、そして印象的に次のように述べている。「この時代は、まるで暗いトンネルのようである。両端から光で照らされているが、その間には、数少なく乏しい光源があるに過ぎない」[5]。実際、軍人皇帝時代の史料は、量的に少なく、質的に劣悪である。まずは、本書で用いる史料の紹介を兼ねて、同時代の文献史料から見ていこう。軍人皇帝時代のそれとしてまとまった形で残っているのは、唯一ヘロディアヌスの史書だけである。[6]とはいえ、このヘロディアヌスの史書もゴルディアヌス三世が単独統治に入った二三八年までしかカヴァーしておらず、軍人皇帝時代のほんの入り口のところでその叙述を終えてしまうのである。そして、その後の軍人皇帝時代の同時代文献史料は、『第一三シビュラの預言書』のような曖昧模糊とした内容の著作[7]を除いては、断片の形でしか残っていない。それも、そのほとんどが著者の名前や著作の題名、そして叙述範囲が知られる程度であって、意味のある分量は残存していない。そのようなものとしては、例えば、トレビゾンドのニコストラトスによるフィリップス帝からヴァレリアヌス帝のペルシア捕囚に至るまでのローマ史[8]やエウセビオスなる人物（『教会史』のエウセビオスとは別人）の手になるオクタウィアヌスからカルス帝までの歴史[9]、あるいはキュメのエフォロスの二七巻にわたるガリエヌス帝治世の歴史[10]などを挙げることができる。例外と言ってよいのは、アテナイ人デクシッポスの『編年史(*Χρονικά*)』と『ゴート戦争史(*Σκυθικά*)』であるが、それでも史書の性格の分析が可能な程度の量がかろうじて残されているに過ぎない[11]。

当時、歴史家が輩出しなかったわけではない。むしろ、多くの歴史家が筆を競っていたことが知られているのであり[12]、それだけにいっそう同時代文献の残存状態には失望せざるを得ないが、実際問題として同時代の文献史料が今日まで残らなかった以上、われわれはその研究に際して後代に著された史書に頼るほかない。ここでは、うち主要なものに限り、便宜的にラテン語とギリシア語で著されたものに大別して簡単に紹介しておくことにする。

代表的なラテン語の史書としては、まず、四世紀後半に著された一群のローマ史概略が挙げられる。アウレリウス・ウィクトル『皇帝史(De Caesaribus)[13]』、エウトロピウス『建国以来のローマ史概略(Breviarium ab urbe condita)[14]』、伝ウィクトル『皇帝史略(Epitome de Caesaribus)[15]』がそれである。これらの史書は、いずれも極めて簡略であるだけでなく、内容的に非常に類似しており、今日一般に共通史料の存在が想定されている。「発見者」名にちなんで『エンマンの皇帝史(Enmannsche Kaisergeschichte)』と呼ばれるものがそれであり[16]、四世紀前半にラテン語で著されたと考えられているが、これ自体が簡略で、誤りも多いものであったと考えられている[17]。したがって、これらローマ史概略の類の史料的価値は、それほど高くない。

次いでラテン語の史書として指を屈するのは、同じく四世紀末に著された『ヒストリア・アウグスタ(Historia Augusta)』と通称されるハドリアヌスからヌメリアヌスまでの皇帝や簒奪帝の伝記集である。[18] この伝記集は、分量的には相当あり、トイプナー版で軍人皇帝の部分だけでも二五〇頁近くある。そして、そこには、スエトニウスに倣ったスタイルで彼らの出自、経歴、内政、外征、そして私生活が饒舌多彩に描かれている。しかしながら、この伝記集は、その著者の性格、成立年代、さらには内容の信憑性をめぐって、一九世紀のH・デッサウの研究[19]以来、激しい論争の対象となっており、その史料的価値についてはかなりの疑問がある。[20]『ケンブリッジ古代史』第一二巻(第二版)でこの伝記集の史料的価値に言及したJ・F・ドリンクウォーターに至っては、『ヒストリア・アウグスタ』は、デクシッポスなどの信頼できる原史料を利用したと考えられる部分を除いては、「アウレリウス・ウィクトルとエウトロピウスを想像力で膨らましたものに過ぎず、たいていの場合無視すべきである」とまで言い切っているほどである。[21]

次にギリシア語の史書であるが、こちらはラテン語の史書に比べて成立年代は下るとはいえ、今日では失われた価値の高い史書を原史料として利用しており、その信頼性はずっと高いとされている。ゾシモスとゾナラスがこれを代表する。

ゾシモスは、最後の異教史家と呼ばれ、アウグストゥスから四一〇年のゴート族によるローマ市劫略直前までのローマ帝国史を反キリスト教的な立場から叙述した。[22]『近代史(Ἱστορία νέα)』と題されたこの史書[23]の成立年代は、五世紀末から六世紀初頭の間である。問題となる軍人皇帝時代の叙述に関しては、二七〇年以後は、四世紀のソフィスト、エウナピオスの史書を原史料として利用したようであるが、それ以前の原史料については論争がある。デクシッポスを利用したとするのが一般的であるが、ビュデ版の校訂・翻訳者F・パシューはまったく分からないとしている。[24]

ゾナラスの史書『歴史要略('Επιτομὴ ἱστοριῶν)』は、いわゆる世界年代記の一つで、天地創造から自身の生きた一二世紀までの歴史が記されている。[25] この史書は、未だ近代語訳もない状態であるが、近年、ようやくその原史料についての研究は活況を呈してきている。それらの研究に従えば、ゾナラスは軍人皇帝時代の叙述に際しては、主として、六世紀のペトロス・パトリキオスの史書に拠っており、ペトロスは四世紀末のローマの元老院議員ニコマクス・フラウィアヌスの著した『年代記(Annales)』を利用したとされる。[26] ただし、フラウィアヌスの『年代記』は、碑文史料にその存在が言及されるだけであり、[27] 内容は一切不明であるため、これを重視する見解には懐疑的な立場をとる学者も、特に英米圏では多い。[28]

ラテン語、ギリシア語を問わず、以上のような文献史料の著しい僅少さに加えて、碑文もまたセプティミウス・セウェルス帝の治世(一九三～二一一年)をピークに急激に減少しはじめる。古代ローマ人は、古代ギリシア人と同じく、法律や個人の顕彰文などを金石に刻み、碑文の形で残す習慣を持っており、中でもその習慣が盛んになった前期ローマ帝国時代の碑文は豊富に残され、当該時代の政治や社会の研究に不可欠な史料となっていただけに、その減少は、続く時代の研究にとって、大きな痛手となる。碑文減少の根本的原因は明らかではないが、単に当時の社会的、経済的混乱だけに起因したものではなさそうである。ディオクレティアヌス帝の治世に入って少し碑文の量が回復するとはいえ、やがて碑文を立てる習慣そのものがほとんどなくなってしまうからである。そこには、人々の何らかの心性の変化もあったのであろう。[29]

このような文献史料と碑文史料の欠落を埋めるものとして、史料としての重要性を増してくるのは、貨幣である。貨幣だけが、三世紀に入ってもその量を減少させず、むしろ増大させるのであり、H・マッティングリーが述べるように「実際、貨幣はこの時代の継続的に残存する唯一の史料なのである」。[30] 貨幣は古代において単に通貨として機能していただけでなく、メディアの発達していなかった当時においては、強く政府の広報機能を帯びていたので、その図像や銘文を読み解くことを通して、皇帝の在位期間や動静、あるいは政府のイデオロギーをも知ることができる。

貨幣は、もちろん第一義には経済史の史料であるが、それだけに留まらず、政治史の史料としても貴重であるということになる。しかしながら、貨幣はあくまでも貨幣であり、その情報量には当然限界がある。また、その取り扱いには専門的な訓練が必要であり、本書では銘文の分析程度の利用に留まっている。[31]

軍人皇帝時代研究の回顧

以上のような軍人皇帝時代の史料状況の劣悪さが、その研究全般を基礎的なレヴェルに押し留めてきたと言ってよいであろう。[32] 圧倒的多数の研究が、これまで事件の年代確定や事実関係確認に費やされてきたのである。実際、一九六二年にヴァルザーとペカリが一九三九年から一九五九年までの軍人皇帝時代の研究動向をまとめているが、[33] この書物の四割程度が「編年研究(Chronologischer Teil)」と分類された基礎的研究の動向紹介に当てられていることは、軍人皇帝時代研究の傾向をよく示している。換言すれば、個別実証研究はともかくとして、先鋭な問題意識を持って、この時代全体を大きな視野でローマ史の中に積極的に位置づけていくような研究がほとんどなかったのである。軍人皇帝時代に関するまとまった著作が非常に少ないのは、このことの裏返しである。一九五九年の時点で、軍人皇帝時代全体に関する研究書としては、一九三〇年代の『ケンブリッジ古代史』第一二巻、M・ブズニエの『セウェルス朝の到来からニケーアの公会議に至るローマ史』、F・アルトハイムの『軍人皇帝時代』、[34] また時代は下るが、A・カルデリーニの『セウェルス朝——三世紀における帝国の危機』[35] などを挙げることができる程度であろう。カルデリーニの著作が刊行された一九五〇年前後には、イタリア語で個々の軍人皇帝、すなわちガリエヌス、プロブス、カルスの伝記的研究[36] やG・バルビエーリによるセウェルスからカリヌスまでの元老院議員のプロソポグラフィー的データ集成[37] などが出版されたことは注目されるが、それでも結局は以後も、それほど目立った業績がなかったことは、弓削達氏が一九七〇年の『岩波講座世界歴史』所載の論考で「三世紀を扱った包括的な文献は、それに先立つ元首政期とくにその初期と、それに続く古代末期プロパーの両時期とは対蹠的に、きわめて少ないという印象をぬぐい切れない」[38]と指摘しているとおりである。

しかし、一九七〇年代に入ると、軍人皇帝時代研究の活性化に繋がる研究が相次いで世に問われるようになった。一九七一年には、R・サイムが『皇帝と伝記――『ヒストリア・アウグスタ』の研究』を著した。[39] この書物は、『ヒストリア・アウグスタ』をプロソポグラフィー的手法で分析したもので、単なる『ヒストリア・アウグスタ』研究に留まらず、当該時代を考える上で貴重な示唆を数多く含んでいた。翌年には、ローマ史研究全般に関わる画期的な一大叢書『ローマ世界の興亡』の刊行が始まり、軍人皇帝時代に関する巻も一九七五年に出版された。[40] 所収の各論考は、主要な皇帝の治世を中心に政治史の本格的分析やクロノロジー問題、あるいは研究史整理などの形をとり、それぞれ性格は異なるが、いずれも今後の研究の出発点となる重要な論考であった。刊行年は前後するが、軍人皇帝時代研究の活性化に最も大きな影響を及ぼしたのは、一九七一年に出版されたP・ブラウンの『古代末期の世界』[41]であろう。この著作は、従来、没落と衰退の時代と捉えられてきた二世紀のマルクス・アウレリウス帝の治世からイスラムの地中海進出までの時代を「古代末期」と概念づけられる、一個の活力ある、価値ある時代として描き出すことで、危機と破滅の時代としての軍人皇帝時代像[42]の見直しをも迫ったからである。

そして、その見直しは、社会経済史や心性史の面で一定の進展を見た。危機の程度が地域によって相当に異なること[43]、また危機意識も同時代人の間では、かなり後代になってからしか現れないこと[44]が指摘されるようになったことは、その重要な成果であろう。今日では、軍人皇帝時代を形容する常套句であった「危機(crisis)」という言葉は、たいていの場合、括弧つきで用いられるようになり、軍人皇帝時代が本当に危機の時代であったのかどうかが問われるようになっている。[45] また、このような研究にともなって、軍人皇帝時代前後のローマ帝国の関係についても、断絶よりも、連続性が強調されるようになってきているのである。

しかし、にもかかわらず、一連の新しい研究動向を受けて、軍人皇帝時代の研究が活発になったかと言えば、必ずしもそうではなかったように思われる。その原因には、根本的には先に指摘したような史料上の制約があったのであるが、ブラウンの研究の影響が限定的なものに留まったことも大きいであろう。ブラウン自身は、「古代末期」を二世紀から始まると考えていたにもかかわらず、現在では、「古代末期」と「後期ローマ帝国」がほとんど同義に用いられるようになっていることが端的に示しているように、ブラウンの影響を受けた研究の新しい流れは、もっぱらディオクレティアヌス以後の時代に集中したからである。結局のところ、軍人皇帝時代の研究は、後期ローマ帝国の研究に比べて、全般的にはなはだ見劣りのするものとなってしまったことは否めないであろう。特に、政治史に関して言えば、ブラウンの影響はマイナスに働いたので、なおさらであったように思われるが、この点を論じる前に、先に、わが国の軍人皇帝時代研究の現状を一瞥しておきたい。

わが国においては、軍人皇帝時代の研究は、古く戦前に祇園寺信彦氏が『ヒストリア・アウグスタ』を基にプロブス帝の伝記的研究を行って先鞭をつけたが[46]、単発的であり、今日まで続く研究は先に名を挙げた弓削達氏に始まる。弓削氏は、この時代の研究を「世界史的に第一級の意味をもつ[47]」として、早くからその重要性を指摘し、研究史を整理したが、氏自身が個別的な軍人皇帝時代研究に深く入り込むことはなかった。その後、弓削氏の弟子に当たる本村凌二、市川雅俊氏らによって、それぞれ経済史、軍制史の観点から本格的な論文が公にされ[48]、特に、市川氏は軍制史と経済史を結びつけた大きなスケールで軍人皇帝時代全般を見通す論文を著した。しかし、両者とも、その研究は八〇年代で止まってしまった。九〇年代に入ってからは、米田利浩氏と南川高志氏が軍人皇帝時代の統治階層に関する研究を行ったが、やはり両者ともその研究に継続性はなく、時代的にも軍人皇帝時代初期のゴルディアヌス三世の時代をもって筆を止めており、その後は見通しを述べるに留まっている[49]。一方、豊田浩志氏による軍人皇帝時代のキリスト教史研究[50]は、キリスト教興隆の歴史的背景となる当該期の政治史や制度史にも広く目を配ったものであったから、わが国において著書の形をなした唯一の軍人皇帝時代史研究と評価できるが、その研究の性格上、あくまでも軍人皇帝時代はメイン・テーマではなく、キリスト教史の歴史的背景としての扱いである。したがって、わが国の軍人皇帝時代研究を回顧してみても、それはやはり欧米と同じく概して低調であったと言わざるを得ないであろう。新版の『岩波講座世界歴史』でも、南川氏の論考がその議論を当該時代の統治階層について及ぼしているとはいえ、[51]軍人皇帝時代そのものに関する論考は含まれていないのである。

政治史研究の退潮

このように内外を問わず、軍人皇帝時代の研究は全般的に低調であったのであるが、中でも政治史の立場からの当該時代の研究は、上述したブラウンの「古代末期」概念の出現以後、一見逆説的ではあるが、いっそう下火になったように感じられる。確かに、七〇年代以後も、それなりに政治史の研究は現れている。一九七六年には、L・ドゥ＝ブロワの『皇帝ガリエヌスの政策』[52]が、一九八〇年代には、軍人皇帝時代の激しい帝権動揺の原因を探ったF・ハルトマンの『帝位交替と帝国の危機』[53]やガリア分離帝国に関するI・ケーニッヒとJ・F・ドリンクウォーターの著作、[54]あるいはM・クリストルによる三世紀後半の元老院議員のプロソポグラフィー研究[55]などが刊行され、九〇年代から現在にかけては、多くの概説書[56]や個々の皇帝の伝記的研究、[57]さらには『ケンブリッジ古代史』第一二巻の第二版[58]も出版された。ところが、残念なことに、これらの研究はいずれも、大きな歴史像の転換を迫るようなものではなく、基本的には、年代確定や事実関係の確認がより精緻かつ正確になされるようになっていったということに留まっているように感じられる。いわば、詳細な概説書のようなものがほとんどで、旧来よりもいっそう先鋭な問題意識に乏しくなっているのである。

それには、かつて、この時代の政治史を問う重要な視点であった「元首政から専制君主政へ」という問題意識が、

「専制君主政」という概念が批判され、それに変わる「古代末期」が登場してからは、ほとんど消え去ってしまったことが、大きな影響を与えているのではないだろうか。すでに論じてきたことから明らかなように、「古代末期」は、「元首政」と接合することのできない本来的にまったく異なる概念であったし、その上、「古代末期」の創始者であるブラウン自身の関心が強く宗教史や精神史に向いており、彼に続いた研究者も含めて、政治史の見直しには積極的に取り組まなかったからである。(59) そのため、後藤篤子氏が『西洋古代史研究入門』の一節で「しかし私見では、もっとも早く批判が始まった皇帝の問題が現時点の古代末期研究ではもっとも遅れており、当時の皇帝権力の機能の実態や権力基盤に迫る包括的な研究はいまだなされていない」と指摘しているように、(60) 現在、後期ローマ帝国の政治史研究はさまざまな意味で「遅れた」分野となっており、「専制君主政」に代わる政治史像は未だ明確にはなっていないのである。「元首政」は、それに対応する概念を一方的に失ってしまったと言える。そして、このことが、政治史的な面から軍人皇帝時代を問うことを難しくしていると考えられるのであるが、しかし、一方で、「元首政」という概念が政治史を語る上で有効なものとして現在でも用いられている以上、(61)「元首政から」の問題意識までが消えてしまってよいわけではない。少なくとも、「元首政」という政治史的な概念に、「古代末期」という社会史や心性史に由来する時代概念を継ぎ足してローマ帝国史を叙述するような現在の研究状況はあまりに不自然であろう。(62)

以上のような諸要因のゆえに、最初に述べたように、軍人皇帝時代の政治史の分析を通して前期から後期へのローマ帝国の変容過程を問うことは、十分になされてこなかったのであり、その結果、伝統的な過渡期としての軍人皇帝時代像も、今日まで変わらないままとなり、政治史研究の上では、前後のローマ帝国の関係は、軍人皇帝時代で都合よく断ち切られてしまっているのである。現に、圧倒的多数の研究書が、あるいは二三五年のセウェルス朝断絶をもって筆を擱き、またあるいは二八四年のディオクレティアヌスの即位をもってその叙述を始めており、軍人皇帝時代は、前後のローマ帝国のエピローグかプロローグの位置しか与えられていない。しかしながら、それでは、軍人皇帝時代は、いつまでたってもローマ帝国史のブラックボックスのままであり、ひいては前後のローマ帝国を一つのものとして、その全体像を描き出すこともできないことになろう。

「騎士身分の興隆」再考

軍人皇帝時代研究の以上のような現状を受けて、本書は先に述べた課題に取り組もうとするのであるが、この場合、議論はその内実が問題とされている「専制君主政」ではなく、「元首政」から始めるのが適当であろう。さらに、南川氏が指摘するように、元首政の本質的性格が「皇帝と元老院議員との共同統治」にあるとするならば[63]、何よりもまずこのような統治体制がどのような変容を遂げていったのか、ということが問われなければならない。こうして、本書のより具体的な課題として、統治階層交替の問題、すなわち先行研究が言うところの「騎士身分の興隆」の問題が研究の俎上に上ってくることになる。

「騎士身分の興隆」とは、元老院議員に代わって、その次位に位置した社会層であった騎士身分の者たちが帝国統治の要職に次第に進出していった現象を指している。この現象は帝政前期を通じて進展したが、三世紀初頭のセプティミウス・セウェルス帝の治世以後、顕著になり、特に軍人皇帝時代のガリエヌス帝の単独統治期(二六〇～二六八年)には、この身分に属する者が、これまで元老院議員に委ねられてきた属州総督職や軍団の司令官職などに就きはじめるようになる。最終的に、この傾向はディオクレティアヌス帝の治世(二八四～三〇五年)に頂点に達した、とされている。同皇帝の治下では、皇帝位を含め帝国統治の要職は、ことごとく騎士身分の者の手に移り、元老院議員はイタリアやローマ市内の名誉職を保持するのみとなったからである。

そして、この騎士身分には、研究史上、元老院議員とはランクだけではない、より本質的な性格の相違が仮定されてきたため、これまでその興隆はローマ帝国の政治体制の変化に関連づけて論じられてきた。

例えば、モムゼンの弟子であったO・ヒルシュフェルトは、騎士身分が皇帝に対する「忠誠度」の点で元老院議員にはるかに勝っていたと述べ、皇帝は自らに忠実な「走狗」としての騎士身分を、元老院議員を排除しつつ、積極的に登用することで、元老院の第一人者たる元首(princeps)から専制君主へと変貌していった、と説いた。[64]同じ立場に立つM・T・W・アルンハイムは、騎士身分を最も大規模に登用したディオクレティアヌス帝こそ、真の専制君主(autocrat)であったと指摘している。[65]元首政から専制君主政へのローマ帝国の政治体制の移行は、人的基盤という観点から見るならば、騎士身分の興隆によって三世紀の末には完了していたことになるのである。確かに、彼らが想定するように、騎士身分に属した者たちは、元老院議員のように、皇帝を同等者と見なすような独自の価値意識は持っていなかったであろう。その意味では、皇帝にとって、より使いやすい集団であったことは疑いない。しかし、彼らが「皇帝に忠実な騎士身分(der kaisertreue Ritterstand)」と呼ばれるような集団でなかったことは、皇帝が彼らを重用しはじめたとされるまさに三世紀に、皮肉にも、騎士身分の者によって皇帝が殺害され、帝位が奪われるということがしばしば起こっていたという事実が示している。また、すでに言及したように皇帝の専制化という現象そのものが疑問視されている現状にあっては、この学説の破綻は明らかであろう。

そのため、今日では、これに代わる新しい学説が現れてきている。それは、元老院議員と騎士身分を、皇帝に対する「忠誠度」ではなく、行政や軍事面での「専門性」という新たなレヴェルで対照するものである。わが国の南川氏が主張するこの説によるならば、元老院議員はそのアマチュアリズムのゆえに、二世紀後半以後帝国の危機が顕在化してくるにつれて、騎士身分の有するプロフェッショナリズムに敗北していった、ということになる。[66]そして、この現象にともなって、元首政の本質的性格である「皇帝と元老院議員との共同統治」も、三世紀の前半には崩壊したとするのである。ただし、元首政崩壊後の新しいローマ帝国の政治体制が、どのようなものであったのかについては、課題として残されたままとなっているが、それでも、一見する限りでは、元老院議員や騎士身分の官職歴任階梯に関するプロソポグラフィー研究の成果を積極的に取り入れ、旧説の欠点を克服した説得力ある学説のように見える。しかし、問題点は少なからずある。一例を挙げるならば、騎士身分は、やがてコンスタンティヌス帝の時代には元老院議員身分に吸収される形で消滅し、「専門性」の点で劣るとされた元老院議員が再び政界に返り咲く結果となるのであり、「専門性」の高低では、説明しきれない現象が生じるのである。この問題点は、ヒルシュフェルトの学説にもそのまま当てはまるのであり、ローマ国家が「専門性」や「忠誠度」といった原理を第一に動いていなかったことを暗に示唆しているが、この点はともかくとしても、これらの先行研究には、次のような共通するさらにより深刻な問題が包まれていることを見逃してはならない。

それは、すなわち、先行研究が騎士身分をあたかも元老院議員に対置され得る集団と見なし、一つの特性を与えている点である。実際には、騎士身分なるものは、定員六〇〇名と定められた元老院議員とは異なり、定数制限のない、ほぼ財産資格と官職によってのみ規定される集団だったのであり、ことにセウェルス帝治世以後に至っては、騎士身分には、元老院議員と変わらぬ社会的背景を持つ者から百人隊長クラスの軍人まで含まれるようになっていたのである[67]。騎士身分は、決して一枚岩ではなかったのであり、このような茫漠とした集団を手がかりにして、当時生じた統治階層の交替やローマ皇帝政治の性格の変質を実態に即して理解することには、無理があったと言わざるを得ない。したがって、まず、明らかにしなければならないのは、軍人皇帝時代以後に興隆した騎士身分の実体が何であったのか、ということであろう。

議論の射程

そこで、本書では、まず、騎士身分の者が元老院議員の官職に、それも元老院議員に取って代わる形で進出しはじめたという意味で、彼らの興隆にとって決定的な時期であったガリエヌス帝単独統治時代の騎士身分の興隆を考察することから議論を始めたい。そうして、最終的には、騎士身分の興隆で話を終わらせるのではなく、コンスタンティヌス帝時代における元老院議員の政界復帰と騎士身分の消滅までを視野に含めて、統治階層の転変を一貫して説明することを試みたい。しかし、この問題の解明は、単にそれだけに留まらない意義を有している。これまでの議論からも推察されるように、この問題に対する答えが、もはや騎士身分に与えられた何らかの特殊な能力に求められない以上、それは彼らの能力を超えたより大きな力、すなわち、彼らを歴史の表舞台に押し上げた、より深部でのローマ帝国の変容過程――本書ではこれを統治構造の変化と捉えているが――のもたらしたものであると予想されることになるからである。すなわち、この問いかけは、先行研究とは異なる次元で、統治階層の交替や政治体制の問題を超えた重要性を帯びてくることにもなるのである。

このような考えから、本書では、政治史の面から、すなわち、具体的には軍人皇帝時代を中心とした時期の統治階層転変の実態を追求しつつ、それと密接に関連すると想定される帝国の統治構造の変化を解き明かすことを通して、前期から後期へのローマ帝国の変容過程を問い直してみたい。そして、この作業は同時に単なる過渡期としてではない、新しい軍人皇帝時代像を提示することにも繋がるであろう。

(1) Th. Mommsen, *Abriss des römischen Staatsrechts*, 2 Auflage, Leipzig, 1907, S. 347-363. 第一章でも言及するように、モムゼンは、元首政の終焉をガリエヌス帝の単独統治時(二六〇~二六八年)に認めており、一方、専制君主政の開始期をディオクレティアヌスの時代(二八四~三〇五年)に見ていたので、軍人皇帝時代後半の二〇年程度を二つの政治体制の過渡期としていたことになる。これに対して、南川高志氏は、元首政の終焉期を二三八年に置く説を提唱する(『ローマ皇帝とその時代――元首政期ローマ帝国政治史の研究』創文社、一九九五年、三五七頁)。しかし、「元首政とは明らかに異なる後期ローマ帝国の政治体制が明確に誕生したのはもう少し後のことであろう」とし、二三八年以後に過渡期をどの程度認めるかについては、今後の課題としている。

(2) 弓削達『ローマ帝国の国家と社会』岩波書店、一九六四年、二四九～二九〇頁。
(3) J. Bleicken, *Prinzipat und Dominat: Gedanken zur Periodisierung der römischen Kaiserzeit*, Wiesbaden, 1978.
(4) 「カースト化した強制国家」像に対する反論については、小田謙爾「解体前夜のローマ帝国」『古代地中海世界の統一と変容』青木書店、二〇〇〇年、二三八～二六一頁。
(5) A. H. M. Jones, *The Later Roman Empire 284-602: A Social, Economic and Administrative Survey*, Oxford, 1964, p. 23.
(6) Herodian, 2 vols., translated by C. R. Whittaker, Loeb Classical Library, 1969-70.
(7) この史料のテクストと注釈については、D. S. Potter, *Prophecy and History in the Crisis of the Roman Empire: A Historical Commentary on the Thirteenth Sibylline Oracle*, Oxford, 1990 を参照。
(8) *FGrH*, 98.
(9) *FGrH*, 101.
(10) *FGrH*, 212.
(11) *FGrH*, 100; F. Millar, P. Herennius Dexippus: The Greek World and the Third Century Invasions, *JRS*, 59, 1969, pp. 12-29.
(12) H. Brandt, Dexipp und die Geschichtsschreibung des 3. Jh. n. Chr., M. Zimmermann (Hrsg.), *Geschichtsschreibung und politischer Wandel im 3. Jh. n. Chr.*, 1999, S. 169-181 は、三世紀後半をギリシア歴史学のルネサンスの時代として捉えている。戦争を歴史叙述の自明の対象としたギリシア人の伝統からすれば、異民族の侵入や内乱に苦悩するローマ帝国は、筆を競う対象となっていたのであろう。ギリシア人の歴史叙述については、藤縄謙三『歴史学の起源――ギリシア人と歴史』力富書房、一九八三年、四七～九二頁を参照。なお、三世紀の歴史叙述については、Potter, *op. cit.*, pp. 70-94 が有益である。
(13) Aurelius Victor, *De Caesaribus*, Pichlmayr (ed.), Leipzig, 1911, add. R. Gruendel, Leipzig, 1961. この史書の性格については、拙稿「大帝国統治と教養――一官僚のみたローマ帝国」南川高志編著『知と学びのヨーロッパ史――人文学・人文主義の歴史的展開』ミネルヴァ書房、二〇〇七年、一三～三五頁。
(14) Eutropius, *Breviarium ab urbe condita*, F. Rvehl (ed.), Leipzig, 1919.
(15) *Epitome de Caesaribus*, Pichlmayr (ed.), Leipzig, 1911, add. R. Gruendel, Leipzig, 1961.
(16) A. Enmann, Eine verlorene Geschichte der römischen Kaiser und das Buch de viris illustribus urbis Romae: Quellenstudien, *Philologus*, Suppl., 4, 1883, S. 335-501.

(17) T. D. Barnes, The Lost Kaisergeschichte and the Latin Historical Tradition, *Bonner Historia Augusta Colloquium*, 1968/69, pp. 13-34.

(18) *SHA*, E. Hohl (ed.), 5 Auflage, 2 Bde., Leipzig, 1971.

(19) H. Dessau, Über Zeit und Persönlichkeit der Scriptores Historiae Augustae, *Hermes*, 24, 1889, S. 337-392.

(20) 『ヒストリア・アウグスタ』の研究史については、*Histoire Auguste : Les empereurs romains des IIe et IIIe siècles*, Paris, 1994 のA・シャスタニョル(Chastagnol)による解説が簡便である。邦語文献としては、松本宣郎「『ヒストリア・アウグスタ』研究について――A. Momigliano の問題提起」『歴史』五四、一九八〇年、四九～六二頁、同「『ヒストリア・アウグスタ』研究について(二)――T. D. Barnes, *The Sources of the Historia Augusta* を中心に」『歴史』五九、一九八二年、五五～七〇頁がある。なお、『ヒストリア・アウグスタ』は、『ローマ皇帝群像』のタイトルで邦訳が進行中である(全四巻の予定)。現在、第一巻(南川高志訳、二〇〇四年)と第二巻(桑山由文・井上文則・南川高志訳、二〇〇六年)が京都大学学術出版会から刊行されている。

(21) J. F. Drinkwater, Maximinus to Diocletian and the 'crisis', *CAH*², p. 65.

(22) 米田利浩「古代末期のギリシア文化」藤縄謙三編『ギリシア文化の遺産』南窓社、一九九三年、一〇九～一三五頁。

(23) Zosime, *Histoire Nouvelle*, Tome I, Texte établi et traduit par F. Paschoud, Paris, 1971.

(24) ibid., p. xxxix.

(25) Zonaras, *Epitome Historiarum*, L. Dindorf (ed.), Leipzig, 1870.

(26) B. Bleckmann, *Die Reichskrise des III. Jahrhunderts in der spätantiken und byzantinischen Geschichtsschreibung : Untersuchungen zu den nachdionischen Quellen der Chronik des Johannes Zonaras*, München, 1992, S. 396-415; F. Paschoud, Nicomaque Flavien et la connexion byzantine (Pierre le Patrice et Zonaras) : à propos du livre récent de Bruno Bleckmann, *Antiquité Tardive*, 2, 1994, pp. 71-82.

(27) *CIL*, 6, 1783 = *ILS*, 2948. 例えば、J・マシューズは、この史書が共和政期のローマ史を対象としたものであった可能性を指摘している。J. Matthews, *Western Aristocracies and Imperial Court AD 364-425*, Oxford, 1975, p. 231, n. 3.

(28) A. Cameron, Education and Literary Culture, A. Cameron and P. Garnsey (ed.), *The Cambridge Ancient Hisory*, vol. XIII, Cambridge, 1998, p. 685; R. W. Burgess, *Studies in Eusebian and Post-Eusebian Chronography*, Stuttgart, 1999, p. 115, n. 8.

(29) G. Woolf, Monumental Writing and the Expansion of Roman Society in the Early Empire, *JRS*, 86, 1996, pp. 22-39.

(30) *CAH*^{1}, p. 717.
(31) なお、軍人皇帝時代の研究には、このほかにも、パピルスや考古学資料も利用されるが、本書の性格上ほとんど利用しなかったので、言及は行わない。
(32) 軍人皇帝時代の研究動向については、伊藤貞夫・本村凌二編『西洋古代史研究入門』東京大学出版会、一九九七年、一六〇～一六三頁も参照のこと。
(33) G. Walser und T. Pekáry, *Die Krise des römischen Reiches: Bericht über die Forschungen zur Geschichte des 3. Jahrhunderts (193–284 n. Chr.) von 1939 bis 1959*, Berlin, 1962.
(34) *CAH*^{1}; M. Besnier, *L'empire romain de l'avènement des Sévères au concile de Nicée*, Paris, 1937; F. Altheim, *Die Soldatenkaiser*, Frankfurt am Main, 1939.
(35) A. Calderini, *I Severi: La crisi dell'impero nel III secolo*, Bologna, 1949.
(36) E. Manni, *L'impero di Gallieno*, Roma, 1949; G. Vitucci, *L'imperatore Probo*, Roma, 1952; P. Meloni, *Il regno di Caro, Numeriano e Carino*, Cagliari, 1948.
(37) G. Barbieri, *L'albo senatorio da Settimio Severo a Carino (193–285)*, Roma, 1952.
(38) 弓削達「ドミナートゥスの成立」『岩波講座世界歴史　三』岩波書店、一九七〇年、七頁。
(39) R. Syme, *Emperors and Biography: Studies in the Historia Augusta*, Oxford, 1971.
(40) *ANRW*, 2, 2, 1975.
(41) P. Brown, *The World of Late Antiquity: from Marcus Aurelius to Muhammad*, London, 1971〔P・ブラウン『古代末期の世界――ローマ帝国はなぜキリスト教化したか？』宮島直機訳、刀水書房、二〇〇二年〕。なお、ブラウンの著作は、近年、次々と邦訳されている。『アウグスティヌス伝』（上・下）、出村和彦訳、教文館、二〇〇四年、『古代末期の形成』足立広明訳、慶應義塾大学出版会、二〇〇六年、『古代から中世へ』後藤篤子編訳、山川出版社、二〇〇六年。
(42) このような時代像は、典型的にはM・ロストフツェフの記述に見られる。M. Rostovtzeff, *The Social and Economic History of the Roman Empire*, Oxford, 2nd. ed., 1957〔M・ロストフツェフ『ローマ帝国社会経済史』（上・下）、坂口明訳、東洋経済新報社、二〇〇一年〕。
(43) C. Witschel, *Krise-Rezession-Stagnation?: Der Westen des römischen Reiches im 3. Jahrhundert n. Chr.*, Frankfurt am Main, 1999; id.

Situation im römischen Africa während des 3. Jahrhunderts, K.-P. Johne, T. Gerhardt und U. Hartmann (Hrsg.), *Deleto paene imperio Romano: Transformationsprozesse des Römischen Reiches im 3. Jahrhundert und ihre Rezeption in der Neuzeit*, Stuttgart, 2006, S. 145-221.

(44) K. Strobel, *Das Imperium Romanum im 3. Jahrhundert: Modell einer historischen Krise?*, Stuttgart, 1993.

(45) A. Cameron, *The Later Roman Empire*, Cambridge, Massachusetts, 1993, pp. 1-12; J.-M. Carrié et A. Rousselle, *L'empire romain en mutation des Sévères à Constantin (192-337)*, Paris, 1999, pp. 89-144.

(46) 祇園寺信彦「ローマの帝 Probus とその時代――Scriptores Historiae Augustae 所載の Probus 伝を通してみたる」『西洋史研究』一二、一九三七年、六八～七八頁。

(47) 弓削前掲論文、四頁。

(48) 本村凌二「ローマ帝国における貨幣と経済――三世紀「通貨危機」をめぐる研究動向」『史学雑誌』八八―四、一九七九年、四二～七〇頁、市川雅俊「専制君主政成立期における軍政・民政分離の一断面――Primipilus 職の変化と軍用食糧」『史学雑誌』九〇―二、一九八一年、一三九～一七三頁、同「ローマ帝国と軍隊」弓削達・伊藤貞夫編『ギリシアとローマ――古典古代の比較史的考察』河出書房新社、一九八八年、二二一～二四四頁。

(49) 米田利浩「C・フーリウス＝ティメシテウスについて――三世紀における独立代理官制の展開をめぐって」『北海道教育大学紀要』四三―二、一九九三年、二七～三九頁、南川前掲書、三一九～三五九頁、同「ローマ皇帝政治の進展と貴族社会」『岩波講座世界歴史　四』岩波書店、一九九八年、三二一～三四二頁。

(50) 豊田浩志『キリスト教の興隆とローマ帝国』南窓社、一九九四年。

(51) 南川前掲論文。

(52) L. de Blois, *The Policy of the Emperor Gallienus*, Leiden, 1976.

(53) F. Hartmann, *Herrscherwechsel und Reichskrise: Untersuchungen zu den Ursachen und Konsequenzen der Herrscherwechsel im Imperium Romanum der Soldatenkaiserzeit (3. Jahrhundert n. Chr.)*, Frankfurt am Main, 1982.

(54) I. König, *Die gallischen Usurpatoren von Postumus bis Tetricus*, München, 1981; J. F. Drinkwater, *The Gallic Empire: Separatism and Continuity in the North-Western Provinces of the Roman Empire, A.D. 260-274*, Stuttgart, 1987.

(55) M. Christol, *Essai sur l'évolution des carrières sénatoriales dans la 2ᵉ moitié du IIIᵉ s. ap. J.-C.*, Paris, 1986.

(56) M. Christol, *L'empire romain du IIIᵉ siècle: Histoire politique (de 192, mort de Commode, à 325, concile de Nicée)*, Paris, 1997; P.

Southern, *The Roman Empire from Severus to Constantine*, London and New York, 2001 ; D. S. Potter, *The Roman Empire at Bay AD 180–395*, London and New York, 2004.

(57)　E. Cizek, *L'empereur Aurélien et son temps*, Paris, 1994 ; A. Watson, *Aurelian and the Third Century*, London and New York, 1999 ; C. Körner, *Philippus Arabs : Ein Soldatenkaiser in der Tradition des antoninisch-severischen Prinzipats*, Berlin und New York, 2002 ; G. Kreucher, *Der Kaiser Marcus Aurelius Probus und seine Zeit*, Stuttgart, 2003.

(58)　*CAH*[2]. この書物の評価については、松本宣郎、田中創と私の共著になる書評（『西洋古典学研究』五五、二〇〇七年）も参照。

(59)　J. H. W. G. Liebeschuetz, Late Antiquity and the Concept of Decline, *Nottingham Medieval Studies*, 45, 2001, pp. 1–11.

(60)　伊藤、本村編前掲書、一三三頁。

(61)　最新の概説書の1つであるP. Garnsey and C. Humfress (ed.), *The Evolution of the Late Antique World*, Cambridge, 2001 においても、The decline and fall of the Principate という章が設けられている。

(62)　例えば、C. Kelly, *Ruling the Later Roman Empire*, Massachusetts and London, 2004 には、Passages from the Principate to Late Antiquity という1節がある。

(63)　南川前掲書、三五五～三五六頁。

(64)　O. Hirschfeld, *Die kaiserlichen Verwaltungsbeamten bis auf Diocletian*, 2 Auflage, Berlin, 1905, S. 482–486.

(65)　M. T. W. Arnheim, *The Senatorial Aristocracy in the Later Roman Empire*, Oxford, 1972, p. 5.

(66)　南川前掲書、三五五～三五六頁。より詳細な議論は、南川、前掲論文。

(67)　南川氏は、前掲論文において、騎士身分の多様性について論じているが、多様性を議論しつつも、騎士身分全般について「専門性が高い点」を指摘している。三三四頁。なお、騎士身分は、二世紀初頭には、その数二万から三万に達していたと言われている。

［付節］ 時代の概観

ここでは、本書全体の理解を助けるためにも、付節として軍人皇帝時代の政治史を概観しておきたい。

危機の始まり——最初の軍人皇帝マクシミヌスの即位と二三八年の事件

二三五年初春、(1)遠征先のモゴンティアクム(現マインツ)で、セウェルス朝最後の皇帝アレクサンデルが軍隊の暴動によって殺害され、代わって新兵訓練の責任者(praefectus tironibus)であったマクシミヌスが帝位に即いた。後に「トラキア人」とあだ名された(2)このマクシミヌスは、伝統的なローマの統治階層とはまったく異質な、辺境属州に身を起こした、たたき上げの軍人であり、(3)文字通り最初の軍人皇帝であった。(4)ここに、およそ半世紀にわたる軍人皇帝時代が始まったのである。

マクシミヌスは、即位後も、慣例であったローマ市への帰還を果たさず、ライン川流域での戦争を続行し、二三六年からは今度はドナウ川流域に移ってサルマティア人やダキア人と戦っていたが、治世三年目の二三八年一月に、時の属州アフリカ総督であったゴルディアヌスが皇帝を称し、反旗を翻した。老齢の元老院議員であったゴルディアヌス(一世)は、息子を同僚の皇帝とし、(5)元老院に承認を求めた。マクシミヌスに日頃から不満を抱いていた元老院は、これを喜んで受け入れ、マクシミヌスに対して公敵宣言を行うに至った。しかし、マクシミヌス支持に回った属州ヌミディア総督カペリアヌスの攻撃の前に息子のゴルディアヌス(二世)はカルタゴ近郊で戦死し、この報告を受けた父親のゴルディアヌス一世も事態に絶望して自殺した。この間わずか三週間あまりの出来事で、アフリカの反乱はあえなく鎮圧されてしまったのである。

だが、元老院は、マクシミヌスに公然と反乱を起こした以上、もはや後には引けず、「元老院決議に基づく国家運営のための二〇人委員(viginti viri ex senatus consulto rei publicae curandae)」を組織し、さらにその委員の中からバルビヌスとプピエヌスの二人を皇帝として選出して、マクシミヌスに徹底抗戦することに決した。なお、このとき、元老院は、首都民衆の圧力で、ゴルディアヌス一世の孫であった一三歳の少年ゴルディアヌス(三世)をカエサルとして承認している。[6]

反乱勃発の報を受けたとき、マクシミヌスは属州下パンノニアのシルミウムに滞在していたが、これを鎮圧すべく、首都ローマを目指して進撃を開始した。しかし、イタリア侵入の要に当たるアクィレイア市で元老院勢力の頑強な抵抗を受けた。そして、この包囲戦が長引く中、マクシミヌスは同年四月に自軍の兵士の反乱に遭い、カエサルとしていた息子共々殺害されてしまった。[7]こうして、勝利はいったん元老院側に帰することになったのであるが、政情はなお安定せず、その一カ月後には、首都で近衛隊の暴動が起こり、二人の元老院皇帝は殺害された。結局、カエサルであったゴルディアヌス三世がただ一人の皇帝として生き残ったのである。[8]

深化する危機——ゴルディアヌス三世の治世からアエミリアヌス帝の死まで

ゴルディアヌス三世の治世は、当初は、彼を補佐する元老院議員たちの集団指導体制下にあった。この間、二四〇年には属州アフリカ総督サビニアヌスが皇帝を僭称し、またドナウ川流域では、カルピ族、ゴート族の侵入を受けるが、いずれも所轄の属州総督により、鎮圧、あるいは撃退された。[9]

やがて、二四〇／二四一年にティメシテウスが近衛長官に就任すると、[10]以後は彼が政権運営を取り仕切るようになった。ティメシテウスは、娘のサビニア・トランクィリナをゴルディアヌス三世に嫁がせ、摂政の地位をも占めた。

ティメシテウス時代のゴルディアヌス政権最大の課題は、攻勢を強めつつあったササン朝ペルシア対策であり、二四二年初夏には皇帝自らペルシア遠征の途につくことになった。ゴルディアヌス三世は、遠征途上で再び不穏な動きを示していたカルピ族やゴート族をドナウ川下流域で破り、同年末にはアンティオキアに到着した。そして、翌二四三年には、ユーフラテス川を越えてのペルシア遠征が始まったが、年の後半にはティメシテウスが病死。新たな近衛長官にフィリップスがなり、遠征は続行された。しかし、二四四年の初頭にクテシフォン近郊でペルシア軍と会戦したゴルディアヌス三世は、その混戦の中、傷を負い、死亡したようである。[11] 後年、ユリアヌス帝のペルシア遠征に同行した歴史家アンミアヌス・マルケリヌスは、ゴルディアヌス三世の立派な墓をキルケシウムからドゥラ・エウロポスへ移動する途中のザイタで目撃したことを記録に残している。[12]

新皇帝となったフィリップスは、[13] 敗軍を収拾し、極めて不利な条件でペルシア側と講和を結ぶと、[14] 東方諸属州の監督を弟のプリスクスに委ねて、急ぎローマに帰還した。[15] フィリップスは、二四五年からはダキア方面でカルピ族と戦い、勝利を収め、二四七年の夏の終わる頃にはローマに戻った。そして、翌二四八年の四月、ローマ建国一千年祭を盛大に執り行った。しかし、祝祭気分は長く続かなかった。時を同じくして、ドナウ方面でパカティアヌスが反乱を起こしたからである。もっとも、パカティアヌスの反乱自体はやがて自滅終息したのであるが、フィリップスにとって不幸なことに、パカティアヌスに代わって、今度は、事件後の治安回復のために自身が派遣したデキウス[16]が当地の軍隊によって皇帝に擁立され、軍を率いて雌雄を決すべく南下してきた。両者はイタリアのヴェローナ近郊で会戦し、勝利はデキウスのものとなった。[17] 二四九年秋のことであった。フィリップスの息子で、同僚皇帝でもあったユリウス・フィリップスも同時期にローマで殺害された。

デキウスは、即位後息をつく暇もなく、翌年には、ドナウ川下流域に侵入してきたゴート族を撃退すべく都を離れた。そして、トラキアのフィリッポポリス近郊でクニウァ率いるゴート族との戦いを展開したが、[18] 二五一年の六月には属州下モエシアのアブリットスで大敗を喫して戦死した[19]。敗れたローマ軍は、当時、デキウス帝とともに作戦を行っていた属州下モエシア総督ガルスを、直ちに、皇帝と歓呼した。ガルスは戦局の不利を知ると、ゴート族と和議を結び、ローマに戻った。

ガルスは、息子のウォルシアヌスをカエサルに任命する一方で、都に残っていたデキウスの次男ホスティリアヌス[20]を養子とし、かつ共同皇帝とした。だが、ホスティリアヌスは、わずか一月後の二五一年七月までには帝国全土を襲った疫病のため死亡した。同じ年には、再びペルシア皇帝シャープール一世のローマ帝国領への侵攻が始まり、二五二年には東方の大都市アンティオキアまでが陥落した[21]。シャープール一世は、東方諸属州を劫略したが、エメサ市の一神官が帝号を称し[22]、彼を中心とした現地住民の激しい抵抗に遭うなどして撤退を余儀なくされた。

無為無策であったガルスの治世[23]は、二五三年の夏に終わる。ゴート族の侵入を撃退した属州下モエシア総督[24]アエミリウス・アエミリアヌスが麾下の軍勢によって皇帝に推戴され、イタリア半島に進撃してくると、ガルスは自軍の兵士に見捨てられ、殺害されたからである。しかし、そのわずか三カ月後には、ガルスが救援に呼んでいたウァレリアヌスが、ラエティア方面から軍を率いてイタリア半島に現れ、迎え撃ったアエミリアヌスは、ガルスと同じ目に遭い、その治世を終えた。

危機の絶頂――ウァレリアヌス帝とガリエヌス帝の治世

ローマ市に入った後、ウァレリアヌスは、息子のガリエヌスを同僚皇帝に昇格させ[25]、西方諸属州の防衛を任せた。一方、自らは東方諸属州を、黒海方面から小アジアへ侵入を企てるボランニ族やゴート族、そしてササン朝ペルシアから守るべく、二五四年の初めにはローマを後にした。その後、ウァレリアヌスは、二度とローマに戻ることはなかった[26]。

ガリエヌスも、二五四年早々にはローマを発ち、ドナウ方面に向かい、属州上モエシアのウィミナキウムに本営を定めた。同地では、二五五年に息子のウァレリアヌス二世をカエサルとすると、自らの代理として彼を後に残し、二五六年にはライン方面に移った。ガリアを脅かすフランク族やアラマンニ族に対処するためであった。しかし、ウァレリアヌス二世は、二五八年の初頭に没し、彼の後見役であったインゲヌウスが反乱を起こした。[27] この反乱は、直ちに、将軍のアウレオルスによって打ち破られた。[28] 事件後、ガリエヌスは、もう一人の息子サロニヌスを、近衛長官シルウァヌスの後見の下、ガリアにカエサルとして残し、事後処理のため再びドナウ方面に赴いた。やがて、ガリエヌスは、アラマンニ族の脅威に備えるため北イタリアに移動するが、二六〇年夏にこの地で、父帝ウァレリアヌスがエデッサ近郊でペルシア軍と交戦し、捕虜になったとの凶報を受けた。[29]

皇帝捕囚の報が広まると、帝国中が動揺し、各地で簒奪帝が次々と立った。ガリアではポストゥムス、ドナウ方面ではレガリアヌス、そして東方ではウァレリアヌス帝の下で財務を統括していたマクリアヌスの二人の息子小マクリアヌスとクィエトゥスが皇帝を名乗ったのである。ガリエヌスは、イタリア、アフリカ、バルカン半島を保持するのみであった。帝国の混乱は、ここで極点に達した。

簒奪帝のうち、まず、ポストゥムスはサロニヌスをケルンで殺害し、「分離帝国」をガリアの地に樹立した。分離帝国の領土は、ガリア、ブリタンニア、ヒスパニアに及んだ。ポストゥムス自身は二六九年の春に部下により暗殺されるが、その分離帝国自体は二七四年の秋まで存続することになる。一方、ドナウ方面に立ったレガリアヌスは、数カ月後には、サルマティア系ロクソラニ族の侵攻を受け、敗死したようである。東方のマクリアヌスとその長男は、帝国統一を目指して西方へ進撃したが、二六一年の秋にはバルカン半島でこれを迎え撃ったアウレオルスに打ち破られた。東方に残っていたもう一人の簒奪帝クィエトゥスは、近衛長官のバリスタとともに、ガリエヌスの命を受けた隊商都市パルミラの支配者オダエナトゥスによりエメサで攻め滅ぼされた。以後、東方の諸属州は、実質的には、オダエナトゥスの支配下に置かれた。こうして、ウァレリアヌス帝捕囚後の混乱は、ガリアの分離帝国とパルミラの支配圏、そして「正統帝」ガリエヌスの保持した帝国中央部に、ローマ帝国全体を三分した形で、いったん、二六一年の秋には、収拾されることになった。

しかしながら、結果的に、帝国防衛が、後のテトラルキア体制下にそうであったように、分担されたこともあって、(30)二六一年以後、ガリエヌスはローマ市で比較的平穏な月日を過ごすことができたようである。この間、ガリエヌスは、新プラトン主義の哲学者プロティヌスと親交を深める一方、アテネを訪問し、エレウシスの秘儀に入信するなどしている。芸術面でも革新が認められるため、この時期を「ガリエヌス・ルネサンス」と呼ぶ研究者もいる。(31)

再びガリエヌスが活発な軍事行動を起こすのは、二六五年になってからである。この年、ガリエヌスは、ポストゥムスに戦いを挑み、帝国統一への意思を示したが、手傷を負って撤退した。結局、ガリアの分離帝国征服もままならない中、二六七年には、ゴート族やヘルーリー族が大挙してバルカン半島に侵入し、ギリシア本土にまで攻め寄せたため、帝自身バルカン半島に急行せざるを得なくなった。ところが、ガリエヌスが、バルカン半島での蛮族掃討作戦に携わっていた二六八年の夏に、今度は北イタリアでポストゥムス防衛の任に当たっていたアウレオルスがガリエヌスに反旗を翻したのである。とって返したガリエヌスは、アウレオルスを打ち破り、ミラノ市に包囲したが、この包囲戦の最中、ガリエヌス自身が自ら取り立てたイリュリア人(ドナウ川流域の諸属州出身の軍人)たちによって暗殺され、一五年の長きにわたったその治世に幕を下ろすことになった。

危機克服への道——イリュリア人皇帝の時代

ガリエヌス帝の死後、その暗殺事件の首謀者の一人であったクラウディウスが皇帝に選出された。クラウディウスは、アウレオルスを降伏させると、そのまま北進し、内乱に乗じてイタリアに侵入して来たアラマンニ族をガルダ湖畔で撃破した。そして、二六八年の冬をローマで過ごしたようである。しかし、二六九年の春には、バルカン半島に向かい、ガリエヌスが中断していたゴート族との戦争[32]を再開し、属州上モエシアのナイッスス近郊で大勝利を挙げた。この功績により、彼はローマ皇帝として初めて「ゴート族に対する大勝利者(Gothicus Maximus)」の称号を得た。彼がクラウディウス・ゴティクスと通称されるのはこのためである。だが、まもなくクラウディウスは、二七〇年の九月には、疫病に罹り、シルミウムで没した。クラウディウスの没後、当時アクィレイアに駐屯していた弟のクィンティルスが皇帝を称したが、クラウディウスの部下であったアウレリアヌスが対立皇帝として擁立され、彼がアクィレイアに進撃して来ると、クィンティルスは部下に見限られ、殺された。

　アウレリアヌスは、アクィレイアを経て、ローマに入ったが、イタリアに侵入して来たユトゥンギ族を撃退するために直ちに都を離れた。そしてこれを撃退すると、今度は、パンノニアに向かい、ヴァンダル族の侵入を防ぎ、さらにその後、再びイタリア侵入を企てたユトゥンギ族を破った。[33]二七一／二七二年の冬には再びローマに戻り、「アウレリアヌスの城壁」の建造に着手した。そして、これが一段落すると、アウレリアヌスはいよいよ帝国統一を果たすべく、進路を東に取った。

　当時、東方では、二六七年にオダエナトゥスが殺害された後、その妻であったゼノビアが息子のウァバラトゥスの名の下、実権を握ると、パルミラはローマ帝国の混乱に乗じて独立化の傾向を強め、二七〇年にはエジプトを占領し、さらには小アジアに進出しつつあったからである。アウレリアヌスは、このパルミラの帝国を、ゼノビアとの二度の決戦の後、二七二年に倒した。パルミラは、翌年反乱を起こしたが、これも鎮圧された。パルミラを完全に制圧したアウレリアヌスは、今度は西に転じ、二七四年の半ばにはガリア分離帝国最後の皇帝テトリクスを破り、[34]帝国統一の偉業を成し遂げたのである。[35]アウレリアヌスは「世界の再建者(Restitutor Orbis)」の称号を受け、この年の秋にはローマで盛大な凱旋式を行った。

だが、この偉大な軍人皇帝の最後はあっけなかった。アウレリアヌスは、二七五年の秋にペルシア遠征に向かったが、その途上、ビザンティウム近郊の小村カエノプルリウムで部下に暗殺されてしまったのである。(36)アウレリアヌスの死後、しばらくの空位期を経て、老齢の元老院議員であったと伝えられるタキトゥスが皇帝に選出された。タキトゥスは、皇帝に承認されるとすぐに、小アジアに侵入したゴート族の討伐に向かい、勝利を挙げたが、二七六年七月頃には同地のティアナで部下の兵士に殺害された。(37)タキトゥスの治世は極めて短く、半年ほどしか続かなかった。タキトゥスの死後、帝位はその弟で近衛長官でもあった(38)フロリアヌスの手に落ちることになったが、フロリアヌスは、同時期に東方で皇帝に推戴されたプロブスの手の者に殺害された。

フロリアヌスを下したプロブスは、直ちに、ライン方面に向かった。(39)ガリア分離帝国崩壊後、ガリア地方は十分な防衛がままならず、フランク族やアラマンニ族の略奪にさらされていたからである。プロブスは、二七八年には、ガリアに秩序をもたらすことに成功し、再び、東方へ移動を開始した。移動途中のラエティアでは、この地に侵入して来ていたブルグンド族やヴァンダル族を撃退し、さらに、ドナウ川中・下流域の諸属州も蛮族の手から解放した。プロブスは、二八〇年にはアンティオキアに入り、そこから小アジアのイサウリア族やエジプトのブレンミアエ族との戦争を指揮した。(40)この時期には、また、ササン朝ペルシアとも何らかの交渉を行い、「勝利」を得たようである。(41)しかし、二八一年には、ケルンでボノススとプロクルスが反乱を起こし、ブリテン島でも簒奪の動きがあったため、(42)プロブスは西方へ戻り、これらの反乱を鎮圧した。一方で、プロブスが東方を離れた間隙を縫って、シリアでは属州総督サトゥルニヌスが反旗を翻したが、こちらは自滅した。(43)

そうして、多難であった二八一年の末には、ようやくプロブスは、ローマで凱旋を挙げることができた。凱旋式を終えたプロブスは再びドナウ方面に向かい、二八二年の秋をシルミウムで過ごしていたが、そのとき、ラエティア方面で軍を率いていた近衛長官カルスが皇帝を名乗ったとの情報が届いた。そこで、プロブスは、カルスに対して追討軍を派遣したが、しかし、その追討軍が彼を裏切り、殺害してしまったのである。[44]

皇帝となったカルスは、二人の息子カリヌスとヌメリアヌスをカエサルの位に即けると、西方の諸属州をカリヌスに委ね、自らはヌメリアヌスを連れ、ペルシア遠征に向かった。その途中では、ドナウ川流域でサルマティア人を破った。カルスは、破竹の勢いで進撃し、ペルシア帝国の奥深く侵入。首邑クテシフォンを陥落させ、ティグリス川を越えたが、その直後の二八三年の夏に落雷に遭い死亡した。

カルスを失った遠征軍は帰還し、その帰途、ヌメリアヌスは病死したとも、義父で近衛長官でもあったアペルに殺害されたとも伝えられている。[45] いずれにせよ、二八四年の一一月に小アジアのニコメディアでディオクレスが、アペルを皇帝殺害の罪で処刑した後、帝位に即いた。彼は即位すると、まもなく、その名をディオクレティアヌスと改名し、帝国統一を目指して西方へ向かった。一方、西方では、カルスの死去の報を受けて、ユリアヌスなる者がパンノニアで簒奪を行い、イタリアに侵入したが、西方に残っていたカリヌスにヴェローナで敗れた。この後、カリヌスも、ディオクレティアヌスに決戦を挑むべく東漸し、両軍は属州上モエシアのマルグス河畔で激突することになった。最終的にディオクレティアヌスがこの決戦を制し、帝国唯一の支配者となった。時に、二八五年の晩夏であった。

（1） 以下のクロノロジーは、特に注記しない限り、D. Kienast, *Römische Kaisertabelle: Grundzüge einer römischen Kaiserchronologie*, Darmstadt, 1996 に従っている。なお、本節の叙述に際しては、J. F. Drinkwater, Maximinus to Diocletian and the 'crisis', *CAH*^{2}, pp. 28-66; D. S. Potter, *Prophecy and History in the Crisis of the Roman Empire: A Historical Commentary on the Thirteenth Sibylline Oracle*, Oxford, 1990, pp. 3-69 に多くを負っている。

（2） 「トラキア人(Thrax)」のあだ名は、*Epitome de Caesaribus*, 25, 1 に初出し、現代の研究書でも彼は、マクシミヌス・トラクスと呼ばれることが多い。しかし、彼の出身地は、厳密には、属州下モエシア(うち後の属州ダキア・リペンシスに当たる部分)であった。R. Syme, *Emperors and Biography: Studies in the Historia Augusta*, Oxford, 1971, p. 188.

(3)　マクシミヌスの経歴については、Syme, *op. cit.*, pp. 186-189.
(4)　マクシミヌス即位の歴史的な意義については、本書「終章」参照。
(5)　同等の権限を持つ二人の皇帝による統治は、一六一年のマルクス・アウレリウス帝とルキウス・ウェルス帝が初めて行ったものである。以後も、断続的に行われた。
(6)　カエサルは、帝位継承者に与えられた称号である。これに対して、皇帝はアウグストゥスの称号で呼ばれた。
(7)　息子の名は、マクシムスで、二三六年にカエサルになっていた。
(8)　アフリカの騒乱で幕を開けた二三八年の一連の出来事については、南川高志『ローマ皇帝とその時代——元首政期ローマ帝国政治史の研究』創文社、一九九五年、三一九〜三五〇頁が詳細な分析を行っている。
(9)　サビニアヌスの反乱を鎮圧したのは属州マウレタニア・カエサリエンシス総督ファルトニウス・レスティトゥティアヌスである。本来であれば、属州ヌミディア総督の任務であるが、同属州に駐屯していた第三アウグスタ軍団は、ゴルディアヌス父子の反乱鎮圧に深く関わったため、ゴルディアヌス三世政権下で解体されていたのである。そのため、比較的まとまった軍事力を保有するマウレタニア・カエサリエンシス総督の登場となった。カルピ族とゴート族を撃退したのは属州下モエシア総督トゥルス・メノフィルスであった。メノフィルスは、元二〇人委員のメンバーであったが、二四一年までに何らかの事情で失脚した。
(10)　ティメシテウスは、数多くのプロクラトル職や総督代行職を歴任した有能な騎士官僚であった。彼の経歴についての詳細は、米田利浩「C・フーリウス＝ティメシテウスについて——三世紀における独立代理官制の展開をめぐって」『北海道教育大学紀要』四三—二、一九九三年、二七〜三九頁参照。
(11)　D. MacDonald, The Death of Gordian III—Another Tradition, *Historia*, 30, 1981, pp. 502-508. わが国では、豊田浩志氏が同様の戦病死説を支持している(『キリスト教の興隆とローマ帝国』南窓社、一九九四年、一一三頁)。なお、ポター(Potter, *op. cit.*, p. 36)は、ゴルディアヌス三世が、敗戦後、自軍の兵士の暴動で殺害されたとする。これに対して、ラテン語史料、例えば『ヒストリア・アウグスタ』(*SHA, Gordiani tres*, 28-29)は、ゴルディアヌス三世がフィリップスの陰謀によって殺されたと伝える。
(12)　Ammianus Marcellinus, 23, 7.
(13)　フィリップスは、「アラビア人(Arabs)」と古代よりあだ名され、今日でも一般にフィリップス・アラブスと呼ばれる。

なお、彼は、一説ではキリスト教徒であったと伝えられている。フィリップスとキリスト教の関係については、豊田前掲書、一一九〜一八三頁に詳しい。

(14) 五〇万アウレウスの支払いやアルメニアの宗主権放棄など。

(15) 二四四年の夏頃にはローマに入ったようである。

(16) デキウスは、属州下パンノニア出身の元老院議員で、属州下モエシア総督(二三四年)、属州ヒスパニア・キテリオル総督(二三七／二三八年)、そして首都長官(フィリップス帝時代)を歴任している。経歴の詳細は、A. R. Birley, Decius Reconsidered, E. Frézouls et H. Jouffroy (éd.), *Les empereurs illyriens*, Strasbourg, 1998, pp. 57-80 参照。

(17) 別説によれば、二四九年には、東方でヨタピアヌスなる者が反乱を起こしており、これの討伐に向かっていたフィリップスが、ドナウ方面で簒奪を行ったデキウスの攻撃を受けて、トラキアのベロエアで敗れた。S. Dušanić, The End of the Philippi, *Chiron*, 6, 1976, pp. 427-439. なお、バーリー(Birley, *op. cit.*, pp. 67-68)もこの説を有力視している。

(18) この直後に、属州トラキア総督ルキウス・プリスクスとヴァレンスが反乱を起こした。ヴァレンスは、ローマで簒奪を行った。また、ガリア方面でも不穏な動きがあったようである。

(19) デキウスは、帝位に即いたその年には、キリスト教徒迫害を始めている。この問題については、松本宣郎『キリスト教徒大迫害の研究』南窓社、一九九一年、一七頁、六九〜七〇頁、保坂高殿『ローマ帝政中期の国家と教会——キリスト教迫害史研究一九三—三一一年』教文館、二〇〇八年、一四四〜一八六頁を参照。

(20) デキウスの長男ヘレンニヌスは、父親に少し先立って、戦死している。

(21) アンティオキア陥落に際しては、マレアデス、マリアデス、あるいはキリアデスなどと呼ばれる者が手引きしたと伝えられている。『ヒストリア・アウグスタ』(*SHA, Tyranni triginta*, 2)によれば、この者はアンティオキア陥落の後、皇帝になったとされる。

(22) 彼は、L. Iulius Aurelius Sulpicius Severus Uranius Antoninus と名乗った。H・R・バルドゥス(H. R. Baldus, *Uranius Antoninus: Münzprägung und Geschichte*, Bonn, 1971, S. 268)によれば、ウラニウス・アントニヌスは、シャープール一世の撤退後、退位し、元の神官に戻った。

(23) エウトロピウス(9, 5)は、ガルス父子の治世を「彼らの治世は、ただ疫病(pestilentia)と病気(morbus)、そして苦悩(aegritudio)によってのみ有名であった」と伝えている。

(24) アエミリアヌスが総督を務めていた属州については、諸説は一致しない。さしあたり、ドリンクウォーターに従っている(Drinkwater, *op. cit.*, p. 41)。キーナスト(Kienast, *op. cit.*, S. 212)は、上モエシア総督とし、ポター(Potter, *op. cit.*, p. 47)は、上下いずれかのパンノニア属州の総督と見ている。

(25) アウレリウス・ウィクトル(32, 3)とエウトロピウス(9, 7)によれば、ガリエヌスは、アエミリアヌスがローマを離れた隙に、ウァレリアヌス支持に回った元老院によってすでにカエサルとされていた。

(26) F. Millar, *The Roman Near East 31BC-AD337*, Cambridge, Massachusetts and London, 1993, pp. 163-164. これに対して、ポター(Potter, *op. cit.*, p. 50)は、ウァレリアヌスが、二五五年には西方に戻り、二五六年一〇月にはローマ市に滞在したが、二五八年頃に再び東方に戻ったと考えている。

(27) キーナスト(Kienast, *op. cit.*, S. 223)は、インゲヌウスの簒奪の年を二六〇年としているが、ここではJ. Fitz, *Ingenuus et Régalien*, Bruxelles, 1966 の解釈に従っている。

(28) アウレオルスについては、本書第三章第二節参照。

(29) 二五七年からウァレリアヌスは、キリスト教徒迫害を行っていたが、自身のペルシア捕囚でもって事実上停止した。ウァレリアヌスのキリスト教徒迫害については、豊田前掲書、一八四〜二二四頁、保坂前掲書、一八七〜二三一頁を参照。ただし、正式には、ガリエヌスが「キリスト教公認勅答令」を発して終焉したことになる。この点についても、豊田前掲書、二二五〜二三八頁、および保坂前掲書、二三二〜二五〇頁を参照。

(30) N. Lenski (ed.), *The Cambridge Companion to the Age of Constantine*, New York, 2006, p. 36 において、ガリアとパルミラの政権が、「本質的に separatist というよりむしろ loyalist として特徴づけられ得る」と指摘されている。

(31) A. Alföldi, The Crisis of the Empire, *CAH*^{1}, p. 188.

(32) より正確には、ガリエヌスは部下のマルキアヌスに戦争指揮を委ねて、ミラノに戻っている(Zosimos, 1, 40, 1)。ただし、主力がミラノに行ってしまったため、マルキアヌスは、充分な対処はできなかったであろう。

(33) R. T. Saunders, Aurelian's Two Iuthungian Wars, *Historia*, 41, 1992, pp. 311-327.

(34) ポストゥムス殺害後、ガリア帝国には、マリウス、ウィクトリヌス、そしてテトリクスと皇帝が続いたが、いずれも不安定な政権であり、アウレリアヌスが、先にパルミラに向かったのもこのようなガリア帝国の内情を勘案してのゆえであったのだろう。テトリクス自身、アウレリアヌスとの決戦に先立って、自軍の兵士を見捨てることを約束し、投降したと伝えられている(Eutropius, 9, 13, 1)。

(35) しかし、この間に属州ダキアは放棄された。その時期には諸説あるが、一説によれば、パルミラ遠征の途上であった。代わりに、属州上下モエシアとトラキアの一部が割かれて、属州ダキア・リペンシスとダキア・メディテラネアが創設された。A. Watson, *Aurelian and the Third Century*, London and New York, 1999, pp. 155-157. ドリンクウォーター(Drinkwater, *op. cit.*, p. 53)は、これを帝国再統一の後に置いている。

(36) *SHA, Divus Aurelianus*, 36, 2; Aurelius Victor, 36, 2; *Zosimos*, 1, 62, 1-3; *Zonaras*, 12, 27. 首謀者は、『ヒストリア・アウグスタ』によれば、秘書官(notarius secretorum)として用いていた解放奴隷(libertus)のムネステウスであり、手を下したのはムカポルであった。アウレリウス・ウィクトルは、ムカポルを将軍(dux)であったと記録している(36, 2)。サイムによれば、ムカポルとはトラキア人の名であるという(Syme, *op. cit.*, p. 243)。ゾナラスとゾシモスは、ともに首謀者をエロスと呼んでいる。エロスは、宮廷で勅答令の公布に携わっていたとされる。

(37) ゾシモス(1, 63, 2)とゾナラス(12, 28)によれば、タキトゥスの親族でシリア総督であったマクシミヌスを殺害した者たちが、タキトゥスからの報復を恐れて、先手を打ってタキトゥスを殺した。

(38) バーンズ(T. D. Barnes, Some Persons in the Historia Augusta, *Phoenix*, 26, 1972, p. 158)は、フロリアヌスがタキトゥスの弟(germanus あるいは frater)であったとするラテン語史料の伝承(Aurelius Victor, 36, 2; *SHA, Tacitus*, 14, 1)を否定する。ギリシア語史料は、フロリアヌスとタキトゥスの血縁関係は伝えていないからである。

(39) 以下のプロブスの治世の叙述は、クロノロジーも含めて Drinkwater, *op. cit.*, pp. 54-57 に基本的に従っているが、プロブスの治世は、不明な点が多く、研究者によって意見の相違は非常に大きい。

(40) プロブス本人は現地に赴いておらず、実際の戦争の指揮は、部下に委ねられていたようである。ただし、『ヒストリア・アウグスタ』(*SHA, Probus*, 16, 4-6; 17, 1-4)は、両戦争ともプロブス本人の業績と伝える。しかし、ゾシモス(1, 70, 4; 71, 1)は、逆に、両戦争とも、部下の業績と伝えており、ドリンクウォーターをはじめ大方の研究者は、このゾシモスの伝承を正しいと見なしている。例えば、G. Kreucher, *Der Kaiser Marcus Aurelius Probus und seine Zeit*, Stuttgart, 2003, S. 150-157 を参照。

(41) プロブスは、二七九年以後、Persicus Maximus の称号を帯びており(P. Oxy. 1713)、また、『ヒストリア・アウグスタ』(*SHA, Probus*, 17, 4)によれば、多くの軍功を挙げたプロブスに恐れをなしたペルシア皇帝ナルセスがプロブスに和平を請うてきたという。

(42) ボノススとプロクルスの反乱の年代も確定していない。キーナストによれば (Kienast, *op. cit.*, S. 255)、二八〇年の出来事。ブリテン島での簒奪の動きについては、ゾシモス (1, 66, 2) が伝えている。

(43) ゾシモス (1, 66, 2) が事件を比較的詳細に伝えているが、年代や反乱の性格は明らかではない。例えば、Kreucher, *op. cit.*, S. 164-165 は、反乱の年代を二八〇年か二八一年としている。

(44) ラテン語史料 (Aurelius Victor, 37, 4; *SHA*, *Probus*, 21) は、プロブスがシルミウムで兵士の反乱に遭って殺された後に、カルスが皇帝になったと伝える。

(45) ヌメリアヌスは、二八四年三月までは確実に生存していたようである。H. Halfmann, *Itinera principum: Geschichte und Typologie der Kaiserreisen im römischen Reich*, Stuttgart, 1986, S. 242.

I 「騎士身分の興隆」再考

第一章　「ガリエヌス勅令」をめぐって
——騎士身分興隆の実像

はじめに

「元首政」から「専制君主政」へのローマ帝国の政治体制変容の指標として先行研究が着目してきたのは、「騎士身分の興隆」であった。そして、この騎士身分興隆に決定的な意味を持ったと考えられてきたのが、皇帝ガリエヌスの単独統治期(二六〇～二六八年)であり、彼の発した「ガリエヌス勅令」であった。

史家アウレリウス・ウィクトルは、ガリエヌスが「貴族たちの最良者に命令権が渡されないように(ne imperium ad optimos nobilium transferretur)」、「勅令(edictum)」でもって「元老院(議員)が軍事に携わること、そして軍隊に近づくことを禁じた(senatum militia vetuit et adire exercitum)」と伝えている。(1) 元老院議員が担った常設の「軍事職」には、皇帝管轄属州総督職(legatus Augusti pro praetore)と軍団長職(legatus legionis)、そして高級軍団将校職(tribunus militum laticlavius)があったが、(2) ウィクトルの証言を素直に受け取るならば、元老院議員はこれらすべての役職から排除されたことになるのである。さらに、ウィクトルはこの点については述べていないのであるが、論理的に考えるならば、元老院議員から剝奪された職務は、彼らの次位に位置する貴族であった騎士身分の者たちに委ねられたことになろう。そして、ウィクトルの証言をこのように解するならば、そこにはローマ史上の重大な意義を認めねばならなくなる。すなわち、ガリエヌスの勅令は、元老院議員を帝国統治の要職から排除し、代わって騎士身分の者たちを登用することで、前者の政治参加をその本質的性格としてきた元首政[3]と呼ばれるアウグストゥス以来の政治体制を根本的に破壊したことになるからである。なお、元首政を皇帝と元老院の「二元統治体制」と理解したTh・モムゼンも、その終焉を「ガリエヌス勅令」に見ていたし[4]、元首政について同様の見方をとるO・ヒルシュフェルトも、「ガリエヌス勅令」によって「元老院は政治的に死んだ」とまで論じていた[5]。

しかしながら、このような「ガリエヌス勅令」に与えられた重大な歴史的意義にもかかわらず、実際に碑文史料から明らかになった事実は、次節の研究史で確認するように、それほど単純なものではなく、「ガリエヌス勅令」はその実態やそもそもの有無をめぐる激しい論争の対象となった。そして、この論争は今日においても未だ決着を見るに至っていない。そこで、本章では、「ガリエヌス勅令」の実態を問うことから議論を始めるが、これを通して騎士身分がいつ、どのようにして興隆したのか、を明らかにしていきたい。

なお、以下では、ウァレリアヌス帝とガリエヌス帝が共同統治体制にあった二五三年から二六〇年までを「ウァレリアヌス帝期」、ウァレリアヌス帝のペルシア捕囚後、ガリエヌス帝が単独皇帝としてあった二六八年までの期間を「ガリエヌス帝期」と略称する。

第一節　「ガリエヌス勅令」の研究

「ガリエヌス勅令」をめぐる論争の核心は、ウィクトルの証言と碑文史料から明らかになる事実の齟齬をいかに整合的に解釈するかというところにある。

この問題を最初に発見し、一つの答えを出したのはC・W・キーズであった。[6] 彼は、一九一五年にプリンストン大学に提出した博士論文の中で、三世紀における騎士身分興隆の過程を碑文史料を用いて実証的に検討したのであるが、その作業中に「ガリエヌス勅令」との関連で次のような奇妙な事実に突き当たった。すなわち、軍団長職と高級軍団将校職はガリエヌス帝期を境に姿を消し、前者に代わる騎士身分の軍団長官 (praefectus legionis) の出現が確認できたのであるが、皇帝管轄属州総督職については、一部騎士身分の参入が認められるものの、大方の属州、とりわけ複数の軍団を擁するコンスル格皇帝管轄属州においては、同帝治世以後も、依然、元老院議員が総督を務めていたのである。この事態は、個々の軍団の司令官職のみが騎士身分に委ねられただけであって、これらを束ねる肝心の属州駐留軍の総司令官である属州総督職が元老院議員の手の中に残っていたことを示している。したがって、「ガリエヌス勅令」が、ウィクトルの伝えるように軍事目的で発せられたとするならば、それはほとんどその目的を達成していないことになるのである。この事態をいったいどのように理解すればよいのであろうか。キーズは、この厄介な問題に対して、属州総督からの軍事権の剝奪を想定することで答えた。つまり、キーズによれば、「ガリエヌス勅令」によって、単に軍団の司令官職が騎士身分に委ねられただけでなく、従来、文武の両権を兼ねていた総督職が軍事権を奪われることで、文官化したことになるのである。たとえ属州総督が元老院議員であっても、彼らにはもはや軍に対する命令権はなくなっていたのであり、「ガリエヌス勅令」によって、軍事に関する権限は、すべて騎士身分の手に帰することになったと解釈したのである。

総督職の文官化というこのキーズの説明には深刻な批判があるが、[7] とにかくも、彼の研究によって、初めて、ガリエヌス帝期以降に確認されるコンスル格皇帝管轄属州の元老院身分総督の存在を、「勅令」との関連でいかに解釈するかという問題が浮上してきたのである。そして、この問題に対しては、さまざまな解釈が提出されることになった。

例えば、L・オモは、ガリエヌス帝期以降に認められる元老院身分の属州総督をあくまでも「例外的な任用」として斥けることで、この問題に答えた。オモは、「ガリエヌス勅令」が二六一年に発せられ、これにより原則的に全皇帝管轄属州から元老院議員が排除されたと考えたのである。[8] 同じ立場に立つ研究としては、他にもH・G・コルベのそれがある。[9] コルベは、属州ヌミディアに「ガリエヌス勅令」以降連続的に騎士身分の者が登用されていたことを証明するために、勅令以降に当該属州に赴任したと思われる元老院身分の属州総督について、この人物は当初は騎士身分として赴任したが、後に元老院身分に編入されたと論じた。コルベも、ガリエヌス帝期以降に見られる元老院身分総督の存在を事実上否定することで、「ガリエヌス勅令」の存在を肯定したのである。

さらに別の解釈もある。それは、勅令の対象にはそもそも属州総督職は含まれていなかったのだと考えるものである。この解釈をとるのは、H・G・プローム[10]とH・ペーターソン[11]である。特に、ペーターソンは、騎士身分総督の出現が軍団の駐屯していない属州でも認められることを根拠に、「元老院身分総督から騎士身分総督への変化は、ガリエヌスが行った騎士身分への軍の司令権移行とは関係がない」と結論づけた。そして、総督交替の原因を、それがもっぱらプラエトル格の属州で起こっていることから、下格の属州の価値低下と騎士身分の地位上昇にともなう処置と指摘したのである。

以上の解釈は、いずれも、「ガリエヌス勅令」の存在を前提に、それとコンスル格属州の元老院身分総督の存続という事実を何とか折り合いをつけて解釈することで、勅令の存在をいわば救おうとしてきたわけであるが、M・T・W・アルンハイムはこの発想を逆転させた。アルンハイムは、ガリエヌス帝期以降にも軍事権を持った元老院身分総督が存在していること、また騎士身分総督による元老院身分総督の置き換えがランダムであること、これらが動かし難い事実であるとした上で、逆に「ガリエヌス勅令」の存在そのものを否定したのである。アルンハイムによれば、

「勅令」はプロセスとして起こっていた出来事を劇的に説明するためにアウレリウス・ウィクトルが捏造したものに過ぎない、ということになる。[12] アルンハイムのほかにも、同様の考えから勅令の存在を否定する見解はR・サイム、A・キャメロン[13]などに見られ、現在、有力な説となっている。しかしながら、この説は、碑文史料から判明する一連の現象を事実として認めているだけに過ぎず、実際的には何の説明もしていないに等しいとも言える。

一九八六年に、M・クリストルは三世紀の元老院議員の詳細なプロソポグラフィー研究を著し、ガリエヌスの「改革」についても、オモの説に非常に近いが、しかし独自の見解を示した。[14] クリストルによれば、改革は軍事的理由から二六二年に行われ、すべてのプラエトル格皇帝管轄属州総督職と軍団長職が騎士身分の者に委ねられた、という。しかし、問題のコンスル格皇帝管轄属州総督の存続という問題に関しては、「コンスル格皇帝管轄属州は、一般的に、プラエトル格皇帝管轄属州が被った急激な変化は免れた」とその事実を指摘するに留まっている。肯定的に理解すれば、ガリエヌスの意図と結果とのずれを認めているともとれるが、勅令と軍事力を保有するコンスル格皇帝管轄属州総督の両方の存在を認めつつも、その関係性の十分な説明がないという意味で、中途半端な解釈であろう。にもかかわらず、このクリストルの説明は、新版『ケンブリッジ古代史』では通説のごとく取り上げられている。[15]

さて、年代を追う研究史という形ではなく、「ガリエヌス勅令」の研究を紹介してきたが、それは、これについての解釈が次々と否定、あるいは修正されて通説の形成に至るというプロセスを辿っておらず、現今でもそれらが並び立っているからであった。いずれの解釈にもそれなりの問題があると思われるが、手続きとしては、問題の多いウィクトルの証言を検討することから議論を始めることが適当であろう。

第二節　アウレリウス・ウィクトルと「ガリエヌス勅令」

「ガリエヌス勅令」についてのウィクトルの証言を検討する前に、まず、ウィクトルその人とその作品について簡単に解説しておきたい。[16]

アウレリウス・ウィクトルの生涯についてわれわれが知り得ることはほんの僅かである。生地は北アフリカ、生年は三二〇年代と推定されている。[17] 彼自身の述べるところでは、「田舎で、卑賤で無教養な父親から生まれて(rure ortus tenui atque indocto patre)」いる。[18] しかし、彼は十分な教育を受けることができたようであり、長じては官途に就いた。どのような官職を歴任したのかは詳らかではないが、三六一年にはイリュリクム統管区で財政業務に当たっていた官吏たち(scriniarii)の長(numerius)となっていたようである。[19] そして、この職をもって彼の帝国官僚としての人生は終わった。というのも、同年の夏、ウィクトルは、ガリアで皇帝を称し、従兄弟の皇帝コンスタンティウス二世と雌雄を決すべく当時東上しつつあった「背教者」ユリアヌスにシルミウムで拝謁する機会に恵まれ、同帝により属州パンノニア・セクンダの総督に取り立てられたからである。属州総督就任は、彼が元老院議員になったことも意味する。この次第を伝える史家アンミアヌス・マルケリヌスの記録によれば、[20] ウィクトルはさらに自身の青銅像を建てる名誉も与えられた。この破格とも言える待遇の背景には、彼がこの直前に書き終えていた史書『皇帝史』に対する評価があったと考えられている。[21] しかし、ユリアヌスの治世は長くは続かず、彼の死後、ウィクトルはいったん失脚したようである。[22] そして、再び彼が史料に姿を現すのは、テオドシウス帝の治世(三七九〜三九五年)になってからである。このとき、ウィクトルはローマ市の首都長官になっていた。首都長官職は元老院議員が到達し得る最高の顕職であったから、ウィクトルのような成り上がり者がこの官職に就任したことは驚くべきことであった。就任年代は、三八八年から三八九年。[23] パンノニア・セクンダの総督職に就いてから四半世紀が過ぎており、おそらく、その間にも何らかの官職に就いていたと想像されるが、確証はない。[24] いずれにせよ、すでに高齢に達していたウィクトルは、この職を辞して後、まもなく没したようである。

その史書『皇帝史』は、すでに言及したように三六一年頃、彼が帝国官僚としてあった最後の段階で著されたものである。内容は、ローマ帝国初代皇帝アウグストゥスから自身の同時代のコンスタンティウス二世(在位三三七〜三六一年)までの時代を叙述した簡略なローマ帝国通史の体裁をとっており、序章で言及したように、エウトロピウスの『建国以来のローマ史概略』や著者不明の『皇帝史略』などの当時ラテン語で著された一群のローマ史概略の一つに分類できる。しかしながら、ウィクトルの史書は、その他のローマ史概略とは性格を少し異にする。そこには、彼自身の思想が色濃く投影されているからである。彼の思想は、一言で言えば、教養皇帝絶対主義となろう。それは、要するに、皇帝次第で帝国の状況は良くも悪くもなり、その絶対者である皇帝の善し悪しは、教養の有無にあるという考えである。教養ある皇帝の出現で帝国の状況は良くなり得るというのである。この思想の当然の反面として、彼は教養の対極にある無知や粗暴さを批判し、それを体現する軍隊と蛮族を激しく嫌悪する。そして、彼の史書は、この自らの人生観に多分に裏打ちされた思想が正しいことを歴史的に実証し、蛮族や軍人の跋扈する悪しき現状の変革を訴えることを目指しているのである。[25] したがって、史書としての正確さは二の次になっていると言わざるを得ない面がある。一般的にも彼の史書には、誤りが多いとされ、その評価は決して高くない。[26]「ガリエヌス勅令」の分析を行う場合には、ウィクトルの史書が、そもそもこのような性格のものであることを念頭に置く必要がある。

問題となる「ガリエヌス勅令」に関する箇所の原文には senatum militia vetuit et adire exercitum とあり、英訳、仏訳ともに「元老院議員が軍務経歴 (a military career, la carrière militaire) を歩むこと、そして軍隊に近づくことを禁じた」

と訳している。(27)

問題点としてまず指摘したいのは、militiaが「軍務経歴」と訳されていることである。militiaは通常、軍務、軍務期間、戦争などの軍事に関わるさまざまな事柄を意味する語であり、両訳者は意を汲み取って元老院議員が歩む官職歴任階梯(cursus honorum)に含まれる軍務と解し、軍務経歴と訳しているのであろうが、そもそも、三世紀においては元老院議員が歩む純然たる軍務経歴などは存在していなかった。元老院議員は、「文武両道」を理想としており、その官職歴任階梯においては、行政職と軍事職の両方を織り交ぜながら昇官していったのである。(28)さらには、属州総督職のように、行政権と軍事権の両方を保持する官職もあった。経歴の上でも、職務権限の上でも、軍民の分離が貫徹するのは、コンスタンティヌス帝期以後なのであり、もしウィクトルが、英訳や仏訳がそうしているように「軍務経歴」という意味でmilitiaの語を使用していたなら、ウィクトルは、自らの生きた時代とのアナクロニズムを犯していることになろう。「軍務経歴」と訳すのが問題であれば、これを「軍務」と訳し、純粋な元老院議員の軍務とも言える軍団長職と高級軍団将校職のみを指していると解釈する向きもあるかもしれないが、管見の限りでは、この二つの官職のみを指してmilitiaと呼ぶようなことはない。

問題の一文を「はじめに」のところでは、さしあたって「元老院(議員)が軍事に携わること、そして軍隊に近づくことを禁じた」との訳を与えたが、上述の問題点を踏まえるならば、この訳では、この文言が具体的に何を意味しているのかは明確ではないだろう。しかし、このような曖昧な訳にしかならないのは、ウィクトルの述べるところが、三世紀の実情に照らして理解することができないということに由来していると思われる。そうして、そうであるとするならば、ウィクトルの「ガリエヌス勅令」についての記述は、そもそも歴史的に何らかの根拠のあることを伝えているのかという疑念が生じざるを得なくなってくるであろう。

考えてみれば、「ガリエヌス勅令」については、ウィクトル以外他の誰も言及していないこと自体、奇妙と言わざるを得ない。[29] この点に関して、先行研究は自身も元老院議員であったウィクトルが特に元老院の利害に関心を持っていたがゆえに「ガリエヌス勅令」についての記述を書き残したのであると論じてきたが、[30] すでに見たように、彼の史書は、彼が元老院議員になる前の一帝国官僚であった時期に書かれていたのであり、その上、彼はいわゆる元老院史観の持ち主でもなかったのであるから、先行研究の考えではすでにその理由を説明することができなくなっているのである。加えて、ウィクトルが、想定される共通史料のほか、独自の情報源を持っていた痕跡がないことを考え合わせるならば、「ガリエヌス勅令」は、彼の創作である可能性が高いとせねばならないであろう。

そして、実際に「ガリエヌス勅令」がウィクトルの創作であったことをうかがわせる記述がある。それは同書第三七章第五～七節であるが、この段でウィクトルは、元老院によって選出されたとされる皇帝タキトゥスが「ガリエヌス勅令」を撤回したにもかかわらず、元老院議員たちは militia に就くことを拒んだため、やがて「兵士たちの力が増大し、今日に至るまで元老院は皇帝を選出する権能と権利を失った」と記述する。しかし現実には歴史的に見て、元老院が皇帝を選出する権能や権利を持ったことは一度もないのであり、この記述は明らかな誤りである。おそらく、「権能と権利」云々という表現は、当該の段に続けて元老院は結局「兵士や蛮族に自らの子孫を支配させる道を開いた」とウィクトルが嘆いていることから考えて、自身の生きた時代に直結する不幸を端的に分かりやすく説明するために用いたに過ぎないのであろう。問題の「ガリエヌス勅令」の記述も、これと同趣旨のコンテクストの中にある以上、やはり一つの説明原理としての創作上の表現にほかならなかったのではないだろうか。

以上のように、ウィクトルの記述は、その内容が判然としないだけでなく、そもそもウィクトルが客観的な歴史的事実を伝えているのかどうかが相当に疑わしいので、以下では、勅令の有無はひとまずおいて、さらに議論を進めていきたい。

第三節　騎士身分の進出は本当にガリエヌス帝期に起こったのか

前節では、「ガリエヌス勅令」の歴史的実在が疑われたが、そのことは、いきおい三世紀半ばの騎士身分興隆の動因をガリエヌス帝に帰する学説そのものへの疑問を生じさせる。しかしながら、「ガリエヌス勅令」の存在を明確に否定する研究者ですら何らかの変革がガリエヌス帝期に始まること、このこと自体に異議を差し挟むことはなかった。むしろ、先行研究はウィクトルの証言のほかにもガリエヌス帝期において元老院議員が軍務から排除される至当な理由があることをいくつも挙げてきたのである。古いところでは、A・アルフェルディはウァレリアヌス帝とガリエヌス帝の父子が初めから根本的な気質の違いによって対立していたと説き、ウァレリアヌスのペルシア捕囚によって「ガリエヌスは自身を父親の政策に結びつけていた最後の繋がりを断つことができた」のであり、その結果、「ガリエヌスは元老院にしっかり寄り掛かったウァレリアヌスの政策と決別し、慇懃にしかし決定的に元老院議員を軍隊のすべての指揮から排除することによって元老院議員の経歴の威信と地位に痛烈な打撃を与えた」と論じた[31]。一方で、A・H・M・ジョーンズはキリスト教政策をめぐってガリエヌス帝と元老院との間に軋轢が生じていたとし、そこに元老院議員排除の理由を求めた[32]。だが、これらの説明は史料的な裏づけをまったく欠いており、あくまでもガリエヌスの時代に変革が起こったことを前提に、その理由を状況証拠として探し出してきたものに過ぎない。近年では、元老院議員排除の原因は、彼らの軍事的無能に起因するとのより客観的な見解が大勢を占めつつあるが[33]、しかし、この説明も十分ではない。なぜなら、元老院議員の軍事的無能は、早くマルクス・アウレリウス帝治世(一六一～一八〇年)から明らかであったのであり[34]、元老院議員の排除がずっと後のガリエヌス帝期に起こらなければならなかった理由の説明にはなっていないからである。

もっとも、先行研究が以上のようにガリエヌス帝期に騎士身分が進出する必然的理由があることを論じてきたのは、言うまでもなく、実際問題として、ウィクトルの証言に一致するかのように当該期に騎士身分の者が元老院議員に代わって属州総督職や軍団の司令官職に進出してくることが碑文史料から確認できるからであった。だが、碑文史料は、何らかの変革がガリエヌス帝期に始まることを論証するに足るものなのであろうか。

属州総督職への騎士身分参入が明らかにガリエヌス帝期に起こったことが確認されるのは、属州アラビアおよび属州ヌミディアのみである。前者は二六一～二六二年に元老院身分総督であったルフィヌスを最後とし、二六二年のユニウス・オリンプスを初出として、以後ディオクレティアヌス帝期まで一貫して騎士身分総督を受け入れた唯一の属州である。(35) 後者も二六二年頃まで在任していたと考えられる元老院身分総督C・ユリウス・フォルトゥナティアヌスを最後に、遅くとも二六七年にはテナギノ・プロブスが騎士身分の属州総督として赴任している。(36)

さらに、ガリエヌス帝期において騎士身分総督が存在していたことが確認される属州としては、三世紀半ば頃の元老院身分総督を最後にして二六二～二六八年頃に騎士身分総督Ｍ・アウレリウス・アポリナリスが在任していたことが判明している属州トラキア、(37) 同じく騎士身分総督Ａ・ウォコニウス・ゼノを受け入れたことが知られる属州キリキア、(38) 二六七／二六八年に騎士身分独立代理官(vir egregius agens vice praesidis)Ｔ・クレメンティウス・シルウィヌスが確認される属州下パンノニアが挙げられる。(39) しかし、注意しなければならないのは、これらの場合においては、前二属州とは異なり、総督のリストが不完全であるので、あくまでも当該時点で騎士身分総督が在任していたということが示されているに過ぎないということである。いつから騎士身分の者が総督職に進出していたのか、その正確な時期を特定することはできないのである。

軍団の司令官職に関しては、属州総督職よりも碑文史料の状態が悪く、明らかになる点はいっそう少ない。

最初の軍団長官(praefectus legionis)は属州ヌミディアの碑文から知られている。この属州ヌミディアでは、軍団長職消滅と軍団長官出現の時期をガリエヌス帝期に置くことが一応検証し得るのである。属州ヌミディア、ランバエシス出土の一碑文からは、先に言及したC・ユリウス・フォルトゥナティアヌスなる者がガリエヌス帝期に属州ヌミディア総督兼第三アウグスタ軍団長(legatus Augusti provinciae Numidiae et legionis III Augustae Gallienae)であったことが知られている。(40) 異論の余地なく、彼は元老院身分総督であり、属州ヌミディアはプラエトル格皇帝管轄属州であるので、総督職と軍団長職を兼務している。今一つのフォルトゥナティアヌスの名を刻んだ碑文は、総督である彼の監督の下、ガリエヌス帝が浴場を再建したことを伝えているが、(41) そこには同時に騎士身分軍団長官(vir egregius praefectus legionis)アウレリウス・シルスの名を読み取ることができる。すなわち、この碑文が建立されたときには、すでに、フォルトゥナティアヌスが軍団長を兼任していないのである。仮に、この二つの碑文の整合性を求めるならば、フォルトゥナティアヌスが総督在任中に、つまりガリエヌス帝期に、最初の騎士身分軍団長官が現れてきたと考えることができよう。

プラエトル格皇帝管轄属州総督との兼任軍団長ではない、最後の純粋な軍団長は二五六〜二五八年に属州ブリタンニアで在任していたと考えられるウィトゥラシウス・ラエティニアヌスであるが、(42) 属州ヌミディアのように軍団長官が後任として続いたのかどうか明らかでない。逆に、ガリエヌス帝期の属州下パンノニアと属州ダキアからはそれぞれ三人と一人の軍団長官の存在が知られているが、(43) いつ軍団長官が軍団長に取って代わったのか判明していない。なお、年代の確定できる最後の元老院身分高級軍団将校はユニウス・ティベリアヌスであり、デキウス帝期に属するが、高級軍団将校職消滅の時期も正確に確定することができない。(44)

以上のことから明らかなように、碑文史料は、あくまでもガリエヌス帝期頃に騎士身分の者が元老院身分固有の官職に参入しはじめていたことを示しているに過ぎず、その始まりがガリエヌス帝期であったと断定するには十分と言えないのである。

第四節　ヴァレリアヌス帝期末期における騎士身分の台頭

前節では、ヴィクトルの証言を信頼しないならば、騎士身分の者たちの元老院身分官職への進出時期をガリエヌス帝期に特定する論拠が薄弱であると主張したが、実際、史料に照らしてゆけば、それがガリエヌス帝期以前であることがはっきりと示されているように思われる。

まず、騎士身分総督の出現時期は、ガリエヌス帝期を明らかに遡る。属州ダキアには、騎士身分(vir egregius)M・アウレリウス・マルクスなる人物が独立代理官(agens vice praesidis)としてガリエヌス帝期を遡ることおよそ九年、ガルス・ウォルシアヌス帝期に赴任していたのであり、[45] さらに、一九九二年にアウクスブルクから出土した一碑文からは、二六〇年四月——すなわちガリエヌス帝期以前——に属州ラエティアの独立代理官(agens vice praesidis)に騎士身分(vir perfectissimus)M・シンプリキニウス・ゲニアリスが任用されていたことが知られているのである。[46] 彼らは、正規の騎士身分総督(vir perfectissimus praeses)ではないが、研究史上、独立代理官と正規の騎士身分総督の差異は、騎士身分の元老院身分官職進出という意味では、認められていない。[47]

また、騎士身分の軍団長官出現の時期についても、ガリエヌス帝期以前ではなかったかと疑う理由がある。前節で、属州ヌミディアでは軍団長官出現の時期をガリエヌス帝期に置くことが「一応検証し得る」と述べたが、これはあくまでも「一応」に過ぎないのであって、実際には、難しい問題があった。ヴァレリアヌス帝期末期にアフリカ諸属州で起こった騒乱鎮圧のためにアフリカ方面軍総司令官(dux per Africam Numidiam Mauretaniamque)に騎士身分のM・コルネリウス・オクタウィアヌスなる者が任じられたことが碑文史料から知られるが[48]、その称号を額面通りに受け入れるならば、オクタウィアヌスは属州ヌミディア駐屯の第三アウグスタ軍団をもその指揮下に置いていたと考えざるを得ない[49]。ここで、ローマ帝国においては、原則的に第一の支配者層である元老院議員は第二身分である騎士の下に付くことはなかったことを思い起こすならば、オクタウィアヌス指揮下の第三アウグスタ軍団の司令官には、アウレリウス・シルス以前に騎士身分の者が任じられていた可能性があるのである。もっとも、すでに見たように、属州ヌミディアにおいては二六〇年以後に軍団長の存在が確認されるのであるから、オクタウィアヌスの事例を整合的に解釈することが容易ではないのも事実である。

さらに、ここで碑文史料を離れて、文献史料に目を向けるならば、ウァレリアヌス帝期末期における騎士身分の台頭は、いっそう明瞭になるように思われる。このことは、何よりも、この時期前後に帝位を争った者たちの顔ぶれを比較することで、一目瞭然となる。

二六八年のガリエヌス帝治世最末期に帝位を争ったのは、ラエティア方面でガリエヌス帝に反旗を翻したアウレオルス、そして同帝謀殺に名を連ねるクラウディウス、アウレリアヌスらであったが、彼らは、次節で述べるように、いずれも騎士身分、それもイリュリア人たちであった。奇妙なことに、その八年前のウァレリアヌス帝のペルシア捕囚直後にも同様の状況が看取できるのである。二六〇年、ウァレリアヌス帝がササン朝ペルシアのシャープール一世の捕虜になった直後に帝国各地に簒奪帝が立った。ガリアのポストゥムス、ドナウ方面のレガリアヌス、東方のマクリアヌスたちがそれであったが、これらの者たちはみな騎士身分であった可能性があるのである。ここで、さらに九年前に遡ってみたい。すなわち二五一年であるが、この年、デキウス帝はゴート族との戦争で敗死している。このデキウス帝死後の争乱の中、帝位を争ったのはトレボニアヌス・ガルス、アエミリアヌス、ウァレリアヌスであったが、少なくとも、ガルスとウァレリアヌスは名門の元老院議員の家系に属していた。仮にガリエヌス帝が何らかの処置でもって騎士身分に軍事権を委ねたとする通説的説明に従うならば、統治階層の変化はガリエヌス帝期に起こるのであり、ウァレリアヌス帝捕囚直後の状況とガリエヌス帝暗殺時の状況にその差異が見出されねばならないはずである。しかし、実際の統治階層の変化はウァレリアヌス帝期、つまりデキウス帝死後の状況とウァレリアヌス帝捕囚後のそれとの間に見受けられるように思われる。すなわち、このことはガリエヌス帝ではなくウァレリアヌス帝が騎士身分に軍事権を委ねたのではないかとの推測を可能にするのである。もっとも、この推測には、問題もある。それは、レガリアヌスとポストゥムスの身分が確定していないことである。なお、明らかに騎士身分であったマクリアヌスたちはここでは取り上げない。

まず、レガリアヌスについては、その妻スルピキア・ドゥリアンティラが著名な元老院議員の家系に属しているがゆえに、レガリアヌス自身もまた元老院議員であったと考えられているようであるが[50]、「ガリエヌス勅令」にこだわらないならば、この事実のほかに彼を元老院議員であったと見なす特別の根拠はない。むしろ、レガリアヌスの出自と経歴についての唯一の証言者である『ヒストリア・アウグスタ』は、レガリアヌスがダキア出身で、軍事に長けていたこと、また、第五節で確認するクラウディウスやマルキアヌス、アウレオルスなどの騎士身分の軍人と同類であったことを伝えているのである[51]。

次に、ポストゥムスであるが、ポストゥムスについても、彼を元老院議員であったと見なす説もあるので、彼の身分についてはー考の必要がある。ただし、彼が本来的に元老院議員家系の出でなかったことは、エウトロピウスが彼の出自を「氏素姓が定かではない(obscurissime natus)」と記録していることから[52]、間違いないであろう。問題は、簒奪直前のポストゥムスの身分となるが、それを明示する史料はない。そのため、これを彼の簒奪時の地位から推測することになるが、文献史料はこの点について必ずしも一致してない。ウィクトルによればポストゥムスは「ガリアの蛮族を統括していた(barbaris per Galliam praesidebat)」のであり[53]、『ヒストリア・アウグスタ』によるとライン方面軍司令官兼ガリア総督(Transrhenani limitis dux et Galliae praeses)であった。[54] ゾシモスはポストゥムスがガリアにある諸軍団の司令権を有していたと記述し、[55] ゾナラスはポストゥムスにライン川の防衛が委ねられていたと伝えている。[56] 史料の記述が曖昧であるので、ポストゥムスの地位、身分について先行研究がさまざまに解してきたことは当然と言えよう。I・ケーニッヒはポストゥムスの簒奪を支持した軍団が属州下ゲルマニア駐屯の第一ミネルウィア軍団であったこと、そして当該時期の属州上ゲルマニア総督が騎士身分であったと考えられることから、ポストゥムスもまた騎士身分の属州下ゲルマニア総督であったと推定した。[57] しかし、W・エックはまずケーニッヒが騎士身分総督であるとした属州上ゲルマニア総督が元老院身分であったことを示して、ガリエヌス帝期以前に騎士身分総督が属州下ゲルマニアに赴任していたと考える根拠が薄弱であるとした。さらにポストゥムスが簒奪の翌年である二六一年に二度目のコンスル職に就任していることから、ポストゥムスが二六〇年以前に何らかの形でコンスル職に就任していたと想定し、ポストゥムスが元老院身分総督として属州下ゲルマニアに在任していたと論じたのである。[58] しかしながら、ポストゥムスを元老院身分と見なすエックの結論は決定的なものではない。なぜなら、すでに言及したように、騎士身分総督の出現は、ガリエヌス帝期以前に遡るのであるし、また、ポストゥムスの最初のコンスル職就任は、簒奪の年に補充コンスルとなった結果であり、それ以前に元老院議員としてコンスルに就任していたわけではないからである。[59]

いずれにせよ、ケーニッヒもエックもポストゥムスが属州総督であったことを論証しようとしているようであるが、しかし、文献史料で彼が総督であったと伝えるのは『ヒストリア・アウグスタ』のみである。しかも、その『ヒストリア・アウグスタ』ですら彼を「ライン方面軍司令官兼ガリア総督」としているのであって、単なる属州総督であったと言っているわけではない。むしろ、文献史料を総合的に理解するならば、ポストゥムスには、ドゥクスのような広域な軍事権を揮う立場で、[60] ライン方面全域の軍勢が委ねられていた可能性が高いように思われる。少なくとも、ウィクトルを除く史料はそのように理解することができよう。ポストゥムスの地位をこのように考えたとしても、彼の当時の身分が直ちに明らかになるわけではないが、同時期に同様の地位にあったコルネリウス・オクタウィアヌスが騎士身分であったのであるから、ポストゥムスもまた同じ身分にあったと類推することができないだろうか。とにかくも、積極的に彼を元老院議員であったと見なす史料はないのである。

最後に、文献史料に現れるヴァレリアヌス帝期に活躍した騎士身分の者として、アウレオルスも挙げておこう。この人物は、二五八年にドナウ方面で簒奪を働いたインゲヌウスを倒す際に騎兵長官(ἱππαρχῶν)として活躍したとしてゾナラスに言及される。[61] 同じくゾナラスによれば、[62] 彼はもともとダキアの羊飼いで、軍務経歴を歩んだことが伝えられており、ほぼ疑いなく騎士身分、それも後のいわゆるイリュリア人皇帝の先駆を彼には認めることができる。なお、アウレオルスは、二六一年には、西方へ進撃してくるマクリアヌス父子をドナウ方面で撃破しており、当時相当強力な軍勢が彼に委ねられていたと想像されるが、この事実も、「ガリエヌス勅令」が二六二年に発せられたとするクリストル説などでは説明がつかないであろう。

このように「ガリエヌス勅令」から一歩離れて史料を読むならば、遅くともヴァレリアヌス帝期末期には、明らかに騎士身分の者はこれまで元老院議員の就いていた官職に進出しはじめていたし、同帝捕囚後に紫衣を争ったのも、もはや元老院議員ではなく、騎士身分の者たちであったように見受けられるのである。

第五節　ヴァレリアヌス帝期末期の騎士身分の実体

ここまで私は、通説的理解に疑念を呈しつつ、騎士身分の興隆がガリエヌス帝期ではなく、ヴァレリアヌス帝期に起こったと論じてきたが、それは単にヴァレリアヌスかガリエヌスかという行為者の問題や数年の差異でしかない僅かな年代の訂正を求めているのではなく、このように論じたのは、それがウァレリアヌス帝期に起こるべき制度的、歴史的要因を見出すからである。しかし、その理由を明らかにするためには、先に、当時興隆した騎士身分の実体を明らかにする必要がある。すでに序章で指摘したように、騎士身分は、とりわけセウェルス朝以降にあっては、百人隊長クラスの軍人から都市の富裕層、さらには帝国官吏を含むたいへん多様な者たちからなっていたのであり、その数も、財産資格以外特に制限がなかったため、数万に達していた、とされているからである。

ウァレリアヌス帝期末期に台頭した騎士身分の実体については、考察の対象となり得る事例は非常に乏しい。すでにその名を挙げた者がほとんどそのすべてである。ラエティア総督代行のゲニアリスは、命名法研究によって出身地がライン方面であったことが推定される程度で、[63] 経歴は一切不明である。アフリカ方面軍の総司令官であったオクタウィアヌスは前任職が属州マウレタニア・カエサリエンシス総督であったということ以外分からない。ただし、当該属州の総督は、騎士身分の中でも、純粋な軍人としての経歴を歩んだ者が多いのが特徴であり、[64] オクタウィアヌスも軍人であった可能性が極めて高いと言えるだろう。マクリアヌスについては、ペトロス・パトリキオスがウァレリアヌスの軍の兵站の責任者であったと伝えており、[65] この記述から判断するならば、彼は軍人ではなく、プロクラトル(＝財務官僚)型の騎士であったのだろう。レガリアヌスは、『ヒストリア・アウグスタ』を信じる限り、ダキア出身の軍人であった。ポストゥムスについても簒奪直前の官職が伝えられているだけで、前歴はまったく不明であるが、すでに言及したようにエウトロピウスが彼を「氏素姓が定かではない」と伝えており、また最終的にライン方面軍の総司令官のような立場にあったとするならば、やはり軍人であったのではないだろうか。なお、命名法研究の成果に従うならば、ポストゥムスはガリアの人であった。[66] そして、最後にアウレオルスであるが、彼についてもすでに述べたように、ダキア出身の軍人であった。

残念ながら、ウァレリアヌス帝期末期の騎士身分の実体については、このように確定的な事実をほとんど知ることができない。したがって、この段階で何らかの結論を引き出すことはあまりに性急であるので、当該期前後の騎士身分の実体と比較した上で、あらためてこの問題を考えてみることにしたい。

最初に、ウァレリアヌス帝期に続いたガリエヌス帝期の騎士身分に目を向けてみよう。同じく経歴の明らかな事例は少ないが、文献史料にその名が挙がる人物から見ていこう。すぐに思い浮かぶのは、二六八年にガリエヌス帝暗殺を実行したメンバーである。このメンバーには、すでに言及したクラウディウス、アウレリアヌスに加えて、ヘルクリアヌス、マルキアヌスらが含まれていた[67]。クラウディウスは、イリュリア族の人(Illyricanae gentis vir)[68]で、ダルマティア地方出身と伝えられている[69]。詳細な経歴は明らかではないが、軍人であったことは疑いないだろう[70]。ゾナラスによれば、帝位に即く直前には騎兵長官(ἵππαρχος)であった[71]。アウレリアヌスも、クラウディウスと同様、ドナウ川流域の属州出身の軍人であった。出生地はさまざまに伝承されているが、R・サイムはエウトロピウスによるダキア・リペンシス説[72]が最も信頼できると述べる[73]。その詳細な経歴は、やはり不明であるが[74]、帝位に即く前は騎兵軍の司令官を歴任していたようである[75]。ヘルクリアヌスは、当時、ガリエヌス帝の近衛長官であり、その前歴としてはパルミラ遠征軍の将軍(dux)であったとの伝えがあるだけであるが[76]、おそらく前二者と同様の軍人であったのだろう。マルキアヌスは、その経歴が碑文史料から確認できる非常に貴重な事例である。属州トラキアのフィリッポポリスから出土した碑文によれば、マルキアヌスは、プロテクトル兼近衛隊将校、ドゥクス、ストラテーラテースへと昇官した生粋の軍人であった[77]。なお、プロテクトル兼近衛隊将校から栄達を遂げるこの種の経歴を辿った軍人は、ウァレリアヌス帝期のL・タウルス・ウォルシアヌス[78]以後、幾人か知られており、当時の一つの典型的な軍人の昇官スタイルとなっていたようである。

次に、属州総督や軍団長官になった者たちであるが、まず、属州ヌミディア総督であったプロブスは、前歴は明らかではないが、後のクラウディウス帝時代には、属州エジプト総督としてキュレナイカでマルマリタエ族と戦い[79]、同時に海賊討伐をも皇帝に命じられ[80]、最後には、侵入してきたパルミラ軍と戦闘を行っており[81]、軍事に長けた人物であったことがうかがわれるので、前歴は軍人であったと推定できる。なお、命名法研究は、彼が北イタリアの出身であったことを示している[82]。属州キリキア総督であったゼノは、後に皇帝秘書官(a studiis Augusti)に転任していることから考えて[83]、こちらはプロクラトル型の官僚であったに違いない。属州トラキア総督のアポリナリスは、ガリエヌス帝暗殺事件に関与した近衛長官ヘルクリアヌスの弟であったから、その出自や経歴は兄と同様のものであったであろう[84]。第二アデュトリクス軍団長官であったP・アエリウス・アエリアヌスは、属州上パンノニア出身で、父親も軍人[85]。後年、属州マウレタニア・カエサリエンシスの総督となっている[86]。

続いて、ウァレリアヌス帝期以前、セウェルス帝時代(一九三〜二一一年)以後の騎士身分の内実を検討してみるが、ここでは特に騎士身分から皇帝になったマクリヌスとフィリップス、それと総督代行職就任者を考察事例として取り上げる。これらの事例は、先行研究によって、騎士身分興隆の重要な一段階と位置づけられてきたからである。

マクリヌスは、カラカラ帝の近衛長官であったが、二一七年、同帝を暗殺して、騎士身分の者として最初に帝位に即いた[87]。ディオ・カッシウスによれば[88]、彼は北アフリカのカエサレアの生まれ。法律に長けていたらしく、その才でもって有力者の助けを受けながら、騎士身分の「文官」経歴を歩み、近衛長官にまで登り詰めている。ディオは、マクリヌスの出自の卑しさを強調するが、マクリヌスが法律に長けていたことや、都市カエサレアの出身であったことを考え合わせると、都市の富裕層の出であったことが推定できる。フィリップスもまた、マクリヌスと同じく、近衛長官から帝位に即いた人物である。フィリップスについても、古代の史料はその生まれの卑しさを強調するが[89]、それは彼にゴルディアヌス三世殺害の嫌疑がかけられたことやその出身地アラビアに対する古代人の偏見に由来するに過ぎず、実際には、地方の富裕層の出であったと見るのが今日の通説的理解である[90]。近衛長官職について貴重な研究をなしたL・L・ハウは、同帝に捧げられたと推定される偽アリスティデス作『皇帝賛辞』[91]などを根拠に、フィリップスがよい教育を受けた法律家であったと推測している。[92] これに対して、彼が軍務経歴を歩んだ証拠はない。

次に、三世紀前半に頻出し、来るべき騎士身分総督出現の前兆と考えられた総督代行職就任者に目を向けてみる。セウェルス帝期以降に総督代行であったことが知られる騎士は、二〇名ほど数えるが、[93] そのうち比較的経歴が明らかになる事例は八例である。

属州ダキア総督代行を務めたヘレンニウス・ゲメリヌス[94]は、騎士勤務(militia equestris)[95]の一つである高級軍団将校を務めた後、ダキア・アプレンシス区のプロクラトルになり、この職と兼任で総督代行職を果たした。その名は彼がイタリアの人であったことを示している。同じく、属州ダキア総督代行となったウルピウス・ウィクトル[96]も、騎士勤務を終えた後、いくつかのプロクラトル職を経て、代行職に至っている。さらにもう一人の属州ダキア総督代行M・アウレリウス・トゥエシアヌス[97]は、属州リュキア・パンフィリア出身で、騎士勤務の後、東方諸属州の二〇分の一相続税のための六万セステルティウス相当官プロクラトル(procurator sexagenario vicesimae hereditatium provinciarum Syriae Phoenices Palaestinae et Arabiae)を経て、当該職に就任した。トゥエシアヌスは、この後も経歴を重ね、最終的には元老院に編入され、コンスルにまで到達した後、属州ガリア・ルグドネンシス総督にもなっている。これもまた、同じく属州ダキア・アプレンシスの総督代行であったQ・アクシウス・アエリアヌス[98]は、騎士勤務を経ずに、プロクラトル職に入り、やがて総督代行を務めた。属州ガリア・ルグドネンシス総督代行となったM・アエディニウス・ユリアヌス[99]は、前歴は明らかでないが、後に属州エジプト長官から近衛長官に昇進。この騎士は、有名な「トリニーの大理石」碑文にその名を刻んでおり、元老院議員との親交が篤かった。L・ティティニウス・クロディアヌス[100]も、やはり騎士勤務からその経歴を始め、属州エピルスなどの小属州の総督や属州下モエシアのプロクラトルなどを歴任した後、属州ヌミディア総督代行に就任している。その後、最終的には、属州エジプト長官にまで到達したようである。属州下モエシア総督代行であったC・ティティウス・シミリス[101]の経歴は、百人隊長から明らかになるが、フルメンタリと呼ばれた秘密警察の長官(princeps peregrinorum)や主席百人隊長(primipilus)などの純然たる軍務のみを経て、当該職に就任している。最後に、皇帝ゴルディアヌス三世の近衛長官であり、岳父であったティメシテウスの経歴を紹介しておこう。[102] ティメシテウスの経歴も、騎士勤務の一つ歩兵隊長から始まる。その後、ティメシテウスは、極めて多数のプロクラトル職に就任する。例えば、属州アラビアの総督代行二回、属州シリア・パラエスティナのプロクラトル兼皇帝親征のための糧秣調達官(procurator provinciae Syriae Palaestinae ibi exactor reliquorum annonae sacrae expeditionis)、属州ベルギカおよび属州上下ゲルマニアの皇帝私財のためのプロクラトル兼属州下ゲルマニア総督代行(procurator patrimoni provinciarum Belgicae et duarum Germaniarum ibi vice praesidis provinciae Germaniae inferioris)といった具合である。ティメシテウスの社会的地位は、元老院議員の中でも名門であったゴルディアヌスに娘を嫁がしていること、また、『ヒストリア・アウグスタ』によればその雄弁によって、[103] ゾシモスによればその教養によってよく知られた人物であったと伝えられていることから考えて、元老院議員と大差なかったと思われる。[104]

さて、ここまでウァレリアヌス帝期前後の騎士身分の実体を検討してきたが、明らかにウァレリアヌス帝期末期の騎士身分の実体は、それ以前ではなく、それ以後のものに近かったのではないだろうか。ウァレリアヌス帝期以前に台頭した騎士たちは、シミリスを除いて、ほぼすべての者たちが騎士勤務からその経歴を始め、その後プロクラトルとしての経歴を歩んだ財務官僚的な騎士たちであり、その上、多くの者たちが元老院議員と社会的に何ら変わらない者たちであった。これに対して、ガリエヌス帝期に台頭した騎士身分の者たちは、その大半が軍人であったのである。[105] そして、ウァレリアヌス帝期末期の騎士身分も、振り返ってみれば、やはり軍人と推定される者が過半を占め、逆に財務官僚的な騎士はマクリアヌスぐらいであった。したがって、同じ三世紀に台頭した騎士身分と言っても、ウァレリアヌス帝期を境に騎士身分の社会的背景はまったく変化してしまっていたのである。

第六節 ウァレリアヌス帝期における軍人層台頭の要因

上述のように、ウァレリアヌス帝期以降に起こった騎士身分の興隆は、その前兆とされてきた騎士身分の興隆とは質的に異なるものであったが、このような新たな騎士たち、すなわち軍人層の台頭は、なぜ、いかにして引き起こされたのであろうか。

この問題を解くための手がかりとして、ここでは、プロテクトル(protector)の称号を取り上げてみたい。この称号は、すでに言及したウォルシアヌスやアエリアヌス、マルキアヌスなどのウァレリアヌス帝期からガリエヌス帝期に活躍した総計六名の騎士身分総督や軍司令官が保持していたからである。前者三名のほかには、属州マウレタニア・カエサリエンシス総督Ｍ・アウレリウス・ウィクトル、軍団長官ウァレリウス・マルケリヌス、軍司令官(praepositus)ウィタリアヌスがその称号を帯びていた。[106] したがって、プロテクトル称号が元来どのような人間に与えられていたのかを究明することが、三世紀半ばにおける軍人層台頭の要因を解明するのに有効であると思われるのである。なお、プロテクトル称号の付与対象については、Ｍ・クリストルの研究が今日最も説得力のある答えを出しており、[107] 以下の議論はこれに多くを負っている。

さて、プロテクトル称号の付与対象がこの六名に共通する何かにあったことは疑いないが、現就任官職が関係しているわけではなさそうである。例えば、当該期に属州マウレタニア・カエサリエンシス総督や軍団長官職に就いた者すべてがこの称号を帯びていたわけではないからである。したがって、過去のどこかで彼らは何らかの共通点を持ったに違いない。六名のうち、その過去の経歴が明らかになるのは、ウォルシアヌスとマルキアヌスだけであるが、両人が共通して就いている官職は近衛隊将校である。そして、まさにこの近衛隊将校のときに彼らはプロテクトル称号を帯びている。とするならば、他の四名も過去のいずれかの時点において、近衛隊将校であったがゆえに、プロテクトル称号を帯びた可能性が非常に高いということになるが、果たしてプロテクトル称号は近衛隊将校のみに付与されたのであろうか。だが、しかし、本来的にプロテクトル(「守護者」を意味する)であったとも言える近衛隊将校にのみ、プロテクトルという称号を与えることは、それほど意味があったとは思われない。付与対象は、より広かったと考えるべきであろう。

この推測は、百人隊長職就任者にもプロテクトル称号が与えられていたことを記録する二つの碑文によって裏づけられる。当該碑文は年代が確実には断定できないので、既出の六名には含めなかったのであるが、『碑文年報』一九五四年一三五番から知られる無名氏(Anonymus)の場合、第三アウグスタ軍団の百人隊長と第四フラウィア軍団の百人隊長に連続してなっているが、後者の場合にのみプロテクトル称号が付与されているのである。この事実は、すべての百人隊長職就任者にプロテクトル称号が与えられていたわけではないことを示唆している。実際問題として、すべての百人隊長にプロテクトル称号が与えられていたならば、この称号の価値は下落せざるを得なかったであろう。では、なぜ特定の軍団の百人隊長にのみプロテクトル称号が付与されているのであろうか、またこのこととプロテクトル称号が近衛隊将校に与えられたこととの共通点はどこにあるのであろうか。この二つの疑問を一挙に解く鍵は、クリストルによれば、皇帝直属の機動軍の存在を仮定することにある。すなわち、皇帝直属の機動軍を構成することになった軍団の百人隊長にだけ、皇帝を守護するとの意味合いを持ったプロテクトル称号が付与されたのであり、皇帝直属の機動軍に属するという点で、近衛隊と当該の第四フラウィア軍団は共通点を持ったのである、と。ここで仮定される機動軍については第三章で詳論するが、結論だけ先に述べれば、機動軍は、まさに本章で問題としているウァレリアヌス帝期に形成されはじめたのである。おそらく、ウァレリアヌスとガリエヌスは、この新しく編制された機動軍に一体感と忠誠心を持たせるために、プロテクトル称号をこれに属する百人隊長以上の軍人に与え、そこから輩出する形で、彼らを属州総督やその他の重要な軍事的ポストに就けていったのであろう。

なお、クリストルの論文では、この機動軍(l'armeé mobile)が、「軍団の分遣隊と騎兵部隊(unités de cavalerie)の支援で、当時の軍事的必要性から拡張されたコミタトゥス(comitatus)」として言及されているだけであり、その存在が実証的に論じられているわけではない。また、機動軍は臨時的に編制されたものと見なしており、この点でも本書の理解する機動軍とは大きく異なる。さらに、クリストルは、第一節で指摘したように、軍人層の台頭をあくまでもガリエヌス帝期以後の現象と考えている。しかし、一方で、ここで紹介したプロテクトルに関する議論では、プロテクトル称号出現をウァレリアヌス帝期に認めており、矛盾をきたしている(プロテクトルの議論を優先すれば、軍人層の台頭は、ウァレリアヌス帝期に認められねばならないはずである)。おそらく、「ガリエヌス勅令」にこだわり過ぎたためであろう。とはいえ、プロテクトルの付与対象については、クリストルのように考えることによってのみ、整合性をもって理解できるのである。

要するに、皇帝たちは機動軍の軍人、つまり自らの側近の軍人を重要ポストに任用していたことになる。このクリストル説を今少し具体的な個別事例を挙げて、逆の面から補強しておこう。例えば、ガリエヌス帝期以降に現れてくる騎士身分軍団長官の前身が何であったのかということについては、A・v・ドマシェフスキー、キーズ以来の論争があり、前者は屯営長官(praefectus castrorum)が後者は再任主席百人隊長(primipilius bis)がその前身であると主張してきた[108]。まず、少なくともキーズ説は明らかな誤りを含んでいる。ドブソンが指摘するように、再任主席百人隊長職は各軍団に常時存在した役職ではなかったからである[109]。さらに、再任主席百人隊長が軍団に派遣された場合には、俸給や格が上であっても、屯営長官としての職務を果たしていたと考えられるからである。したがって、軍団内のヒエラルキーで元老院身分の軍団長、高級軍団将校に次いだのは、屯営長官であった。しかしながら、屯営長官が軍団長官の前身であったとするドマシェフスキー説にも問題があるように思われる。というのも、屯営長官は主席百人隊長から任用されていたのであるが、三世紀初頭以来この主席百人隊長職の性格が変化しはじめることが考慮に入れられていないからである。市川雅俊氏によれば、アウレリアヌス帝の時代(二七〇～二七五年)に主席百人隊長職を行う者は、将校から文官へと移りはじめ、世襲の職となっていくのである。(110) 文官化しつつあった主席百人隊長と事実上同じである屯営長官が軍団を指揮する司令官になったとは考えられない。つまり、これらの事実は、少なくとも、皇帝が在来の軍団内の一定の官職に就いていた者を自動的に昇格させたのではないことを示唆しているのであり、この場合、選択肢は皇帝が軍団長官に就任する者を必要に応じて自身とともにある機動軍の将校の中から派遣していたと想定するほかないことになる。

このような現象がウァレリアヌス帝期に生じた要因を彼らの軍事的能力に求めるだけでは不十分である。制度的には、常設の機動軍の出現が一つの大前提となるが、さらなる歴史的要因があったはずであり、私自身は、それをウァレリアヌス帝がとった帝国防衛分担政策に見出すのである。

当時のローマ帝国は、ササン朝ペルシアや諸種のゲルマン民族の侵入を被り、ライン、ドナウ、ユーフラテスでの三面戦争を余儀なくされており、一人の皇帝でこれに対処することはとうてい不可能という状態に陥っていた。そこで、ウァレリアヌス帝は一族の者を共治帝に任じ、防衛の負担を分担させることを案出したのである。あらかじめ各戦線に皇帝を立てることで、同時に、簒奪帝の出現の防止をも図ったと思われる。(111) これが帝国防衛分担政策であり、後のディオクレティアヌス帝が敷いたテトラルキア体制を先取りする画期的なものであった。具体的には、ウァレリアヌス帝の帝国防衛分担政策は、次のように行われた。二五三年に即位したウァレリアヌスは直ちに息子のガリエヌスをアウグストゥスに昇格させ、西方諸属州の防衛を委ね、自らは東方へ向かった。まず、帝国防衛は東西で分担されたわけであるが、この分担は、ウァレリアヌス自身が結局その七年の治世の間、一度もローマに戻ることがなかったほど徹底したものであった。(112) 一方、西方諸属州の防衛を担ったガリエヌスは、ドナウとラインという二戦線を負担せねばならなかったため、さらなる共治帝を必要とした。即位当初、ドナウ方面に向かったガリエヌスは、二五六年にその地を去るに当たって、息子のヴァレリアヌス二世を自身の代理として残した上で、ライン方面に向かい、二五八年にヴァレリアヌス二世が死去すると、今度は、ライン方面にもう一人の息子サロニヌスを残し、自らがドナウ方面に赴いたのである。西方の諸属州は、二五六年以後は、つねに二人の皇帝でもって分担防衛されたことになる。

この帝国防衛分担政策は、皇帝が恒常的にローマ市から離れ、アンティオキアやミラノ、トリーアといった戦略的要地に、「軍」とともに常駐することを前提としていた。ここでは、とりあえず、この「軍」が機動軍であったかどうかは問題としないが、とにかくも、ウァレリアヌス帝期における軍人層台頭を理解する上で重要なことは、帝国防衛分担政策の結果、皇帝と軍の日常的、恒常的接触が生じるようになったということであり、一方で、ローマ市に集った元老院議員との関係が希薄化していったということなのである。皇帝を取り巻く集団は、元老院議員から軍人へと変化した。そうして、このような側近集団の変化が、人材登用に際して試験制度のような明確な基準を持たず、皇帝との直接、間接の人間関係が決定的な影響力を持ったローマ帝国において、(113) 統治階層の変化に結びついたことは、当時の軍事的必要性を考慮に入れるならばなおのこと、むしろ自然な成り行きであったであろう。しかし、より現実的に考えるならば、皇帝と軍との恒常的接触は、皇帝に対する軍の圧力強化という側面を多分に持っていたはずであり、軍人層台頭の背景には、皇帝側が彼らを必要とした以上に、帝国防衛分担政策によってもたらされた状況を利用して、自らの社会的上昇を望んだ軍人たちの強い意思があったことを見逃してはならない。やがて、彼らは、自らを取り立てた皇帝の息子ガリエヌスを殺害し、帝位すら奪うことになるのであるから、このことは思い半ばに過ぎよう。

以上のように考えるならば、軍人層台頭の制度的、歴史的要因は、ウァレリアヌス帝期にこそ認められるものなのである。

おわりに

本章では、「ガリエヌス勅令」の実態を問うことから議論を始めたが、その存在を疑問視するに至ったため、その束縛から離れ、いわば自由な立場で騎士身分興隆の様態を考察することができた。考察の結果、実際には、騎士身分の興隆は、通説的理解とは異なり、ガリエヌス帝期ではなく、それに先立つウァレリアヌス帝期に遡ることが明らかになった。また、当時興隆した騎士身分の実体が、これまでの騎士とは社会的性格を大きく異にする軍人にほかならなかったことも同時に示した。その上で、ウァレリアヌス帝期に始まる軍人層台頭の歴史的要因を、同帝がとった帝国防衛分担政策に求めたのである。ウァレリアヌス帝は、効率的な帝国防衛と簒奪防止を意図して各戦線に一族の者を皇帝として封じ、自らもまたその一翼を担ったのであるが、この政策は、皇帝のローマからの離隔を決定づけ、以後、皇帝は前線に近い戦略的要地で軍とともにほとんどの時を過ごすという事態を引き起こした。また、制度的に見れば、軍は機動軍の形態をとるようになっていたと仮定される。そのため、皇帝と軍人との密接な関係が生じ、彼らの圧力によってか、あるいは軍事的要請に従って、軍人層の台頭が促されたのであった。

このような様態をとった三世紀半ばの騎士身分台頭が、皇帝による元老院抑圧政策の結果でもなく、また単なる能力主義の勝利でもないことは明らかであろう。さらに、これがシステマティックな改革という形を取っていなかったのも当然であった。元老院身分総督と騎士身分総督のランダムな置き換えなどは、その端的な表れにほかならない。

しかしながら、ウァレリアヌス帝期以後の皇帝たちがとった軍人登用の方針は、一面では、明らかに軍事的要請に従ったものであり、コンスル格皇帝管轄属州における元老院身分総督の存続という問題に対しては、やはりそれなりの回答を迫られていることには変わりない。この問題に対しては、制度的にではないが、実質的な軍事と行政の分離が属州ではすでに始まっていたのだと、答えておきたい。本章の考察の中で浮かび上がってきたように、当時は、オクタウィアヌスやポストゥムスの事例に認められるような、広域な軍司令権を付与された騎士身分の司令官が重要な戦線には配されるようになってきており、また皇帝もほぼつねに機動軍とともに最前線にあったのであるから、コンスル格皇帝管轄属州総督が実際に軍を率いる機会や必要性は、格段に減少したと考えられる。このような状況の中では、総督の業務としては行政の比重が高まったであろうし、そうであれば軍事的経験を十分に積んでいない元老院議員でも差し支えなかったはずである。

さて、本章では機動軍形成の問題など論じ残した問題が多く、続く章で順次取り組んでいくが、次章では、軍人層台頭の制度的な背景となったプロテクトルについてさらに詳細な検討を行うことにしたい。

(1) Aurelius Victor, 33, 34; 37, 5.
(2) 皇帝管轄属州には、プラエトル格とコンスル格の二種類があり、前者には一個軍団が駐屯し、その総督は軍団長を兼ねる。一方、後者には、複数の軍団が駐屯し、総督は全軍団の総司令官の立場にある。
(3) 元首政の定義については、南川高志『ローマ皇帝とその時代——元首政期ローマ帝国政治史の研究』創文社、一九九五年、三三五六頁。
(4) Th. Mommsen, *Abriss des römischen Staatsrechts*, 2 Auflage, Leipzig, 1907, S. 349.
(5) O. Hirschfeld, *Die kaiserlichen Verwaltungsbeamten bis auf Diocletian*, 2 Auflage, Berlin, 1905, S. 485.
(6) C. W. Keyes, *The Rise of the Equites in the Third Century of the Roman Empire*, Princeton, 1915.

（7）例えば、属州下パンノニア、ダルマティア、シリア・フォエニキアでは、騎士身分総督がいったん入ったにもかかわらず、その後、再び元老院身分の総督が赴任しており、このような場合、総督の身分によって、総督の権限がそのつど変化したと考えるのは、制度上あまりにも不自然であるとセストン（W. Seston, *Dioclétien et la tétrarchie: Guerres et réformes (284-300)*, Paris, 1946, p. 312）は指摘する。対して、キーズ説を支持する代表的な研究としては、A. Stein, *Der römische Ritterstand: ein Beitrag zur Sozial- und Personengeschichte des römischen Reiches*, München, 1927, S. 453; P. Lambrechts, *La composition du sénat romain de Septime Sévère à Dioclétien*, Budapest, 1937, pp. 96-104; A. Chastagnol, *Le sénat romain à l'époque impériale*, Paris, 1992, p. 209 を挙げることができる。

（8）L. Homo, Les privilèges administratifs du sénat romain sous l'Empire et leur disparition graduelle au cours du IIIe siècle, *Revue Historique*, 138, 1921, pp. 1-52.

（9）H. G. Kolbe, *Die Statthalter Numidiens von Gallien bis Konstantin (268-320)*, München und Berlin, 1962, S. 19-20.

（10）H. G. Pflaum, Zur Reform des Kaisers Gallienus, *Historia*, 25, 1976, S. 109-117.

（11）H. Peterson, Senatorial and Equesterian Governors in the Third Century, *JRS*, 45, 1955, pp. 47-57. わが国においても、豊田浩志氏がペーターソンの説を引用しつつ、三世紀の属州行政機構の変革について言及している。豊田浩志『キリスト教の興隆とローマ帝国』南窓社、一九九四年、五八〜六一頁。

（12）M. T. W. Arnheim, *The Senatorial Aristocracy in the Later Roman Empire*, Oxford, 1972, pp. 34-37.

（13）R. Syme, *Emperors and Biography: Studies in the Historia Augusta*, Oxford, 1971, p. 241; A. Cameron, *The Later Roman Empire*, Cambridge, Massachusetts, 1993, p. 7.

（14）M. Christol, *Essai sur l'évolution des carrières sénatoriales dans la 2e moitié du IIIe s. ap. J.-C.*, Paris, 1986, pp. 35-60. なお、クリストルは、「勅令」ではなく「改革（les réformes）」という言葉をつねに用いている。

（15）E. Lo Casico, The Government and Administration of the Empire in the Central Decades of the Third Century, *CAH^{2}*, pp. 160-161.

（16）より詳細な議論は、拙稿「大帝国統治と教養——官僚のみたローマ帝国」南川高志編著『知と学びのヨーロッパ史——人文学・人文主義の歴史的展開』ミネルヴァ書房、二〇〇七年、一三一〜一三五頁。

（17）H. W. Bird, *Sextus Aurelius Victor: A Historiographical Study*, Liverpool, 1984, p. 5.

(18) Aurelius Victor, 20, 5.

(19) Bird, *op. cit.*, p. 10.

(20) Ammianus Marcellinus, 20, 10, 6.

(21) 『皇帝史』の影響のほかにも、ウィクトルが東上しつつあるユリアヌスに対して何らかの政治的支援を行った可能性を指摘し、このことが彼の出世に繋がったとする研究もある。P. Dufraigne, *Aurelius Victor: Livre des Césars*, Paris, 1975, p. xii.

(22) Zosimos, 4, 2, 3によれば、ユリアヌスの死後、ヨウィアヌス帝を挟んで帝位に即いたウァレンティニアヌス一世は、ユリアヌスによって任命された属州総督をすべて解任した。

(23) *CIL*, 6, 1186. 首都長官在職年代については、A. Chastagnol, *Les fastes de la préfecture de Rome au Bas-Empire*, Paris, 1962, pp. 232-233 参照。

(24) 通常の元老院議員の官職階梯から推定して、属州アフリカ総督、あるいはローマ市の vicarius 職に就いていた可能性が高い。Bird, *op. cit.*, p. 12.

(25) 詳細は、前掲拙稿参照。

(26) Dufraigne, *op. cit.*, pp. xxxv-xxxix.

(27) H. W. Bird, *Aurelius Victor: De Caesaribus*, Liverpool, 1994, p. 36; Dufraigne, *op. cit.*, p. 42.

(28) 元老院議員の昇進階梯については、南川前掲書、二六六～二六七頁。

(29) 『ヒストリア・アウグスタ』がガリエヌス帝を酷評する理由にも「ガリエヌス勅令」がよく挙げられてきたが(例えば *The Scriptores Historiae Augustae*, translated by D. Magie, Cambridge, Massachusetts and London, 1932, p. 16, n. 1)、実際には同書は勅令については一言も言及していない。

(30) J. F. Osier, The Emergence of Third Century Equestrian Military Commanders, *Latomos*, 36, 1977, pp. 675-676.

(31) A. Alföldi, The Crisis of the Empire, *CAH*^{1}, pp. 182-183.

(32) A. H. M. Jones, *The Later Roman Empire 284-602: A Social, Economic and Administrative Survey*, Oxford, 1964, p. 24.

(33) Chastagnol, 1992, p. 208, 南川前掲書、三五五～三五六頁。

(34) 南川前掲書、二七二～二七六頁。

(35) H. G. Pflaum, Les gouverneurs de la province romain d'Arabie de 193 à 305, *Syria*, 34, 1957, pp. 128-144.

(36) Kolbe, *op. cit.*, S. 3-14. なお、コルベによって(Kolbe, *op. cit.*, S. 14-17)プロブス帝期と同定されていた総督セウェリニウス・アプロニアヌスが、ガリエヌス帝期に遡り、最初の騎士身分総督であった可能性を近年ル・グレ(M. Le Glay, Qui fut le premier praeses équestre de la province de Numidie?, *Institutions, société et vie politique dans l'empire romain au IVe siècle ap. J.-C.*, Paris, 1992, pp. 195-200)が指摘している。

(37) H. G. Pflaum, *Les carrières procuratoriennes équestres sous le Haut-Empire romain*, supplément, Paris, 1982, pp. 97-98.

(38) A. Rosenberg, Ein Dokument zur Reichsreform des Kaisers Gallienus, *Hermes*, 55, 1920, S. 319-321; H. G. Pflaum, *Les carrières procuratoriennes équestres sous le Haut-Empire romain*, Paris, 1960, p. 924.

(39) *CIL*, 3, 3424 = *ILS*, 545; A. Dobó, *Die Verwaltung der römischen Provinz Pannonien von Augustus bis Diocletianus*, Amsterdam, 1968, S. 100-101.

(40) *CIL*, 8, 2797 = *ILS*, 2413.

(41) *AE*, 1971, 508.

(42) *CIL*, 7, 107 = *ILS*, 537; A. R. Birley, *The Fasti of Roman Britain*, Oxford, 1981, p. 267.

(43) 属州下パンノニア、ウァレリウス・マルケリヌス(*CIL*, 3, 3424 = *ILS*, 545)、P・アエリウス・アエリアヌス(*CIL*, 3, 3529)、アウレリウス・フロンティヌス(*CIL*, 3, 3525 = *ILS*, 2457)。ダキア、M・アウレリウス・ウェテラヌス(*CIL*, 3, 1560 = *ILS*, 3845)。

(44) *CIL*, 3, 4558. ティベリアヌスのほかにも三世紀半ば頃と考えられるが、正確な年代確定が困難な高級軍団将校が幾人か知られている。*cf.* Christol, *op. cit.*, pp. 39-44.

(45) I. Piso, Inschriften von Prokuratoren aus Sarmizegetusa, *ZPE*, 50, 1983, S. 247-251; id, *Fasti Provinciae Daciae*, Bonn, 1993, S. 92-93. ただし、マルクスの地位を総督代行であるわれらが皇帝のプロクラトル(procurator Augusti nostori agens vice praesidis)と刻した碑文もあるので、独立代理官と断定するには、多少の保留が必要であるかもしれない。

(46) L. Bakker, Raetien unter Postumus: Das Siegesdenkmal einer Juthungenschlacht im Jahre 260 n. Chr. aus Augsburg, *Germania*, 71, 1993, S. 369-386; I. König, Die Postumus—Inschrift aus Augsburg, *Historia*, 46, 1997, S. 341-354.

(47) Keyes, *op. cit.*, p. 8.

(48) *CIL*, 8, 21000; Pflaum, 1960, pp. 905-923.

(49) 前注に引用したプロームは、当時第三アウグスタ軍団は、praepositus legionis III Augustae によって率いられ、オクタウィアヌスの指揮下に入ったと想定している(p. 922)。つまり、第三アウグスタ軍団は、当時分遣隊(vexillatio)を各所に派遣しており、一部しか残留しておらず、それゆえ騎士身分の者が司令官になっていたと考えているのである。しかし、この解釈は、あくまでも騎士身分オクタウィアヌスの下に元老院議員の軍団長が付いてはおかしいという発想から導き出された仮説に過ぎない。

(50) G. Barbieri, *L'albo senatorio da Settimio Severo a Carinio (193–285)*, Roma, 1952, p. 307, 1712; Christol, *op. cit.*, pp. 147–149.

(51) *SHA*, *Tyranni triginta*, 10.

(52) Eutropius, 9, 9, 1.

(53) Aurelius Victor, 33, 8.

(54) *SHA*, *Tyranni triginta*, 3, 9.

(55) Zosimos, 1, 38, 2.

(56) Zonaras, 12, 24.

(57) I. König, *Die gallischen Usurpatoren vom Postumus bis Tetricus*, München, 1981, S. 53.

(58) W. Eck, *Die Statthalter der germanischen Provinzen vom 1.-3. Jahrhundert*, Bonn, 1985, S. 97.

(59) Bakker, *op. cit.*, S. 378.

(60) なお、当該期におけるドゥクスとは、スミスの研究(R. E. Smith, DUX, PRAEPOSITUS, *ZPE*, 36, 1979, pp. 263-278)に従えば、一定地域内の相当大規模な軍勢(ときにexercitusと呼ばれるほどの軍勢)を、かなりの自由裁量権でもって指揮する軍司令官のことである。

(61) Zonaras, 12, 24.

(62) Zonaras, 12, 24. アウレオルスの経歴については、本書第三章で詳細に取り上げている。

(63) Bakker, *op. cit.*, S. 378.

(64) M. Christol e A. Magioncalda, *Studi sui procuratori delle due Mauretaniae*, Sassari, 1989, p. 38.

(65) Petrus Patricius, 159; Pflaum, 1960, pp. 928-933. なお、エウセビオス『教会史』第七巻一〇、五—六は、マクリアヌスが、ヴァレリアヌス帝によるキリスト教迫害時に、ラテン語で財務長官(a ratinonibus)に当たる官職に就いていたことを記している。これらの伝承に対して、『ヒストリア・アウグスタ』(*SHA*, *Tyranni triginta*, 12, 1)は、マクリアヌスを将軍の中の第一人者

(primus ducum)と伝えているが、ウァレリアヌスがペルシア皇帝の捕虜になったときに、その場にいなかったことから判断すれば、やはり軍の後方支援に当たっていたのであろう。なお、豊田前掲書、二二三頁は、マクリアヌスが単なる財務官僚でなかったと指摘する。

(66) König, *op. cit.*, S. 52.

(67) 伝承によってメンバーには異同があるが、その他にもダルマティア騎兵の司令官の名も挙がってくる。ダルマティア騎兵の司令官については、第三章第二節参照。

(68) *SHA, Divus Claudius*, 14, 2.

(69) *SHA, Divus Claudius*, 11, 9.

(70) P. Damerau, *Kaiser Claudius II. Goticus (268-270 n. Chr.)*, Leipzig, 1934, S. 42-44.

(71) Zonaras, 12, 26.

(72) Eutropius, 9, 13, 1. ただし、ダキア・リペンシスは、アウレリアヌス自身によってトラヤヌスのダキアが放棄された後、モエシアの一部を割いて創設された属州であるので、この表現はアナクロニズムである。

(73) Syme, *op. cit.*, pp. 209-210.

(74) R. T. Saunders, *A Biography of the Emperor Aurelian (A.D. 270-275)*, Dissertation (Cincinnati), 1991, pp. 111-114.

(75) Zonaras, 12, 25; *SHA, Divus Aurelianus*, 18, 1.

(76) 近衛長官(*AE*, 1948, 55)。パルミラ遠征軍の将軍(*SHA, Gallieni duo*, 13, 4)。

(77) *AE*, 1965, 114; B. Gerov, La carriera militare di Marciano, generale di Gallieno, *Athenaeum*, 43, 1965, pp. 333-354. 碑文中に現れる *στρατηλάτης* なる官職はドゥクスより上位の官職であったと考えられ、ラテン語ではコンスタンティヌス帝期に現れてくる magister militium に当たる語であるが、三世紀において正確にどのような官職であったのかは不明である。

(78) *CIL*, 6, 1836 = *ILS*, 1332; Pflaum, 1960, pp. 901-905. この人物についての詳細は、第二章第二節参照。

(79) *AE*, 1934, 257.

(80) Zosimos, 1, 44, 2.

(81) Zosimos, 1, 44, 2; *SHA, Divus Claudius*, 11, 2. ただし、『ヒストリア・アウグスタ』はプロバトゥス(Probatus)という誤った名で呼んでいる。

(82)　Kolbe, *op. cit.*, S. 6.

(83)　注(38)の文献参照。

(84)　M. Christol, Une carrière équestre sous le règne de l'empereur Gallien, *Latomus*, 35, 1976, pp. 867-874. なお、クリストルは、アポリナリスがトラキア総督就任以前に属州マケドニアのプロクラトル兼総督代行であった可能性を指摘している。

(85)　*CIL*, 3, 3529. より厳密には属州上パンノニアのアクインクム出身。父親は、同じ第二アデュトリクス軍団の armorum custos であった。

(86)　*CIL*, 8, 21486 = *ILS*, 4495.

(87)　Pflaum, 1960, pp. 667-672, 桑山由文「元首政期ローマ帝国における近衛長官職の確立」『史林』七九―二、一九九六、一五七〜一九一頁、南川前掲書、三四五〜三四六頁。

(88)　Cassius Dio, 74, 11.

(89)　*Epitome de Caesaribus*, 28, 3; *SHA*, *Gordiani tres*, 29, 1; Zosimos, 1, 18, 3.

(90)　C. Körner, *Philippus Arabs: Ein Soldatenkaiser in der Tradition des antoninisch-severischen Prinzipats*, Berlin und New York, 2002, S. 30-32.

(91)　阪本浩「史料紹介「エイス・バシレイア(Aristides, Or, XXXVL)」」『青山史学』一一、一九八九年、五一〜八七頁。

(92)　L. L. Howe, *The Pretorian Prefect from Commodus to Diocletian* (*A.D. 180-305*), Chicago, 1942, pp. 79-80.

(93)　H. G. Pflaum, *Les procurateurs équestres sous le Haut-Empire romain*, Paris, 1950, pp. 134-135.

(94)　Pflaum, 1960, p. 688.

(95)　「騎士勤務」とは、騎士身分の者がプロクラトル職就任以前のその経歴の初期において就く軍務を意味し、歩兵隊長(praefectus cohortis)、高級軍団将校(tribunus militum angusticlavus)、騎兵隊長(praefectus alae)の三つがそれに当たる。たいていの者は、都市参事会の議員などを経た後、三〇代でこれに就く。したがって、「騎士勤務」就任者は、基本的に都市の富裕層の出であった。H. M. D. Parker, *The Roman Legions*, corrected edition, Cambridge, 1958, pp. 181-191; E. Birley, The Equestrian Officers of the Roman Army, *The Roman Army Papers 1929-1986*, Amsterdam, 1988, pp. 147-164.

(96)　Pflaum, 1960, pp. 691-694.

(97)　Pflaum, 1982, pp. 81-86.

(98) Pflaum, 1960, pp. 851-854.
(99) Pflaum, 1960, pp. 771-772.
(100) Pflaum, 1960, pp. 859-864.
(101) Pflaum, 1960, pp 856-858.
(102) Pflaum, 1960, pp. 811-821. なお、米田利浩「C・フーリウス＝ティメシテウスについて――三世紀における独立代理官制の展開をめぐって」『北海道教育大学紀要』四三―二、一九九三年、二七～三九頁には、ティメシテウスの経歴の全訳も載せられている。
(103) *SHA, Gordiani tres*, 23, 6.
(104) Zosimos, 1, 17, 2.
(105) この点については、注(10)の文献においてプロームがすでに論じていた。L. de Blois, *The Policy of the Emperor Gallienus*, Leiden, 1976, pp. 53-54 でも同様の議論はなされている。なお、B・マルクス(B. Malcus, Notes sur la révolution du système administratif romain au IIIe siècle, *Opuscura Romana*, 7, 1969, pp. 213-237 は、ガリエヌス帝期以後に台頭した騎士も、前時代と同様のプロクラトル型の騎士と見なしているが、これは誤りである。
(106) M. Christol, La carrière de Traianus Mucianus et l'origine des protectores, *Chiron*, 7, 1977, pp. 393-408 に関係する史料がすべて挙げられている。
(107) ibid.
(108) A. v. Domaszewski, *Die Rangordnung des römischen Heers*, 2nd ed. edited by B. Dobson, Köln, 1967, S. 120; Keyes, *op. cit.*, pp. 18-44. なお、ドゥ＝ブロワ(de Blois, *op. cit.*, pp. 40-41)のように両者ともその前身であったとする説もある。
(109) B. Dobson, The Significance of the Centurio and Primipilaris in the Roman Army and Administration, *ANRW*, 2, 1, 1974, pp. 420-421.
(110) 市川雅敏「専制君主政成立期における軍政・民政分離の一断面――Primipilus 職の変化と軍用食糧」『史学雑誌』九〇―一二、一九八一年、一三九～一七三頁。
(111) ハルトマンによれば、三世紀の危機の主たる原因は、蛮族の侵入に絶望した属州民が自身を防衛してくれるカリスマ的指導者＝皇帝の臨在を望んだところにあり、それゆえ、皇帝不在の多くの辺境属州に簒奪帝が立ち、帝国は激しい分裂状態に落ち込んでいったとされる。 F. Hartmann, *Herrscherwechsel und Reichskrise: Untersuchungen zu den Ursachen und Konsequenzen der Herrscherwechsel im Imperium Romanum der Soldatenkaiserzeit* (*3. Jahrhundert n. Chr.*), Frankfurt am Main, 1982, S. 127ff.

(112) F. Millar, *The Roman Near East 31BC-AD337*, Cambridge, Massachusetts and London, 1993, pp. 163-164.

(113) R. Saller, *Personal Patronage under the Early Empire*, Cambridge, 1982, passim.

第二章　プロテクトルの変遷

はじめに

前章では、ウァレリアヌスとガリエヌスの治世に台頭した騎士身分の多くがプロテクトルなる称号を保持していたこと、また、このプロテクトル称号が仮定された皇帝の機動軍所属の軍人に与えられたものであったこと、これら二つの事実から以下のような結論を得た。すなわち、プロテクトル称号を受けた騎士、つまり機動軍所属の軍人が三世紀半ばに元老院議員に代わって属州総督や軍司令官に登用されたのである、と。

しかしながら、プロテクトル研究の成果によれば、プロテクトル称号は、その最終的な時期については諸説あるものの、ガリエヌス帝期以後、長く存続しなかったと考えられている。例えば、E・Ch・バブはクラウディウス帝期に、L・オモはアウレリアヌス帝期に、R・グロッセはディオクレティアヌス帝治世前後に、それぞれプロテクトル称号が何らかの変化を被り、官職になったと考えている(1)。とするならば、軍人層の台頭は、ガリエヌス帝期以後はプロテクトル称号からは説明できないことになるであろう。実際、確かに四世紀以後の史料にもプロテクトルは現れるが、それは称号ではなく、明らかに官職であった。しかし、一方で、新出の碑文史料は早くもカラカラ帝治世(二一一〜二一七年)には、すでにプロテクトルなる官職が存在していたことを教えており、称号が官職になったとする旧説の破綻を示唆している。本章では、これら異なる時期に確認されるプロテクトルの相互関係を明らかにすることで、プロテクトル称号消滅後において、軍人たちがいかなる制度を通して台頭し得たのか、その一端を明らかにしてみたい。

第一節　四世紀のプロテクトル

三世紀半ばから四世紀にかけてのプロテクトルの相互関係を明らかにしようとする場合、三世紀に比べて史料が多く残されている四世紀のプロテクトルの実態をまず把握する必要がある。そこで、本節では史料に即しながら四世紀、実際的には、ディオクレティアヌス帝治世(二八四〜三〇五年)以降のプロテクトルの基本的性格をあらかじめ確認しておきたい。(2)

まず、『ラテン碑文集成』第三巻六一九四番の碑文(3)を取り上げる。テトラルキア時代に属するこの碑文には、

.... Val(erius) Thiumpus, qui militavit in leg(ione) XI Cl(audia), lectus in sacro comit(atu) lanciarius, deinde protexit ann(is) V, missus, praef(ectus) leg(ionis) II Hercul(iae), [e]git ann(is) II semise, et decessit, vixit ann(is) XXXXV m(ensibus) III d(iebus) XI....

とあり、protexit なる語が見られる。この語は、militavit protector と解釈することができる。(4) すなわち、碑文中の人物、ヴァレリウス・テュンプスは、その経歴の中で、プロテクトルとして五年間軍務に就いていたのである。このプロテクトルが官職であることは、protexit の語の前後に刻まれている lanciarius(槍兵)や praefectus legionis(軍団長官)

が官職であることから考えて疑いない。テュンプスは、プロテクトルの後、軍団長官になっているが、このことからプロテクトルが将官級の官職に到達し得る将来性のある官職の一つであったことを知ることができる。プロテクトルが非常な大官へ通じる官職であったということは、碑文史料のみならず、文献史料からも明らかである。ラクタンティウスの『迫害者たちの死』によれば、⑤皇帝マクシミヌス・ダイア（在位三〇五～三一三年）は羊飼いから取り立てられると「すぐに護衛兵（scutarius）になり、まもなくプロテクトルに、続いてトリブヌスに、その翌日には副帝（Caesar）」になったとされ、アンミアヌス・マルケリヌスによれば、⑥ヴァレンティニアヌス一世（在位三六四～三七五年）の父親であった大グラティアヌスは、一兵士からプロテクトル、トリブヌス、そしてアフリカ方面軍総監（comes Africae）、ブリタンニア方面軍総監（comes Britanniarum）に登っていったのである。A・H・M・ジョーンズの言葉を借りるならば、四世紀においてプロテクトルは、「幹部候補生学校」の役割を果たしていた。⑦

同じく『ラテン碑文集成』第六巻四七八七番の碑文⑧には、

…. Florio Baudioni viro ducenario, <u>protectori ex ordinario</u> leg(ionis) II Ital(icae) Divit(ensium), vix(it) an(nis) XL mil(itavit) an(nis) XXV….

とあり、このフロリウス・バウディオなる人物もプロテクトルであったことが分かる。バウディオは ordinarius（百人隊長）からプロテクトルになっており、この事実からプロテクトルが百人隊長よりも上級の官職であったことを知ることができる。また、プロテクトルは、テュンプスの事例からも分かるように、必ずしも百人隊長を経て就く官職ではなかったとはいえ、⑨古参兵が就く官職であったということも確認できる。だが、やがてプロテクトル、中でもドメスティキと呼ばれるプロテクトル（次段で解説）には軍隊勤務をまったく経ない高官の子弟が次第に任じられるようになっていった。⑩

そして、これらプロテクトルは遅くとも三世紀の末には将校団のような形で一種の部隊を形成するようになっていたようである。プロテクトルは、四世紀の半ばまでに単なるプロテクトレスとプロテクトレス・ドメスティキ（protectores domestici）の二種類に区分され、おのおの部隊をなし、前者は軍事長官（magister militium）により率いられ、後者はドメスティキの長官（comes domesticorum）の下で皇帝の側に仕えるようになるのであるが、『ヒストリア・アウグスタ』やゾナラスによれば、[11]後の皇帝ディオクレティアヌスは、ヌメリアヌス帝（在位二八三～二八四年）の下でドメスティキの長官職に就いていたとされているのである。この官職名の使用そのものはアナクロニズムなのだが、[12]このことから当該時代においてドメスティキの長官に相当する官職が存在していたこと、言い換えるならば、すでにプロテクトルが部隊を形成していたことが推断できるのである。[13]なお、ディオクレティアヌスが帝位に即く直前に、プロテクトルの長として軍人の進退に深く関わる官職にあったことは、テトラルキア体制の成立を考える際に、興味深い事実であるようにも思われる。さらに、ニコメディアから出土した碑文には、ウィンケンティウスなる人物がプロテクトルたちのアクトゥアリウス（actuarius protectorum）であったと見え、[14]このアクトゥアリウスなる官職は軍需品を供給する将校であったらしく、この官職もまたプロテクトルが一つの部隊をなしていた間接的な証左となろう。

プロテクトルはこのように三世紀の末には部隊の体をなしていたと考えられるのであるが、一方で、アンミアヌスの史書やテオドシウス法典などのより後代の史料によれば、プロテクトルはさまざまな目的のために、その一部は、あるいは将官級の軍人に派遣、分属させられ、またあるいは帝国内の要所に配されていた。[15]アンミアヌス自身、プロテクトル・ドメスティキとして、騎兵長官（magister equitum）ウルシキヌスに分属させられていた。[16]また、同じ史料によれば、その職務内容は、要人の逮捕から情報収集、密貿易の監視、道路管理、徴兵など、そこに何らかの一貫性を見出すのが困難なほど、実に多岐にわたっていた。[17]だが、ここで注意しておきたいのは、四世紀のプロテクトルがその名から想像されるような護衛部隊でも、戦闘部隊でもなかったということである。[18]

四世紀のプロテクトル、と本節では一括したが、実際には一世紀間にさまざまな変革を被ったと想定されるので、四世紀という枠で全体像を提示することは無理であったかもしれないが、小括としてあえて一時期の、少なくとも四世紀半ばのプロテクトルに妥当するであろう特徴を抽出するならば、次のようになる。すなわち、プロテクトルは、時代を下るに従って、次第に高官の子弟が就任するようになっていったとはいえ、基本的には古参兵が就く官職の一つである、と同時に将官級の官職への登竜門であり、形態的には部隊を形成しつつも、帝国各地の要所や将官級の軍人の下に派遣、分属させられ、その時々に応じた多様な任務を遂行していたのである、と。それでは、続いて三世紀半ばのプロテクトルに目を向けてみよう。

第二節　ウァレリアヌス帝期とガリエヌス帝期のプロテクトル

三世紀半ばのプロテクトルが称号であったことは、すでに前章で論じたことではあるが、ここで、あらためてプロテクトル称号に関する事実を確認しておきたい。プロテクトル称号は、『ラテン碑文集成』第六巻一八三六番収録のＬ・タウルス・ウォルシアヌスに捧げられた一碑文[19]に初出する。

L(ucio) Petronio L(uci) f(ilio) Sab(atina tribu) Tauro Volusiano, v(iro) co(n)s(ulari) ordinario, praef(ecto) praet(orio) em(inentissimo) v(iro), praef(ecto) vigul(um) p(erfectissimo) v(iro), trib(uno) coh(ortis) primae praet(oriae), protect(ori) Aug(storum) n(ostrorum) item trib(uno) coh(ortis) IIII praet(oriae), trib(uno) coh(ortis) III vig(ulum), … ordo Arretinorum patrono optimo.

下線部に見られる、protector Augustorum nostrorum（我らが皇帝たちのプロテクトル）の語が、ウォルシアヌスの tribunus cohortis praetoriae（第一近衛小隊将校）職在任時に与えられた称号であることは、vir perfectissimus など他の称号の位置から考えて間違いない。そして、このプロテクトル称号が付与された時期は、プロテクトルに付く皇帝の名が複数であることから、ほぼ疑いなく、ヴァレリアヌス帝とガリエヌス帝が共同統治帝としてあった二五三年以降であったと考えられる。ウォルシアヌスは、プロテクトル称号を付与された後、異例の昇進を果たし、二六一年にはガリエヌス帝とともに正規コンスル職に就任している。同様の事例、つまり近衛隊将校に対する称号としてのプロテクトルは、ウォルシアヌスの他にもいくつか知られている。『碑文年報』一九六五年一一四番のマルキアヌス[20]や『ラテン碑文集成』第三巻八五七一番のアウレリウス・サビニアヌス[21]などがそれである。前者はすでに前章第五節で言及した『ヒストリア・アウグスタ』などの史料にその名が挙がるガリエヌスに仕えた将軍の一人であり[22]、後者は元老院身分の高級軍団将校であったバルサミヌス・サビヌスの父親で、後に属州ダルマティアの財務官になった騎士身分の人物である。両史料とも時期的にはヴァレリアヌス帝期からガリエヌス帝期に属するとほぼ断定できる[23]。

称号としてのプロテクトルは、近衛隊将校のほかにも、ガリエヌス帝期からその存在が確認できる幾人かの騎士身分の軍団司令官や属州総督も帯びていたが[24]、ここでは、一例として『碑文年報』一九六五年九番の碑文[25]を挙げるに留めておきたい。

Herculi Aug(usto) P. Aelius Aelianus praef(ectus) leg(ionis) II Adiut(ricis) protector Gallieni Aug(usti) n(ostri) a(gens) v(ice) l(egati) v(otum) s(olvit) l(ibens) m(erito).

この碑文は、先のウォルシアヌスの場合と異なり、官職歴任階梯を刻しているのではないが、官職名である praefectus legionis(軍団長官)の直後に見られる protector Gallieni Augusti nostori(我らが皇帝ガリエヌスのプロテクトル)の語は、疑いなく官職名につけられた付加的な語であることから、これを称号と見なすことができる。

この時期のプロテクトルが称号であったことを推定させる最も有力な根拠となるのは、百人隊長(centurio)職とともに現れるプロテクトルである。第一章第六節で既出の『碑文年報』一九五四年一三五番に見られる碑文[26]には、

… item primip[i]la[ri] protectori item centurio IIII Fl(aviae) et protectori item ce[nturi]o leg(ionis) III Aug(stae) item [praepositi] alae parthoru[m] I item….

とあり、この無名氏(Anonymus)が同じ百人隊長職を歴任しているにもかかわらず、前者の場合、つまり第四フラウィア軍団の百人隊長のときのみ、プロテクトルの語が付き、後者の第三アウグスタ軍団百人隊長の際には、プロテクトルの語が付かないことは、一見して理解できる。このことから、プロテクトルがあくまでも百人隊長職に付加的に与えられたもの、つまり称号であったことは疑い得ないように思われる。ただし、この碑文には年代を確定する要素が乏しいので決定的な論拠とはなりにくいのであるが、三世紀半ばに属すると推定されているトラヤヌス・ムキアヌスなる人物に捧げられたギリシア語碑文にもまったく同様の事例が見られることから[27]、このような形でのプロテクトル称号の付与は三世紀半ばの現象であったのであろう。

以上のように、ウァレリアヌス帝期からガリエヌス帝期に見られるプロテクトルは、近衛隊将校や軍司令官、一部の百人隊長が帯びていた称号であった。そして、このプロテクトル称号が、何らかの形で皇帝の足下にあった、もしくは現在あるもの、つまり皇帝の機動軍の将校、ないしかつての将校に対して与えられたものであると考えられることも、すでに前章で論じたとおりである。

ところが、同じくガリエヌス帝期に年代的に属するにもかかわらず、プロテクトルが称号として用いられているとは考えにくい事例が存在する。『ラテン碑文集成』第一一巻四〇八二番の碑文[28]に、

pro salute itus ac reditus d(omini) n(ostori) sanctissimi G[alli]e[ni invic]ti…. Aurelius Faustus prot(ector) divini lateris Aug(usti) n(ostori)….

とあるのがそれである。この碑文がガリエヌス帝に捧げられていることから、年代的にガリエヌス帝期に属することを疑う余地はない。注目すべきは、アウレリウス・ファウストゥスなる人物が奉献したこの碑文には、プロテクトル

の語の前にいかなる官職名も刻まれていないということなのである。このことは、プロテクトルそのものが官職であったことを意味しているのではないだろうか。

さらに、ガリエヌス帝期においてプロテクトルがすでに官職としてあったことをうかがわせる碑文がもう一つある。それは、元老院議員身分の属州トラキア総督へ捧げられたギリシア語碑文である。碑文の建立年代を断定することはできないのであるが、被奉献者である元老院身分総督の経歴に見られる特徴から、ガリエヌス帝期に属すると推定されている。[29] そこには、この碑文の奉献者の名が「ソシオス・ヘロデス、元プロテクトル（ἐξ προτήκτωρος）とアウレリオス・アレクサンドロス、ラッパ吹き（βουκινάτωρ）」と刻まれており、この元プロテクトルが官職であったことは、並列されるアレクサンドロスの「ラッパ吹き」が官職であることからも疑いないであろう。「ラッパ吹き」はローマの軍制上は、百人隊長職と兵卒の間に位置づけられるプリンキパレス級の官職であった。[30] したがって、当時のプロテクトルがプリンキパレス級の官職であったことをも示唆しているのであるが、この点については、次節でさらに詳細が明らかになる。

これまで私自身を含めて、三世紀半ばのプロテクトルと言えば、称号のみに目が行っていたが、実際にはガリエヌス帝期においても官職としてのプロテクトルと称号としてのプロテクトルが併存していたことが分かるのである。

第三節　三世紀における官職としてのプロテクトル

前節でその存在が確認された官職としてのプロテクトルは、プロテクトル称号がその歴史をウァレリアヌス・ガリエヌス帝期以前に遡らないのに対して、その起源を三世紀前半に求めることができる。

四世紀末に著されたと一般に考えられている皇帝伝記集『ヒストリア・アウグスタ』には、三世紀前半の皇帝とともに、プロテクトル、それも疑いなく官職としてのそれが描かれている。「アントニヌス・カラカルス(カラカラ)伝」第五章第八節には、カラカラ帝がトラキアから「続いて、アシアへ渡っているとき、船の桁端が壊れ、難破の危険にさらされたので、プロテクトレスとともに小舟に降りた」とあり、また同伝第七章第一節には「カラカラは、カラエからエデッサへの移動の途中で、小用のために馬を下り、殺害の加担者であったプロテクトレスの間で用を足しているときに殺された」とあるのである。さらに、「二人のマクシミヌス伝」第一四章第四節には、ゴルディアヌス一世(在位二三八年)は、北アフリカのテュスドルスで皇帝に宣言されると「皇帝にふさわしい行列で、プロテクトレスとともに、月桂樹の束棹を持って、カルタゴにやって来た」とある。しかし、史料的価値が低いとされる『ヒストリア・アウグスタ』の記事であるがゆえに、一連の箇所に見られるプロテクトルは、四世紀の史家の犯したアナクロニズムであるとして、長らく斥けられてきた[31]。

ところが、近年、このような『ヒストリア・アウグスタ』の記述を裏書きする複数の碑文が発見されたのである。まず、『碑文年報』一九七九年四四八番[32]には、

I(ovi) O(ptimo) M(aximo) T(itus) Fl(avius) Pompeius (centurio) coh(ortis) III Alpinorum Antoninianae.... et Vivius Vibianus protector co(n)s(ularis)....

とあり、奉献者の一人であるウィウィウス・ウィビアヌスなる者は、protector consularis(属州総督のプロテクトル)との肩書きを帯びており、このプロテクトルが官職としてのそれであることは明らかである。碑文の年代は、文中に見られるAntoninianaという部隊に与えられた栄誉称号から、カラカラ帝期に属するものであると考えられる。

また、次のシリアのアパメアから出土した一碑文[33]にも官職としてのプロテクトルが認められる。

... [vix(it) ann(is)] XXXXIII m(ensibus) V d(iebus) VIIII mil(itavit) eq(ues) ann(is) IIII protect⟨o⟩r ann(is) IIII opt[io] ann(is) XIII (centurio) ann(o) I Marcia Vivia Crescentina coniux et heres marito inconparabili fecit.

この碑文も、同じくカラカラ帝期のものであると考えられている。文中に現れるプロテクトルが官職であることに疑いはないが、誰のプロテクトルであったのかは不明である。しかし、この墓碑銘には経歴が刻されているので、三世紀前半におけるプロテクトルの軍内での位階を知ることができる。当該の人物は、まず eques（騎兵）として四年、続いて protector として四年、さらに optio（百人隊長補佐）として一三年、最後に centurio（百人隊長）として一年軍に勤めた後、四三歳で死亡している。この事実から、プロテクトルがプリンキパレス級の官職であったことがはっきりと確認できるのである。先に挙げたガリエヌス帝期のギリシア語碑文に現れたプロテクトルもプリンキパレス級の官職であったから、三世紀前半から半ばにかけての官職としてのプロテクトルの連続性も疑いないものとなろう。

これらの事実から、三世紀の前半、遅くともカラカラ帝期以降には、官職としてのプロテクトルが存在していたことは間違いないように思われる。そして、当時の官職としてのプロテクトルの職務は、『ヒストリア・アウグスタ』の記述などから推測するに、その字義通りの、つまりラテン語 protego（護衛する）の派生形としての protector（護衛者）の役割を果たしていたと考えられる。また、『ヒストリア・アウグスタ』の記述を信じる限りでは、プロテクトルは部隊をなして皇帝に付き従っていた。

一方、ガリエヌス帝期を挟んで三世紀後半にも、官職としてのプロテクトルは存在していた。『ラテン碑文集成』第三巻三二一七番の碑文[34]は、アウレリアヌス帝期においても称号ではないプロテクトルが存在していたことを示している。問題の碑文には、

di manes Claudi Herculiani protectoris Aureliani Augusti.... Claudius Dion[y]sius protector Augusti....

とある。ガリエヌス帝期の場合と同様、プロテクトルの前にいかなる官職名も見られないので、プロテクトルそのものが官職であったのであろう。官職としてのプロテクトルがアウレリアヌス帝期前後に存在していたことは、四世紀

末に著されたと考えられている無名氏による『コンスタンティヌス帝伝』からも知ることができる。コンスタンティヌス帝の父親であったコンスタンティウス一世（在位二九三～三〇六年）の経歴を記した箇所には、「コンスタンティウスは……まずプロテクトルに、続いてトリブヌスに、後に属州ダルマティア総督になった」との記述が見られるのである。[35]この一文に見られるプロテクトルが官職であったことは、並列されるトリブヌスや属州ダルマティア総督が官職であることから推して知ることができる。コンスタンティウスがいつプロテクトルであったのかを断定することはできないが、属州ダルマティア総督にコンスタンティウスが就いていた時期がカルス帝期（二八二～二八三年）であったと考えられることから、[36]プロテクトル就任がそれ以前であったことは疑えない。Ｔ・Ｄ・バーンズは、コンスタンティウスのプロテクトル就任時を、『ラテン頌詞』を傍証としながら、アウレリアヌス帝期であったと推論している。[37]コンスタンティウスの経歴は、ディオクレティアヌス帝期以前からすでに、四世紀に見られたのと同じく、プロテクトルが一つの官職であり、かつ大官への登竜門の役割を果たしていたことを教えてくれるのである。

第四節　プロテクトルの歴史的変遷とその要因

以上の考察から明らかなように、プロテクトルには称号と官職の二種が存在し、また、官職としてのプロテクトルは、その相互関係はともかくも、三世紀前半から四世紀にかけて、少なくともその名称のレヴェルでは連続的にその存在が確認されたが、これらの事実をどのように整合的に理解すればよいのであろうか。

この問題については、Ｍ・Ｐ・シュパイデルが早くから一つの答えを出していた。[38]彼は、まず官職が称号に先行して存在することを指摘し、プロテクトル称号のほうは、ガリエヌス帝が官職としてのプロテクトルをモデルに創り出したものと結論づけ、さらに称号としてのプロテクトルはガリエヌス帝の治世後まもなく消滅していることから、四世紀に見られた「幹部候補生学校」としてのプロテクトルの起源は、プロテクトル称号ではなく、「ローマ軍の伝統」としてあった三世紀前半以来の官職としてのプロテクトルにあったと主張したのである。

シュパイデルの答えは大筋では正しいものと思われる。特に、称号と官職の関係についてはそうであろう。実際、プロテクトル称号は官職としてのプロテクトルに相当遅れてウァレリアヌス帝期に出現し、まもなく姿を消すので[39]、前後や同時期に存在した官職としてのプロテクトルとの関係は、あくまでも間接的なものに留まったに違いない。シュパイデルが結論づけるように、官職が称号創設に際してのモデルになった可能性が高いのである。

しかし、三世紀から四世紀にかけて連続的にその存在が確認できる官職としてのプロテクトルの相互関係については、彼の研究の主眼が四世紀のプロテクトルの起源を求めることに本来あったため[40]、連続性が強調されるあまり、その差異に注意がほとんど払われていなかった。そして、ここにシュパイデル説の限界を認めなければならないだろう。確かに、制度的にはその名称が同じであることからも無関係であったとは考えられないが、しかし、実際には、同じ官職としてのプロテクトルとはいえ、時期によって相当の違いが見受けられるのである。以下では、その差異とそれが生じた理由を考察することで、シュパイデル説の欠を補いつつ、官職としてのプロテクトルの連続性を論じておきたい。

第一に、職務内容が著しく異なる。すでに見たように、三世紀のプロテクトル、とりわけ前半のそれの職務内容は、疑いなく、皇帝や属州総督の護衛にあった。三世紀半ば以降のプロテクトルの職務は、文献史料から知ることはできないのであるが、すでに紹介したプロテクトルという官職名に「皇帝アウレリアヌスの(Aureliani Augusti)」や「我らが皇帝の神聖なる側の(divini lateris Augusti nostori)」といった修飾の言葉が付くことから判断しても、三世紀の前半と同様、護衛の役割を果たしていたと推定できる。ところが、四世紀のプロテクトルの職務が護衛にはなく、要人の逮捕や道路管理といった時に応じた多様な職務にあったことは、本章第一節で確認したとおりである。第二に、社会的重要性がまったく相違する。三世紀前半のプロテクトルは軍隊内ではプリンキパレス級の、いわば下士官に過ぎず、知られる限りでは、昇進の見込みの高い官職ではなかったのに対して、遅くともアウレリアヌス帝期以降四世紀を通じてのプロテクトルは将官級の官職への登竜門であったからである。これと関連して、プロテクトルが四世紀にはプリンキパレス級の軍人ではなく、百人隊長級の軍人の就く官職になっていることも忘れてはならないだろう。

では、一定の時期を境として生じた二つの相違は、何ゆえ生じたのであろうか。第一の相違点を説明することは現時点では困難である。なぜならば、すでに見たように、四世紀のプロテクトルの職務内容は四世紀半ばの史料からの推測に過ぎないのであって、その変化がいったいいつ生じたのか、現在の史料状況ではこの点を確かめることができないからである。それゆえ、ここでは、プロテクトルの職務内容の変化がそれほど突飛なことではなかったという点を指摘して、プロテクトルの連続性を示唆するに留まらざるを得ない。

年代を特定することは困難であるが、三世紀のものと推定される一碑文[41]には、

I(ovi) O(ptimio) M(aximio) et G(enio) Loci M(arcus) Aurel(ius) Dalmata protec(tor) co(n)s(ularis) pro b(eneficiario)
l(ibens) p(osuit).

とあり、アウレリウス・ダルマタなるこの人物が、すでに挙げた三世紀前半の碑文に見られたのと同様の protector consularis（属州総督のプロテクトル）に就いていることが分かる。注目すべきことに、この属州総督のプロテクトルは、「ベネフィキアリウスに相当する（pro beneficiario）」プロテクトルとされているのである。官僚組織を持たなかった元首政期のローマ帝国において、属州総督やプロクラトルによる属州行政は、主として軍団兵の手を介して行われていたのであり、ベネフィキアリウスというのはこの種の兵士の就いた官職の一つなのである。ベネフィキアリウスの軍内での位階は三世紀のプロテクトルと同じくプリンキパレス級であった[42]。とりわけ近年、ベネフィキアリウスの中で

も、属州総督に仕えた属州総督のベネフィキアリウス(beneficiarius consularis)の研究が盛んに行われており、[43]これらの研究成果によるならば、ベネフィキアリウスの一部は総督の下に残るが、多くは一定期間、属州内に点在する駐屯所(statio)に配され、徴税などの財政的業務から犯罪人逮捕、財産没収といった司法業務、さらには情報収集までの多様な任務を担ったとされている。すでに確認した四世紀のプロテクトルと類似する性格を持っていたことが了解されよう。このように、三世紀のプロテクトルがベネフィキアリウスと何らかの密接な関係があったことは疑いなく、またプロテクトルやベネフィキアリウスの属したプリンキパレス級の官職は相互の職務領域が曖昧であったことからも、[44]プロテクトルが単なる護衛に留まらず、その他の任務も時に応じて行っていたことは想像に難くない。したがって、プロテクトルの職務内容が変化する契機はプロテクトルという官職そのものに本来的に内在していたと考えられるのである。

続いて第二の相違点。プロテクトルそのものは、三世紀前半よりすでに存在していた。にもかかわらず、プロテクトルが社会的上昇の経路として機能しはじめるのは、ようやく三世紀も半ばを過ぎてからである。これは、なぜであろうか。その理由の一つであり、また前提ともなることは、騎士身分に対して属州総督職や軍団司令官職が開放されるのがこの三世紀半ば以降であったということにある。繰り返し述べてきたように、アウグストゥスによる皇帝政治開始以来、属州総督や軍団司令官として帝国統治に携わったのは、もっぱら共和政期以来の統治階層であった元老院議員たちであり、帝国第二の統治階層であった騎士身分には、近衛長官や属州エジプト長官などの少数の官職を除いて、政治や軍事の面であまり重要な役割は与えられていなかった。三世紀初頭のセプティミウス・セウェルス帝治世以降から、次第に騎士身分はその影響力を増してくるとされるが、それでもなお、属州総督職や軍団司令官職は元老院議員のほぼ独占状態にあった。そして、この状態が決定的に打破されるのが、前章で見たように三世紀半ばのウァレリアヌス帝期においてであったのであり、このとき以後、騎士身分の者が元老院議員のほぼ独占状態にあった属州総督職や軍団司令官職に進出し、事実上、これらの官職は騎士身分に開放されることになったのである。

さらに、この三世紀半ばに台頭した騎士身分の者たちが、多様な集団からなる騎士身分の中でも、特に軍人層に当たる集団であったことが、官職としてのプロテクトルの社会的上昇に重大な影響をもたらすことになったと推定できる。当初、ヴァレリアヌス帝期およびガリエヌス帝期に属州総督や軍司令官職に進出した軍人たちは、いずれもプロテクトル称号の保持者であって、官職としてのプロテクトルに就いていた者たちではなかった。言い換えるならば、まずはプロテクトル称号を与えられた軍人、つまり機動軍の将校が元老院議員に取って代わったのであった。中でも、そのほとんどはかつての近衛隊将校であったようである。(45) なお、近衛隊将校といえば、最上層に属する軍人であった。(46) そして、このいわば第一段階の統治階層交替にともなって、官職としてのプロテクトルの持つ意味は大きく変化することになる。すなわち、この統治階層の交替が、皇帝や属州総督の近くに仕えた護衛兵であったプロテクトルにとっては、自身の直接の上官の社会層の変化、つまり元老院議員から軍人への変化を招来したからである。そして、ここでローマ帝国における人材登用がもっぱら縁故関係によっていたことを思い起こすならば、この事実の持つ意味の大きさは自ずと明らかになろう。都の貴族ではなく、同じ社会層に属する者が自身の上官となったことで、プロテクトルにとっての昇進の可能性は飛躍的に増大したと推定されるからである。史料状況からプロテクトル自体に即して、この点を論証することは困難であるが、ディオクレティアヌス帝期の初頭に、プロテクトルと同じプリンキパレス級の官職から属州ヌミディア総督に破格的に昇官を遂げたフラウィウス・フラウィアヌスの事例は示唆的である。(47) フラウィアヌスは近衛長官のコルニクラリウス(cornicularius praefectorum praetorio)であったので、(48) その昇官は近衛長官の推薦に因るところが大きかったと考えられるのである。ガリエヌス帝の死後においては、属州総督や軍司令官に続いて、皇帝位すら軍人層の占有するところとなり、プロテクトルの社会的上昇にとってはいっそう有利な状況が引き起こされることになったことは想像に難くない。こうして、三世紀半ば以降、プロテクトルの持つ社会的意味は大きく変化したのである。そして、プロテクトルという官職の持つ社会的重要性が増すにつれて、次第にその成員の格も上昇することになったのであろう。

おわりに

カラカラ帝期に創設されたと推定できる最初のプロテクトルは官職であり、その名が示すように皇帝や属州総督に付いた護衛兵であった。軍内の位階はプリンキパレス級の下士官に過ぎず、社会的上昇の可能性も低かったと考えられる。セウェルス帝期以来、軍人が重用されはじめていたとはいえ、プロテクトルが護った皇帝や属州総督は未だ元老院議員であったのであり、プロテクトルにとっては縁遠い存在であった。だが、セウェルス朝の断絶とともに始まる軍人皇帝時代において、官職としてのプロテクトルにとって決定的な変化が訪れることになる。それは、ウァレリアヌス帝期に始まる軍人層の急激な台頭によって引き起こされた統治階層の交替である。この現象は、プロテクトル称号が端的に示すように、ウァレリアヌス帝期に顕著になる帝国の遠心化とそれにともなった皇帝と軍隊の密接な関係が生じたことに起因すると思われるが、このとき以降、不文律的に元老院議員に委ねられてきた属州総督職や軍団司令官職が騎士身分の者に開放されていくことになったのである。残念ながら、これら称号と官職との関係については、今日の史料状況では、後者が前者のモデルになった可能性を出現の前後関係から考えて指摘するに留まらざるを得ず、依然不明な点が多い。いずれにしても、称号としてのプロテクトルは、ガリエヌス帝期をもって消滅し、その歴史的役割を終えたのであるが、当該期の統治階層交替は、官職としてのプロテクトルにとっては就き得るポストの増加であると同時に、自身が護衛する対象の社会層の変化でもあった。もはや護るべきは、元老院議員という帝国第一の貴族ではなく、同じ社会層に属する軍人に過ぎなくなっていたのである。ここに至って、プロテクトルの社会的上昇を可能にする要素は揃ったと言える。コンスタンティウス一世の事例から推しても、その時期はアウレリアヌス帝治世頃であると推定できる。そして、このようなプロテクトルが、ディオクレティアヌス帝期ないしコンスタンティヌス帝期に職務内容の点などで何らかの変革を受け、より整備された形で「幹部候補生学校」の役割を四世紀において果たすことになったのであろう。

プロテクトルの変遷が上述のようなものであるならば、ガリエヌス帝期以後の軍人は、もちろんすべての者がそうであったわけではないが、コンスタンティウス一世のように称号ではなく、官職としてのプロテクトルを通じて興隆していったことになる。このことは、同じ軍人と言っても、軍人としての地位の低い者にも社会的上昇の道が開かれたことを意味する。つまり、ウァレリアヌス帝期、ガリエヌス帝期に台頭した軍人は、すでに少し言及したように、近衛隊将校級の者が多かったと推定されるのであるが、これに対して官職としてのプロテクトルに就いていた軍人は、はるかに下格のプリンキパレス級の軍人に過ぎなかったのである。また、皇帝機動軍の一員だけでなく、属州総督や有力な軍司令官などの「地方」の高官を護ったプロテクトルにも同じく社会的上昇の機会が与えられていた。そして、これを制度史的に見れば、軍内の旧来の昇進階梯の破壊にほかならなかったのであり、同時期に展開した独立代理官制に認められる元老院身分、騎士身分を問わない伝統的昇進階梯の崩壊[49]と軌を一にするものであったと言えるのではないだろうか。そして、その背後には、次章で見るような分遣隊(vexillatio)の多用にともなう軍団(legio)組織の解体、これと表裏の関係にある機動軍の出現があったと想定されるが、より本質的には、皇帝による旧制度に囚われない形での人材登用があったと考えられよう。

(1)　E. Ch. Babut, Recherches sur la garde impériale et sur les corps d'officiers de l'armée romaine aux IVe et Ve siècles, *Revue*

Historique, 114, 1913, pp. 225-260 ; 116, 1914, pp. 225-293 ; L. Homo, *Essai sur le règne de l'empereur Aurélien (270-275)*, Paris, 1904, p. 206 ; R. Grosse, *Römische Militärgeschichte von Gallienus bis zum Beginn der byzantinischen Themenverfassung*, Berlin, 1920, S. 13-15, 138-143.

（2） 四世紀のプロテクトルについては、A. H. M. Jones, *The Later Roman Empire 284-602 : A Social, Economic and Administrative Survey*, Oxford, 1964, pp. 636-639 を主に参照した。

（3） *CIL*, 3, 6194 = *ILS*, 2781. 一部略。以下、一応、碑文の訳を載せておく。

「第一一クラウディア軍団兵として、また聖なる扈従団の随員となって後は槍兵として軍務に就き、続いてプロテクトルとして五年勤務し、この職を解かれると、二年半第二ヘルクリア軍団長官の任に就き、退任し、四五歳三カ月と一一日で亡くなったウァレリウス・テュンプスに対して……」

なお、プロテクトルに関する碑文は、ほぼ Th. Mommsen, Protectores Augusti, *Ephemeris Epigraphica*, 5, 1884 = *Gesammelte Schriften*, 8, 1, Berlin, 1913, S. 419-446 に収録されている。また、プロテクトル就任者は *PLRE*, pp. 1121-1124 にファスティの形で列挙されている。

（4） *ILS* の解釈に従う。

（5） Lactantius, *De mortibus persecutorum*, 19, 6.

（6） Ammianus Marcellinus, 30, 7, 3.

（7） Jones, *op. cit.*, pp. 638-639.

（8） *CIL*, 6, 4787 = *ILS*, 2777.

「……第二イタリカ・ディウィテンセス軍団百人隊長からプロテクトル、二〇〇万セステルティウス相当官になったフロリウス・バウディオに。彼は四〇歳で亡くなり、二五年間軍務に就いていた……」

なお、ジョーンズ(Jones, *op. cit.*, p. 637)は、この人物が、三一二年のコンスタンティヌスとマクセンティウスとの戦争の際に死亡した可能性を指摘している。

（9） 他にも、*CIL*, 3, 317 = *ILS*, 2783. この碑文中に見られるマルクスなる人物は二三年間騎兵として勤めた後、プロテクトルになっている。

（10） Jones, *op. cit.*, pp. 637-638 ; J. Matthews, *The Roman Empire of Ammianus*, London, 1989, p. 75.

(11) *SHA, Carus et Carinus et Numerianus*, 13, 1; Zonaras, 12, 31.
(12) ドメスティキの長官は Ammianus Marcellinus, 14, 10, 2; *Codex Theodosianus*, 7, 1, 38(以下 *C. Th.* と略)に初出する。前者は三五四年、後者は三四六年である。
(13) Jones, *op. cit.*, p. 53.
(14) *ILS*, 2779.
(15) *C. Th.*, 7, 16, 3; 8, 5, 30.
(16) Ammianus Marcellinus, 15, 5, 22.
(17) 要人の逮捕(Ammianus Marcellinus, 14, 7, 12; 15, 3, 10)、情報収集(Ammianus Marcellinus, 18, 6, 20-23)、密貿易の監視(*C. Th.*, 7, 16, 3)、徴兵(*C. Th.*, 7, 1810)、道路管理(*C. Th.*, 8, 5, 30)など。
(18) P. B. Barnett, *Die protectores Augusti*, Egelsbach, Köln und New York, 1993, S. 10-15.
(19) *CIL*, 6, 1836=*ILS*, 1332. 一部略。碑文の復元に関しては、H. G. Pflaum, *Les carrières procuratoriennes équestres sous le Haut-Empire romain*, Paris, 1960, pp. 901-905 に従う。
「正規コンスル、エミネンティシムス(近衛長官職に就いた騎士身分に与えられた称号)である近衛長官、ペルフェクティシムス(高位の騎士身分官職保有者に与えられた称号)である夜警長官、我らが皇帝のプロテクトルである(皇帝は複数)第一近衛小隊将校、第四近衛小隊将校、第三夜警小隊将校……であるルキウスの息子、サバティナ区所属、ルキウス・ペトロニウス・タウルス・ウォルシアヌス、そして最良の守護者でもあるこの方に対してアレティウムの都市参事会は(この碑を捧げる)。」
(20) *AE*, 1965, 114; B. Gerov, La carriera militare di Marciano, generale di Gallieno, *Athenaeum*, 43, 1965, pp. 333-354.
(21) *CIL*, 3, 8571.
(22) *SHA, Gallieni duo*, 6, 1; 13, 10; 14, 1; 15, 2; *Divus Claudius*, 6, 1; 18, 1; Zosimos, 1, 40, 1.
(23) マルキアヌスの碑文の年代は疑いないが、アウレリウス・サビニアヌスの場合は、この人物がプロテクトル称号の保持者であることから、碑文の年代を二五三年以降であると推定できるだけである。*cf.* Pflaum, *op. cit.*, pp. 933-935; M. Christol, *Essai sur l'évolution des carrières sénatoriales dans la* 2e *moitié du* IIIe *s. ap. J.-C.*, Paris, 1986, p. 42.
(24) ガリエヌス帝期のプロテクトル称号保持者はほぼすべて M. Christol, La carrière de Traianus Mucianus et l'origine des

protectores, *Chiron*, 7, 1977, pp. 394-395 にリスト・アップされている。第一章第六節も参照。

(25) *AE*, 1965, 9; Pflaum, *op. cit.*, pp. 948-952; T. Nagy, Commanders of the Legions in the Age of Gallienus, *Acta Archaeologica Academiae Scientiarum Hungaricae*, 17, 1965, pp. 289-307.

「ヘルクリウス・アウグストゥスに対して軍団長官代理で我らが皇帝ガリエヌスのプロテクトルである第二アデュトリクス軍団長官、プブリウス・アエリウス・アエリアヌスは心からまた正しく誓願を果たした。」

(26) *AE*, 1954, 135. 一部略。

「……プロテクトルである首席百人隊長、プロテクトルである第四フラウィア軍団百人隊長、第三アウグスタ軍団百人隊長、第一パルティ騎兵部隊長に対して……」

(27) Christol, 1977, pp. 397-399.

(28) *CIL*, 11, 4082 = *ILS*, 4002. 一部略。復元は Mommsen, *op. cit.*, S. 420 に従う。

「我らが主である至聖にして不敗のガリエヌス帝の出立と帰還の安寧のために……我らが皇帝の神聖なる側のプロテクトル、アウレリウス・ファウストゥスが……」

(29) *AE*, 1907, 48; H. G. Pflaum, Un nouveau sodalis Aurelianus Antoninianus à la lumière d'une inscription de Philippopolis Thraciae, *Mélanges d'archéologie et d'histoire offerts à A. Piganiol*, Paris, 1996, pp. 277-282; Christol, 1986, pp. 325-329.

(30) プリンキパレス級の官職については、D. J. Breeze, The Organisation of the Career Structure of the Immunes and Principales of the Roman Army, *Bonner Jahrbücher des Rheinischen Landesmuseums*, 174, 1974, pp. 245-292; id., The Career Structure below the Centurionate during the Principate, *ANRW*, 2, 1, pp. 435-451, 柴野浩樹「元首政期のローマ軍制におけるプリンキパレスとインムネス」『史苑』六五―一、二〇〇四年、一〇七～一二八頁を参照。

(31) R. Syme, *Ammianus and the Historia Augusta*, Oxford, 1968, p. 36.

(32) *AE*, 1979, 448. 碑文の年代は二一二年から二一七年頃である。本文一部略。

「至善至高のユピテル神に対してアントニニアヌス称号を受けた第三アルピニ小隊百人隊長、ティトゥス・フラウィウス・ポンペイウスと属州総督のプロテクトル、ウィウィウス・ウィビアヌスは……」

(33) W. van Rengen, Nouvelles inscriptions grecques et latines, *Colloque Apamée de Syrie, Bilan des recherches archéologiques 1969-1971*, Bruxelles, 1972, pp. 100-102.

「……彼は四三年と五カ月、九日で亡くなった。彼は騎兵として四年、プロテクトルとして四年、百人隊長補佐として一三年、百人隊長として一年軍務に就いていた。この代え難き夫に対して妻であり相続人であるマルキア・ウィウィア・クレスケンティナが(この石棺を)作らせた。」

(34) *CIL*, 3, 327 = *ILS*, 2775. 本文一部略。
「皇帝アウレリアヌスのプロテクトル、クラウディウス・ヘルクリアヌスの霊に……皇帝のプロテクトル、クラウディウス・ディオニシウスが……」

(35) *Origo Constantini Imperatoris*, 1, 2.

(36) A. Jagenteufel, *Die Statthalter der römischen Provinz Dalmatia von Augustus bis Diokletian*, Wien, 1958, S. 107-110.

(37) T. D. Barnes, *The New Empire of Diocletian and Constantine*, Cambridge, Massachusetts and London, 1982, pp. 35-37.

(38) M. P. Speidel, *Guards of the Roman Armies*, Bonn, 1978, pp. 130-133; id., The Early Protectores and their Beneficiarius Lance, *Archäologisches Korrespondenzblatt*, 16, 1986, pp. 451-454.

(39) 史料上確認できる最後の称号としてのプロテクトルは、*CIL*, 3, 3424 = *ILS*, 545 に見られる二六七年のものである。

(40) プロテクトルのモデルは、ゲルマン人の従士制(A. v. Domaszewski, *Die Rangordnung des römischen Heers*, 2nd ed. edited by B. Dobson, Köln, 1967, S. 185-192)やヘレニズム時代のソーマトピュラケス(A. Alföldi, The Crisis of the Empire, *CAH*[1], pp. 219-220)に求められてきた。

(41) Speidel, 1978, p. 132.
「至善至高のユピテル神と地神に対してベネフィキアリウスに相当するプロテクトル、マルクス・アウレリウス・ダルマタは心から(この碑を)建てた。」

(42) J. Ott, *Die Beneficiarier: Untersuchungen zu ihrer Stellung innerhalb der Rangordnung des römischen Heers und zu ihrer Funktion*, Stuttgart, 1995, S. 11-14.

(43) 管見の限りでも、Ott, *op. cit.*, S. 61-155; M. Mirković, Beneficiarii consularis in Sirmium, *Chiron*, 24, 1994, pp. 345-404; N. J. E. Austin and N. B. Rankov, *Exploratio: Military and Political Intelligence in the Roman World from the Second Punic War to the Battle of Adorianople*, London and New York, 1995, pp. 195-204; M. Šašel Kos, The Beneficiari Consularis at Praetorium Latobicorum, R. F. Stolba und M. A. Speidel (Hrsg.), *Römische Inschriften-Neufunde, Neulesungen und Neuinterpretationen*, Basel, 1995, S. 149-170; R. L.

Dise, Jr, Variation in Roman Administrative Practice: The Assignments of Beneficiarii Consularis, *ZPE*, 116, 1997, pp. 284-299 などがある。

(44) Austin and Rankov, *op. cit.*, p, 151.

(45) 例えば、既出のマルキアヌスやウィクトル (*AE*, 1920, 108) が挙げられる。ウィクトルについては Christol, 1977, p. 394, n. 8 を参照。

(46) 近衛隊将校は、通常、二〇万セステルティウス級の高位の騎士身分官職に昇官できた。H. G. Pflaum, *Abrégé des procurateurs équestres*, Paris, 1974, p. 56.

(47) *CIL*, 8, 4325; *AE*, 1916, 8; H. G. Kolbe, *Die Statthalter Numidiens von Gallien bis Konstantin* (*268-320*), München und Berlin, 1962, S. 28-34; H. G. Pflaum, *Les procurateurs équestres sous le Haut-Empire romain*, Paris, 1950, pp. 315-321.

(48) 年代不明であるが、*CIL*, 6, 3238 = *ILS*, 2208 の碑文からは、近衛長官のプロテクトル (protector praefecti praetorio) の存在も知られる。

(49) 米田利浩「C・フーリウス＝ティメシテウスについて――三世紀における独立代理官制の展開をめぐって」『北海道教育大学紀要』四三―二、一九九三年、二七〜三九頁。

第三章　機動軍の形成
——ガリエヌス帝の「騎兵軍改革」について

はじめに

これまでの章で、本書は軍人層台頭の制度的背景を理解するために機動軍、それも常設の機動軍の存在を想定して議論してきたが、その存在を三世紀半ばのウァレリアヌス帝期(二五三〜二六〇年)に認めることは自明のことではなかった。大方の研究者は、常設の機動軍はディオクレティアヌス帝とコンスタンティヌス帝の「合作」、あるいはコンスタンティヌス帝一人の手になるものと考えてきたのである。(1)(2) しかし、一方で、すでに言及したM・クリストル、(3) あるいはD・S・ポターのように「明らかに、ウァレリアヌス、あるいはガリエヌスがコミタトゥス(comitatus)として知られる歩兵と騎兵からなる機動軍(the mobile field force)を創設したのである」(4)と述べる研究者がいたことも事実であるが、それは実証的研究に基づく結論ではなかったし、またこのような見方は決して通説的なものではない。

そこで、本章では本書の議論の根幹の一つをなす常設の機動軍が当該期に形成されていたことを実証的に示すことを試み、その出発点としてガリエヌス帝の「騎兵軍改革」を考察の俎上に載せる。騎兵軍改革とは、ガリエヌス帝が内外の敵に迅速に対応するために、歩兵中心のローマ軍の伝統から離れ、機動力の高い騎兵を活用する方向で行った軍制改革のことで、この改革を通してガリエヌスは皇帝直属の中央騎兵軍を創り出したとされている。研究史上、この中央騎兵軍はコンスタンティヌス帝治下で完成する野戦機動軍(comitatenses)の先駆として、あるいはその指揮権がイリュリア人たちに委ねられたことから彼らの皇帝位への踏み台になったとして、さまざまなレヴェルではあるが、関心を集めてきた。しかし、ここで騎兵軍改革を取り上げるのは、そのような意味での関心からではなく、この改革がとりもなおさず機動軍そのものの形成に直結していたと考えられるからなのである。この考えの前提には、言うまでもなく、通説とは異なる騎兵軍改革についての理解があるが、次節で見るように近年その通説自体が激しく揺らいでいる。以下では、この論争を検討することを通して、機動軍形成の問題に迫っていきたい。

第一節　学説史と問題の所在

ガリエヌス帝による騎兵軍改革を最初に説いたのは、前世紀初頭のE・リッターリングであった。(5) リッターリングは、『文武官位録(Notitia Dignitatum)』とゾシモス、ゾナラス、ケドレノスといったギリシア語史料に基づきながら、ガリエヌスがダルマティア騎兵部隊、マウリ人騎兵部隊、プロモティ騎兵部隊(promoti)、スクタリイ騎兵部隊(scutarii)といった新型の騎兵部隊を創設したと主張したのである。リッターリングによれば、これらの騎兵部隊は従来のアラ(ala)やアウクシリア(auxilia)と呼ばれた騎兵部隊とはまったく異なり、「つねに戦闘準備ができており、属州の駐屯地や旧部隊から切り離され、戦争のために大いに活用できる騎兵部隊」であった。さらに、彼は、これらの騎兵部隊が少なくともガリエヌス帝の下ではアウレオルスという一人の司令官に委ねられていたこと、またアウレリアヌス帝のパルミラ征服の後、解体されて、東方諸属州各地に配備されたとも論じたのである。なお、リッターリングは、この新型騎兵部隊を一語では言い表さなかったので、本書では、R・サイムにならって便宜的に独立騎兵部隊(the independent cavalry corps)と呼ぶことにする。[6]

このリッターリングの仮説をA・アルフェルディは貨幣史料を用いて敷衍し、補強した。[7] アルフェルディは、四つの独立騎兵部隊が二五八年に統一されて、中央騎兵軍(the central cavalry corps)を形成したと述べた後、ガリエヌス帝治世にミラノで打たれた騎兵(equites)を称える銘を刻する貨幣を根拠に、この中央騎兵軍がエクィテス(equites)という公式な名称を与えられていたこと、そして、それがミラノに本拠地を置き、皇帝に直属していたことを論じた。また、この中央騎兵軍はアウレオルスの後、続くクラウディウスからプロブスに至るイリュリア人たちの手に委ねられ、彼らの帝位への足掛かりとなっていたので、これを脅威と見たディオクレティアヌス帝が解体したとも主張したのである。

中央騎兵軍の創設に力点を置くアルフェルディの仮説は、D・ヴァン・ベルシェムやD・ホフマンを始めとする多くの研究者によって支持されることになった。[8] わが国においても弓削達、高橋秀、市川雅俊の諸氏に同様の主張を見ることができる。[9] 一方で、L・ドゥ゠ブロワのように、中央騎兵軍は単に一時的に形成されたに過ぎず、当然、ミラノもまたその永続的な根拠地ではなかったとし、ガリエヌス帝の騎兵軍改革に対する過大評価を戒める研究者もいたが、[10] 中央騎兵軍の存在そのものについて疑念が抱かれることはなく、アルフェルディの仮説は通説と化していた。このような状況の中、一九八〇年にH・G・ジーモンは、騎兵軍改革を考える際のキーパーソンとなっていたアウレオルスに関するギリシア語史料が批判に耐えないこと、また貨幣史料の解釈に問題があることを論拠として、アルフェルディ以来の「ミラノに駐屯する皇帝直属の中央騎兵軍」の存在を否定したのである。[11] 一九八八年にも、ほぼ同様の論拠に基づきながら、ガリエヌスの騎兵軍改革を否定するM・シュプリンガーの論考が現れ、彼は騎兵軍改革の仮説を「学問的な作り話」とまで言い切った。[12]

以上の学説史を追っていくと、リッターリングからアルフェルディにかけて通説が出来上がっていく過程で、騎兵軍改革の重点が独立騎兵部隊の創設から中央騎兵軍の創設へと移っていったことに気づく。リッターリングは、まずもって、独立騎兵部隊の創設を説いたのであって、中央騎兵軍については簡単な言及をするに留まっていた。ところが、アルフェルディが中央騎兵軍に重点を置いたため、その強烈なイメージが一人歩きしてしまった観がある。こうして、ガリエヌス帝の騎兵軍改革と言えば、皇帝直属の中央騎兵軍の創設ということになってしまったのであり、このため、研究の現段階では大局的にはアルフェルディとジーモンにそれぞれ代表される中央騎兵軍肯定説と否定説が対立しているのである。そして、対立する両説の主要な争点は、ギリシア語史料の評価、より具体的には最初の中央騎兵軍司令官であったとされるアウレオルスの経歴をめぐる問題に帰着する。そこで、この点を検討することを手がかりに騎兵軍改革の実態に迫っていくことにしよう。

第二節　アウレオルスの経歴

アウレオルスについてはギリシア語史料のゾナラスが最も詳しいので、[13]最初に、これに従いながらアウレオルスの経歴を紹介しておく。ゾナラスによれば、アウレオルスはダキアの牧童であったが、軍隊に入り、やがて近衛騎兵長官(*τῶν βασιλικῶν ἵππων φροντιστής*)にまで出世した。二五八年のインゲヌウスの反乱のときには、ガリエヌスとともに戦陣に臨み、騎兵長官(*ἱππαρχῶν*)として大いに活躍し、さらに二六一年には、東方から攻め上ってくるマクリアヌス父子に抗するため、ガリエヌスによりドナウ方面に派遣され、これを撃破している。[14]ガリア分離帝国の皇帝ポストゥムスとの戦いに際しても、アウレオルスは、ガリエヌスに付き従い、戦場ではポストゥムス追撃の任務を負った。だが、最後には、ガリエヌスに反旗を翻すことになる。二六八年のことである。このとき、アウレオルスは「全騎兵を率いていた（πάσης ἄρχων τῆς ἵππου）」[15]と伝えられている。アウレオルスは、ミラノを占拠し、立て籠もるが、同時期にそれを包囲するガリエヌスの陣営では、ガリエヌス暗殺計画が進行し、ガリエヌス自身が殺害されてしまう。ガリエヌスの死後、アウレオルスはその後継帝になったクラウディウスに下るが、処刑された。

ゾシモスは、ゾナラスのようにアウレオルスの経歴を纏まった形で書き残しているわけではないが、彼が簒奪のとき、ミラノで「全騎兵を率いていた（τὸν τῆς ἵππου πάσης ἡγούμενον）」とその最後の官職については同じことを記している[16]。加えて、ゾシモスは、アウレオルスがポストゥムスのイタリア侵入を防ぐ使命を帯びていたことについても言及している。

このようなゾシモス、ゾナラスの記述をそのまま信じるならば、アウレオルスは二六八年には「全騎兵を率いていた」ことになるのであるが、ジーモンが指摘するように、これらの記述をそのまま鵜呑みにすることはできない。というのも、いずれの史料にも全騎兵を率いていたはずのアウレオルスを包囲するガリエヌス側の陣営にも騎兵部隊がいたことが記録されているからである。すなわち、ゾナラスによれば、アウレリアヌスは騎兵を率いてガリエヌスの陣営にやって来ているし[17]、ゾシモスによれば、ガリエヌスを殺害したのはダルマティア騎兵部隊の司令官であった[18]（ちなみに、この騎兵部隊はアルフェルディによって中央騎兵軍の構成部隊とされていた）。また、クラウディウスは当時、騎兵長官（ἵππαρχος）であったと記録されている[19]。その上、アウレオルスが当時就いていた官職についてはまったく異なる伝承が伝えられているのである。ゾナラスに見える別伝によれば、簒奪のとき、「アウレオルスはケルト人たちのところで兵を率いていた（τοῦ γὰρ Αὐρεόλου ἐν Κελτοῖς στρατηγοῦντος）」のであり[20]、また、ラテン語で書かれたアウレリウス・ウィクトルの史書によれば、アウレオルスは「ラエティアの軍隊を率いていた（per Raetias legionibus praeesset）」

とあるからである。[21]

それゆえ、ジーモンはアウレオルスの簒奪時の官職については、二種類の伝承のうち、ラエティア方面の軍を率いていたという伝承のほうが当時の歴史的文脈に照らして信憑性が高いと結論づける。そして、ギリシア語史料に見られる「全騎兵を率いていた」との表現は、想定されるラテン語原史料にあった dux omnium vexillationum という表現を三世紀の実情を知らない後世のギリシア語史家が誤訳した結果であると解釈して、処理したのである。誤訳の原因は、vexillatio の意味の変化に求められる。すなわち、三世紀において分遣隊を意味していた vexillatio という語は、四世紀に入ると騎兵部隊を意味するようになっていたからである。しかしながら、ジーモンの想定する「全分遣隊の司令官」という官職は他に類例もなく、説得力を欠くように思われる。[22] 結局のところ、ジーモンのように一方の伝承が正しく、他方の伝承が誤っているとするには、相当な無理をせねばならないことは明らかである。そこで、断定的に一方を否定することができない以上、この二つの伝承を両立させる方向で考察を続けてみたい。

まず、そもそもアウレオルスが「全騎兵を率いていた」とするギリシア語史料はどのように解釈するべきなのであろうか。この言葉は、文字通りにとれば、ローマ帝国中のすべての騎兵を率いていたことになるが、この状態は常識的にも想像しにくく、実際、『ヒストリア・アウグスタ』「神君アウレリアヌス伝」の一節[23]は、別の解釈が可能であることを示唆している。当該の箇所には、「帝権を握る前に、アウレリアヌスはクラウディウスの下で全騎兵を率いていた。というのも、騎兵の司令官たちはクラウディウスの命令なしに無秩序に戦闘を行ったので、不興を買っていたからであった」とあり、この一節はクラウディウス帝の下に複数の騎兵部隊がいたが、それが勝手ばらばらに戦闘を行ったため、一人の指揮下に置かれ統一性を与えられた、と理解することができる。ここからは、問題のギリシア語表現だけでなく、中央騎兵軍そのものを考える際の重要な事実を二つ引き出すことができよう。第一に、アウレリアヌスの率いていた全騎兵がもともとクラウディウス帝の直接指揮下にあった騎兵であること、もう一つは皇帝麾下の中央騎兵軍の司令官は、恒常的な役職ではなく、一時的、便宜的な役職であった可能性である。第二点目の可能性は後段で考察をすることになるので、さしあたり脇に置いておくが、第一の事実からギリシア語史料を解釈することが許されるならば、「全騎兵を率いていた」とはあくまでも皇帝の麾下で、そしてそこにあった限りの全騎兵を率いていたということを意味することになる。ところが、アウレオルスが簒奪を行ったときには、ガリエヌスはバルカン半島でゴート族やヘルーリー族と交戦中であり、ミラノにはいなかったのであるから、ガリエヌスがいないところで、アウレオルスが皇帝麾下の全騎兵を率いていたはずがないのである。したがって、アウレオルスは、二六八年の段階では、中央騎兵軍の司令官ではなく、ラエティア方面の軍を率いていたと考えるべきであろう。現存するギリシア語史料、あるいはその原史料は、大本の史料を操作した際に、誤って不適当な箇所にアウレオルスが「全騎兵を率いていた」とする表現を挿入したのではないだろうか。

とするならば、いったい、いつアウレオルスは、皇帝の麾下で全騎兵を率いていたのであろうか。私は、それが二六五年に起こったガリエヌスの対ポストゥムス戦争のときではなかったかと推測している。すでに言及したように、ゾナラスによれば、アウレオルスは二六五年の戦争の際にポストゥムス追撃をガリエヌスによって命じられているが、この任務は明らかに騎兵の司令官にふさわしい任務である。ところが、当該時点での官職名はゾナラスには記録されていない。おそらく、アウレオルスはインゲヌウスの反乱のときに騎兵長官（ἱππαρχῶν）としてガリエヌスの下で騎兵を率いていたので、その後昇進し、対ポストゥムス戦争のときに皇帝麾下の「全騎兵を率いていた」のであろう。[24]

アウレオルスの経歴に関わる史料を整合的に理解しようとするならば、結論的には次のように彼の経歴は復元できる。アウレオルスは、まず近衛騎兵長官に、[25]続いて対インゲヌウス戦争のときには騎兵長官になり、さらに対ポストゥムス戦争時には全騎兵長官へと昇進していった。そして、この戦争終結の後、アウレオルスはその地に残されてポストゥムスのイタリア侵入を防ぐべくラエティア方面の軍勢を委ねられたのである、[26]と。

第三節　「騎兵軍改革」の実態とその射程

以上のようにして、前節では、中央騎兵軍の存在を否定するジーモンの説を斥け、アウレオルスが「全騎兵を率いていた」との伝承を、通説とは違う形ではあるが、肯定した。だが、一連の考察を通してみても中央騎兵軍そのものの実態やその重要性については一向に明らかにならなかったばかりか、むしろ逆に、その過程で知られるようになったいくつかの事実からは、騎兵軍改革の目的が果たして中央騎兵軍の創設にあったのか、という根本的な疑問が湧いてくることになった。

そもそも、中央騎兵軍の存在は、アウレオルスの官職名から推測されるに過ぎず、実際の軍事的活動は記録されていなかった。また、史料上でその活躍が特筆されていたのは、中央騎兵軍そのものではなく、それとは別の騎兵部隊であった。先に見たように、ダルマティア騎兵部隊の司令官はガリエヌス帝殺害の直接の下手人として現れてくるし、アウレオルスはインゲヌウスとの戦いに際しては騎兵長官(ἱππαρχῶν)として顕著な軍功を挙げていた。なお、騎兵長官が中央騎兵軍の司令官でなかったことは、この官職が「全騎兵を率いていた」との記述とは違う表現で、かつ文脈上その前に置かれていることから判断できる。同じアウレオルスは二六八年にミラノで皇帝を僭称した際、貨幣を鋳造したが、その銘には virtus equitum, concordia equitum などとあり、アウレオルスの下にも騎兵部隊がいたことを知ることができる。この銘に現れる equites なる呼称は、アルフェルディによって中央騎兵軍を指すと考えられたものなのであるが、この時点でアウレオルスが中央騎兵軍の司令官であったことを認めない本書の立場からすれば、アルフェルディの説は受け入れられない。equites は、中央騎兵軍とは異なる騎兵部隊でなければならない。さらに、すでに言及したように、ゾナラスによれば、アウレリアヌスはミラノでアウレオルスを包囲する「ガリエヌスの所に騎兵とともに(σὺν ἱππεῦσι)やって来た」と伝えられていることから、皇帝とは別の所で何らかの騎兵部隊を率いていたことが知られる。

このようにヴァレリアヌス帝期からガリエヌス帝治世にかけての史料には、中央騎兵軍ではなく、騎兵部隊(equites, ἱππεῖς)あるいは騎兵の司令官(ἱππαρχῶν)が頻出するのである。そして、これらの騎兵部隊こそがガリエヌスの軍制改革によって創り出されたものであったことは、ビザンツ時代のケドレノスの史書によって裏づけられる。ケドレノスは、「ヴァレリアヌスの息子ガリエヌスは、父を継いだ後、騎兵部隊(ἱππικὰ τάγματα)(複数形)を初めて創設した」と記し[27]、ガリエヌスがまさに複数の騎兵部隊を創設したことを伝えている[28]。研究史を振り返ってみるならば、リッターリングはこの新しい騎兵部隊創設を重視し、その革新性に気づいていたにもかかわらず、アルフェルディ以後、中央騎兵軍に重点が置かれるようになり、これが騎兵軍改革の最終の目的と捉えられるようになってしまっていたのである。しかし、実際には、事実は逆で、騎兵軍改革の目的は中央騎兵軍の創設にあったのではなく、個々の独立騎兵部隊の創設にあったのであろう。そして、こう考えて初めて、先に見た『ヒストリア・アウグスタ』の記述——中央騎兵軍の司令官は皇帝麾下にあった複数の騎兵部隊を一時的、便宜的にまとめていたに過ぎなかった可能性を示していた——が正しく理解できるのであり、また、中央騎兵軍の存在を示唆するものがアウレオルスの官職名を除いて存在せず、史料上には独立騎兵部隊の姿がもっぱら現れてくることも納得できるのである。おそらく、中央騎兵軍は、皇帝麾下にあった限りの独立騎兵部隊が一時的、便宜的にまとめられたものに過ぎず、組織的実態は備えていなかったのであろう。なお、独立騎兵部隊の創設年代は、これがインゲヌウスの反乱のとき(二五八年)にアウレオルスに率いられて初出するので、それ以前であったと推定できる。

ここに至って、本章の考察結果は修正を加えつつも、リッターリングの説にいわば回帰したようなことになるのであるが、リッターリングの研究は独立騎兵部隊の創設を説くのみであって、それが当該時代において持った意味を深く追求することはなかった。それゆえ、ここではさらに考察を続けてみたい。

これらの独立騎兵部隊創設の意図が、固定した駐屯地や旧部隊から「独立」し、各戦場に自在に投入できる可動性の高い騎兵部隊の創設にあったということに疑いはないが、独立騎兵部隊の創設が三世紀の軍制全般において持った意味をより深く考えるためには、騎兵部隊創設に先行する形で、圧倒的に歩兵軍から構成される正規軍団(legio)の一部が事実上解体されて、分遣隊(vexillatio)として独立利用されるようになってきている現象にも目を向けねばならない。

分遣隊とは、本来は、何らかの軍事的要請から一時的に正規軍団から編制される派遣部隊のことである。[29] もともと前期ローマ帝国においては、ほぼすべての軍隊がもっぱら辺境属州の国境沿いに駐屯し、それを援護する遊撃部隊は帝国内地にはほとんど存在しなかった。したがって、例えば、外敵の侵入を受けた地域の軍事力が不足である場合、一時的に平穏な地域の軍団から一部の兵士が選抜されて、分遣隊を編制し、援軍として派遣されたのである。ところが、帝国の政情が不安定になる三世紀に入ると、この分遣隊が母軍団への帰還を果たさず、あるいは果たせず、独立した部隊として利用されるようになってくる。このような現象は、フィリップス帝の治世(二四四～二四九年)から確認されるようになるのであるが、[30] 特にガリエヌスの治世においては、諸般の軍事的要請から分遣隊が複数組み合わされ、プラエポシトゥス(praepositus)と呼ばれる司令官に率いられ、パンノニアのポエトウィオやシルミウム、あるいはマケドニアのリクニドゥスなど帝国内地の要衝に派遣されて、半ば常備軍として利用されていたことが碑文史料から明らかになる。[31] また、二六一年にミラノで鋳造されたアントニニアヌス貨幣からは、ガリエヌスの率いていた軍隊が多数の分遣隊から構成されていたことを知ることができるのであるが、[32] その前年にはウァレリアヌス帝のペルシア捕囚を受けて帝国は三分されてしまったので、一部の分遣隊は帰還すべき母軍団を失い、必然的に独立化していたはずである。こうして、遅くともガリエヌスの時代には、半ば意図的、半ば必然的に、分遣隊は母軍団から「独立」し、可動性の高い歩兵部隊として再編、利用されるようになっていたのである。

このように時間的に歩兵の独立利用化が先行する以上、ガリエヌスによる独立騎兵部隊の創設は、歩兵部隊の独立利用化の一環として、騎兵部隊の独立利用化を図ったものであったことになる。そして、これらの、これまでになかった新しい軍組織の編制こそが恒常的な機動軍の形成に繋がったのであろう。なぜならば、すでに見てきたように、これらの戻るべき母軍団や駐屯地を持たない独立部隊が、皇帝の下にあって直属の「軍」を構成していたのであるから、論理的に考えて、その「軍」が解散可能な、一時的、場当たり的に編制されたものではなく、恒常的性格を帯びた機動軍となっていたと想定できるからである。当該期に機動軍の存在を認めるポターは、その主要な根拠として、三世紀半ばに独立騎兵部隊の一つであるマウリ人騎兵部隊がコミタトゥス(comitatus)を形成していたことを示す文献史料を挙げたが、[33]コミタトゥスの実体がそもそも明らかでない以上、[34]決定的な論拠とは成り難いのであり、やはり新しい軍単位の出現にこそ機動軍出現の契機は求められるべきであろう。

実際、ガリエヌス帝の治世以降の三世紀後半のローマ帝国においては、このような新しく編制された歩兵軍と騎兵軍が組み合わされた、さまざまな規模の機動軍が編制されていたことが確認できるのであり、この事実も機動軍の恒常的性格を間接的にではあるが示している。機動軍のうち最大の規模を誇ったのは当然皇帝麾下の機動軍であったであろうが、残念ながら、それが史料上に姿を現すのは、アウレリアヌス帝の治世(二七〇～二七五年)になってからである。[35]一方、より小規模の機動軍は、皇帝以外の者に委ねられ、帝国各地で任務に就いたようであり、史料上には皇帝のそれに先立ってその姿を認めることができる。ガリエヌス帝の死後まもなくの二六九年に、後継帝クラウディウスがガリア分離帝国攻撃のために派遣した遠征軍が建てた碑文は、[36]このような地方に展開した機動軍の姿を描き出している。そこには「皇帝マルクス・アウレリウス・クラウディウスに、……夜警長官……ユリウス・プラキディアヌスの指揮下で、属州ナルボネンシスで戦列にある vexillationes と equites ……は、……」とあり、この遠征軍も独立歩兵部隊 (vexillationes) と独立騎兵部隊 (equites) からなる機動軍の形を取っていたことを知ることができるのである。

おわりに

以上のようにして、本章では、ガリエヌスの騎兵軍改革の存在を否定する近年の学説を批判すると同時に、ガリエヌスを強力な中央騎兵軍の創設者と見なすアルフェルディらの説に異を唱えることで、次のような結論に至った。

ガリエヌスがその騎兵軍改革を通して創設を意図したのは、まずもって独立騎兵部隊であった。これに対して、中央騎兵軍はあくまでも皇帝麾下にあった限りの独立騎兵部隊が便宜的に一人の指揮下に置かれていたに過ぎず、いわば二義的な意味しか持たなかったのである。それゆえ、アルフェルディやそれに続く研究者が論じた中央騎兵軍の解体なる仮説も意味のある議論ではないことになる。しかしながら、文献史料に見られる騎兵軍の華々しい活躍にのみ目を奪われていると、この改革が持ったいっそう重大な意味を見失うことになる。碑文史料から明らかになったように、この騎兵軍改革に先行して、歩兵部隊は分遣隊という形で新たな可動性のある編制単位を与えられつつあった。ガリエヌスは、騎兵軍改革を通して歩兵軍に対応する新たな騎兵軍の編制単位を創り出し、それらを組み合わせることで、さまざまな規模の機動軍を帝国内地に編制したのである。これらの機動軍は、固有の駐屯地を有する母軍団から独立した、あるいはそもそも固定した駐屯地を持たない部隊が形成されたのであるから、必然的に恒常的な性格を持っていたと考えられるのであり、ここに恒常的な機動軍の出現を認めることができる。特に、皇帝に直属する機動軍の将校には、先行する章で明らかにしたように、プロテクトルの称号が与えられたことから、いっそうの一体感、恒常性が付与されたことになる。そして、この皇帝機動軍は、第二部第五章で論じるように、続くイリュリア人皇帝たちにも引き継がれ、帝国の新しい「ローマ」として機能しつづけるが、この事実もまた当該期に形成された機動軍が恒常的なものであったことの間接的証左となるはずである。

ところで、これまでの議論の中では、「ガリエヌス帝の」騎兵軍改革と呼んできたが、実際には、この改革は、先に言及したように、独立騎兵部隊が史料上に初出する二五八年以前に行われたと想定できるのであり、年代的にはウァレリアヌスとガリエヌスの共同統治期に当たっている。残念ながら史料的な裏づけを得ることはできないが、おそらくウァレリアヌスも東方で同時にこの改革を行ったはずである。この意味では、「ウァレリアヌスとガリエヌスの」騎兵軍改革と呼ぶべきであろう。

(1) 機動軍は、前期ローマ帝国の時代にも必要に応じて、その場限りのものとしては編制されることがあった。しかし、任務終了とともに、これを構成していた部隊は、元の母軍団、ないし駐屯地に帰還し、機動軍は解体されていた。ここで問題としているのは、そのような一時的な機動軍ではなく、常設のものである。

(2) 前者の説は、弓削達『ローマ帝国の国家と社会』岩波書店、一九六四年、二六七頁に、後者の説は、D. van Berchem, *L'armée de Dioclétien et la réforme constantinienne*, Paris, 1952, pp. 103-111 に見ることができる。

(3) クリストルの機動軍理解については、第一章第六節参照。なお、クリストルの想定する機動軍は従来の一時的な機動軍である。

(4) D. S. Potter, *Prophecy and History in the Crisis of the Roman Empire: A Historical Commentary on the Thirteenth Sibylline Oracle*, Oxford, 1990, p. 49. ほかにも M. R. Alföldi, Zu den Militärreformen des Kaisers Gallienus, *Limes Studien*, 1959, S. 13-18; F. Millar, *The Roman Empire and its Neighbours*, London, 2nd ed., 1981, pp. 125-126 参照。

(5) E. Ritterling, Zum römischen Heerwesen des ausgehenden dritten Jahrhunderts, *Festschrift für O. Hirschfeld*, Berlin, 1903, S. 345-349.

(6) R. Syme, *Emperors and Biography: Studies in the Historia Augusta*, Oxford, 1971, p. 210.

(7) A. Alföldi, Der Usurpator Aureolus und die Kavalleriereform des Gallienus, *Studien zur Geschichte der Weltkrise des 3. Jahrhunderts nach Christus*, Darmstadt, 1967, S, 1-15(初出は一九二七年); id., The Crisis of the Empire, *CAH*[1], pp. 216-217.

(8) van Berchem, *op. cit.*, pp. 104-105; D. Hoffmann, *Das spätrömische Bewegungsheer und die Notitia Dignitatum*, Düsseldorf, 1969, S. 247-257.

(9) 弓削前掲書、二五九頁、高橋秀「ローマの平和」大類伸監修『シーザーとローマ帝国』人物往来社、一九六六年、三二七～三二九頁、市川雅俊「ローマ帝国と軍隊」弓削達・伊藤貞夫編『ギリシアとローマ――古典古代の比較史的考察』河出書房新社、一九八八年、二三一～二四四頁。

(10) L. de Blois, *The Policy of the Emperor Gallienus*, Leiden, 1976, pp. 26-30.

(11) H. G. Simon, Die Reform der Reiterei unter Kaiser Gallien, W. Eck, H. Galsterrer und H. Wolff (Hrsg.), *Studien zur antiken Sozialgeschichte*, Köln und Wien, 1980, S. 435-452.

(12) M. Springer, Die angebliche Heersreform des Kaisers Gallienus, *Krise-Krisenbewusstsein-Krisenbewältigung*, Halle und Saale, 1988, S. 97-101.

(13) Zonaras, 12, 24.

(14) アウレオルスは、マクリアヌスを迎え撃ったときに、皇帝を名乗っていたという伝承が『ヒストリア・アウグスタ』に見られる。同書所載の「三〇人僭主伝」(11, 1)によれば「この人物(＝アウレオルス)はまた、イリュリクムの軍隊を統括していたとき(Illyricanos exercitus regens)、この時代のすべての者がそうであったようにガリエヌスに対する軽蔑の中で、兵士たちに促され、帝権を取った」とあり、また同伝後段(11, 3)にはアウレオルスを打ち破ることを不可能と悟ったガリエヌスは、ポストゥムスとの戦争のため、和解したとある。また、ゾシモスもヴァレリアヌス帝捕囚後の混乱の中、アウレオルスその他の多くの者が反乱を起こし、特にアウレオルスは長らくガリエヌスに対抗していたと伝えている(1, 38, 1)。T・D・バーンズは、これを史的事実として受け入れる考えを示している。T. D. Barnes, Some Persons in the Historia Augusta, *Phoenix*, 26, 1972, p. 149.

(15) Zonaras, 12, 25.

(16) Zosimos, 1, 40, 1.

(17) Zonaras, 12, 25.
(18) Zosimos, 1, 40, 2. なお、ゾナラスは、ダルマティア騎兵部隊の司令官の名を伝えていないが、『ヒストリア・アウグスタ』(*SHA, Gallieni duo*, 14, 4)は、その名をケロニウス(Ceronius)、あるいはケクロピウス(Cecropius)と記録している。
(19) Zonaras, 12, 26. ゾシモスは、「クラウディウスは皇帝に次ぐ立場ですべての事柄を監督していたように思われる」(1, 40, 2)と伝えており、ゾナラスの記事と一致しない。
(20) Zonaras, 12, 25.
(21) Aurelius Victor, 33, 17.
(22) さらに、ジーモンは、「全分遣隊の司令官」に in Raetia あるいは in Germanos という言葉を付加して、ウィクトルの証言とギリシア語史料が同一内容を語っていると解釈する。
(23) *SHA, Divus Aurelianus*, 18, 1.
(24) *SHA, Gallieni duo*, 7, 1は、この戦争に際してガリエヌスがアウレオルスと dux のクラウディウスを引き連れていったと記しており、両者が対になっていることから考えて、アウレオルスが全騎兵長官、クラウディウスが全歩兵長官であったのかもしれない。
(25) 史料的には跡づけられないが、アウレオルスは、近衛騎兵長官としてこのとき、プロテクトル称号を与えられていたはずである。
(26) 類例を挙げるならば、マルキアヌスはアウレオルスが反乱を起こしたとき、ガリエヌスとともにバルカン半島で戦闘中であったが、同帝がミラノに取って返す際、その方面の軍勢の司令権を委ねられて後に残った(Zosimos, 1, 40, 1)。
(27) Cedrenos, 454, 6-7.
(28) ジーモンはこの史料の価値を論拠なく否定し、独立騎兵部隊の創設すらも否定する。だが、明白に否定する論拠がない以上、この史料の価値を信頼すべきであろう。
(29) R. Saxer, *Untersuchungen zu den Vexillationen des römischen Kaiserheers von Augustus bis Diokletian*, Köln, 1967. 正確には、分遣隊は正規軍団以外の部隊からも編制された。
(30) Alföldi, *CAH*^{1}, pp. 213-215.
(31) *AE*, 1936, 54 (Poetovio); *CIL*, 3, 3228 (Sirmium); *AE*, 1934, 193 (Lychnidus).

(32) M. R. Alföldi, *op. cit.*, S. 13-18.

(33) Potter, *op. cit.*, p. 83, n. 49. 問題の史料には、三二〇年にキリスト教徒ウィクトルが、属州ヌミディア総督に尋問されたときに、自らの祖父が「コミタトゥスに入っていました(in comitatu militaverat)。なぜならば、私たちの家はマウリ人の出だからです」と答えたことが記録されている。

(34) コミタトゥスが、小規模な皇帝の随行団(travelling staff)を意味するのか、あるいはこれが拡大された大規模な皇帝直属の機動軍を指すのかをめぐっては、研究者の間で意見の相違がある。前者の立場に立つのは、H. M. D. Parker, *A History of the Roman World AD138-337*, London, 1935, p. 225 であり、後者の立場には弓削前掲書、二六七頁、あるいは W. Seston, Du *comitatus* de Dioclétien aux *comitatenses* de Constantin, *Historia*, 4, 1955, pp. 284-296 がある。

(35) *FGrH*, 100, F. 7. 詳しくは、本書第五章第一節参照。

(36) *CIL*, 12, 2228 = *ILS*, 569.

第四章　パルミラの支配者オダエナトゥスの経歴
——ヴァレリアヌス帝期以後の地方軍事体制

はじめに

　第一部最終章に当たる本章では、「中央」から「地方」に目を向け変えて、オダエナトゥスの経歴の復元に取り組む。オダエナトゥスとは、これまでも何度か言及してきたように、ガリエヌス帝の単独統治期にローマ帝国の東方諸属州を事実上その支配下に置いた隊商都市パルミラの支配者である。このオダエナトゥスは、ヴァレリアヌスからガリエヌスの治世にかけて、ホ・ランプロタトス・ヒュパティコス(*ὁ λαμπρότατος ὑπατικός*)と mtqnn'dy mdnḥ'klh という二つの地位、ないし官職に就いていたことが碑文史料から明らかになっている。(1) しかし、これらがローマ帝国の制度の何に当たるのかについては未だ確定的な結論が出ておらず、近年ことに活発な論争の対象となっている。そこで、本章でも、以下、この論争に加わる形でオダエナトゥスの経歴の復元を試みる。ただし、ここでは、この作業を単なるパルミラ史の一齣の復元としてではなく、先行する諸章の中で得られた結論を例証し、さらにはヴァレリアヌス帝期以後の地方軍事体制のあり方について新たな知見を付け加えることを目指して行ってみたい。

本論に入る前に、オダエナトゥスの生涯を簡単に辿っておきたい。オダエナトゥスは、二二〇年頃パルミラの貴族の家に生まれ、二五一年には元老院議員(*ὁ λαμπρότατος συγκλητικός*)にしてパルミラ人の指導者(*ἔξαρχος τῶν Παλμυρηνῶν*, rš' dy tdmwr)となっていたと推定されるが、[2]史上にその姿をはっきりと現すのは、二六〇年、ウァレリアヌス帝がササン朝ペルシアの皇帝シャープール一世の捕虜になり、帝国の東方諸属州が大混乱に陥ったときのことである。このとき、オダエナトゥスは救世主のように突如現れ、領内に帰還するペルシア軍を追撃したとされている。翌年には、西方に残っていたガリエヌス帝の命を受けて、東方で帝位を簒奪していたクィエトゥスとその近衛長官バリスタを倒し、さらに二六二年にはペルシアに侵攻し、その首邑クテシフォンに迫った。四年後にも、再びペルシア領内に攻勢をかけ、事実上、東方におけるローマ皇帝のごとき役割を果たした。このため、『ヒストリア・アウグスタ』などは、ガリエヌスが「オダエナトゥスと帝権を共有し、アウグストゥスと呼んだ」[3]と誤って伝えているほどである。だが、オダエナトゥスは、二度目のペルシア遠征から帰還して後の二六七年に宮廷内の陰謀で暗殺された。

第一節　ヒュパティコスとは何か

オダエナトゥスは、複数の碑文史料から知られるところでは、[4]ウァレリアヌス帝治下の二五七／二五八年にホ・ランプロタトス・ヒュパティコスという地位ないし官職に就いていたことが知られている。ホ・ランプロタトス・ヒュパティコスとは、ラテン語のクラリッシムス・コンスラリス(clarissimus consularis)に対応するギリシア語で、うちランプロタトスはクラリッシムスに対応する、「最も高貴な」を意味する元老院議員に与えられる決まり切った称号である。このことについては、とりたてて議論の余地はない。問題は、ヒュパティコス＝コンスラリスのほうにある。

こちらには、通常、「コンスル格の元老院議員」という訳語が当てられるのであるが、オダエナトゥスがヒュパティコスであったとは、いったいどのようなことを意味するのであろうか。現在、その意味するところについて大まかには二つの解釈が対立している。

ヒュパティコスという言葉が属州総督職を意味していると解釈し、オダエナトゥスはパルミラの属していた属州シリア・フォエニキア総督であったと考えるのが一つの立場である。この説の主唱者としては、Ｍ・ガウリコウスキーとＦ・ミラーの名を挙げることができる。前者は、オダエナトゥスの家系に関する画期的な研究論文の中で、オダエナトゥスが二五七／二五八年にウァレリアヌス帝によって属州シリア・フォエニキア総督に任じられたと言及し、(5)後者は、このヒュパティコスという言葉が当時「属州総督」を指すようになっていたこと、また、ありがちな称号の価値下落によって、属州シリア・フォエニキアのような本来コンスル格属州ではない属州の総督にも、この称号が用いられるようになっていたことを指摘した上で、オダエナトゥスが属州シリア・フォエニキア総督であった可能性が高いことを論じた。(6)両大家によって提唱されたこの解釈は長く通説的な位置にあったが、近年、オダエナトゥスの経歴についてたいへん刺激的な研究を行ったＤ・Ｓ・ポターによって異議が強く呈された。(7)

ポターによれば、ヒュパティコスとは属州総督を意味するのではなく、コンスル格徽章(ornamenta consularia)を与えられたということを示している。この立場に立てば、オダエナトゥスはローマの制度の中で正規の官職に就いていたのではなく、単にコンスルの名誉称号を与えられていたに過ぎないことになる。このような考えは、ポターが初めて提唱したわけではないのだが、昨今、ポターがひときわ強くこのような説を述べた背景には、一九八七年に発見されたパピルス史料の存在があった。Ｊ・ティクシドルによって公刊された当該のパピルス史料には、三世紀のエデッサ王アブガル九世が mlk' dmyqr bhpty' b'rhy (king who is honoured as hypatikos at Urhai (Edessa)) であったとされていたのであるが、(8)ポターはこの表現のうち「エデッサにおいて」という部分に注目し、ここで言及されているヒュパティコスがあくまでも「エデッサにおいて」という限定つきの「ローカルな重要性」しか持たなかったのだと主張した。したがって、アブガル九世は、属州総督になっていたのではなく、コンスル格徽章を与えられたに過ぎないと結論づけるのである。そうして、このヒュパティコスの用例を、オダエナトゥスに応用することで、彼を属州総督とする説を否定し、オダエナトゥス＝名誉コンスル説を提唱したのであった。ポターによれば、そもそもクィエトゥスとバリスタの敗北以前に、オダエナトゥスがパルミラ外で影響力を揮った証拠は見出せないと言う。

このポターの解釈に対しては、エデッサ史の専門家St・K・ロスによって異論が出された[9]。ロスは、ティクシドルが honoré comme consularis à Edessa と訳した部分を最終的には honoré du consulat à Orhai と訳し直したことを指摘し、アブガル九世に関するパピルスに現れる hpty はヒュパテイア（ὑπατεία＝consulship）の訳語と考えるのが正しいと述べる。つまり、アブガル九世の事例はオダエナトゥスの事例に応用できないと言うのである。それゆえ、ロス自身は、ヒュパティコスの解釈については、属州シリア・フォエニキア総督と解するのが最も自然であるのではないか、との立場に立つのである。

二〇〇一年にパルミラ分離帝国に関する浩瀚な書物を著したU・ハルトマンも、オダエナトゥス＝属州シリア・フォエニキア総督説を支持し、次のような状況証拠を挙げた[10]。すなわち、ヒュパティコスの碑文が特定の時期に集中しており、これを総督職の在任期間と想定できること、またこの時期にはオダエナトゥスのほかに総督の該当者がいないこと、さらに当該属州のコロニアでメトロポリスであったテュルス市がオダエナトゥスに顕彰碑文を奉献していること、そして二六〇年の段階でオダエナトゥスがローマの正規軍を指揮していることから考えて何らかのローマの正規の官職にそれ以前に就いていたと想定することが妥当であること、これらのことをその状況証拠として挙げたのである。加えて、ハルトマンは、オダエナトゥスは総督に任じられて後、その在任中に補充コンスルになった可能性が高いことを論じ、オダエナトゥスが属州シリア・フォエニキアという非コンスル格属州の総督であるにもかかわらず、ヒュパティコスと呼ばれていることを説明しようと試みた。

ヒュパティコスの解釈をめぐる研究の状況をこのように振り返るならば、オダエナトゥス＝名誉コンスル説は相当に分が悪いように感じられるのであるが、一方で、依然、支持者を有していることも事実なのである。[11] この立場に非常に近い考えとしては、他にも、オダエナトゥスがウァレリアヌスによって補充コンスルに任じられたとするものや、元老院へのコンスル格の編入(adlectio inter consulares)を想定するものもあるのであって、[12] オダエナトゥス＝属州総督説が決して市民権を得ているわけではない。

私自身は現在のところ属州総督説を支持するのであるが、ここでなぜオダエナトゥスを属州総督と見なす説に対して根強い反対があるのか、少し考えてみたい。おそらく、非総督説をとる論者の頭には、パルミラというローマの一都市の指導者が、たとえ元老院議員の身分を得ていたにせよ、属州総督に任じられるのは、ローマ史の常識的知識からは、あまりにも不自然であるとの考えがあるのではないだろうか。ミラーが指摘するように、オダエナトゥスの場合には、自らの出身地の総督には任ぜられないというアウィディウス・カッシウスの反乱後に定められたとされる規定が無視されていることも、奇妙である。[13]

しかしながら、このような常識的な考えは、ウァレリアヌス帝の治世にはすでに通じなくなりつつあったことも思い起こさねばならないだろう。言い換えるならば、ウァレリアヌス帝の政策の革新性を評価せねばならないということである。そして、ウァレリアヌスの政策という観点から、オダエナトゥスの登用を見直すならば、ハルトマンの挙げたものに加えて、さらなる状況証拠を指摘することができる。

本書の第一章では、「ガリエヌス勅令」によって生じたとされてきたローマ帝国の統治階層の交替が、実際には、ウァレリアヌスの時代に端を発するのではないかとの仮説を提示したが、オダエナトゥスの事例はこの仮説を支持するように思われるのである。すなわち、ウァレリアヌス帝は、すでに伝統的な元老院議員登用の方針を帝国の過酷な軍事情勢のなか放棄しつつあり、軍事的に有能な者をその出自にかかわらず、必要な部署に大胆に登用しはじめていたのである。この現象が、帝国の西部ではポストゥムスなどに認められるのであり、東方ではオダエナトゥスに認められるのではないだろうか。オダエナトゥスに関しては、パルミラがシリアの砂漠地帯の防衛をローマの軍事力に代わって担ってきたという歴史的事情を考慮するならば、(14)むしろ自然な人選であったのではないか、とすら思われてくるのである。

ウァレリアヌス帝の政策という観点からさらに考えを進めるならば、なぜオダエナトゥスが二五七／二五八年という時期に総督に任用されねばならなかったのか、ということも説明することができる。ウァレリアヌス帝が帝国防衛のためにとった政策は、騎兵軍改革や先に指摘した伝統にとらわれない人材登用であったが、さらにもう一つあった。それは帝国防衛の分担であった。この政策は、後のテトラルキア体制の先駆的形態とも言えるものであり、広大な帝国を防衛するために、複数の皇帝を各戦線に立てることで、その防衛の効率を上げ、同時に簒奪者の出現をあらかじめ防ぐことを意図していた。具体的には、ウァレリアヌスは二五三年の即位と同時に息子のガリエヌスを皇帝に上げて、帝国を東西に分割し、自身は東方の防衛を担い、ガリエヌスにはドナウ、ラインの二戦線を委ねた。二つの戦線を預かったガリエヌスは、自身が一方の戦線を不在にする際には、さらにその息子を皇帝位に即けて残すという処置をとったのである。この政策を念頭に置きながら、ウァレリアヌスの動向を追うならば、非常に興味深いことに気づく。ウァレリアヌス帝は、帝国西部をガリエヌスに委ねた後、翌二五四年にはアンティオキアに到着する。しかし、二五六年には、小アジア北部にボランニ族が侵入したため、その方面への遠征を余儀なくされているのである。(15)つまり、ウァレリアヌスは、二五六年からしばらくシリア方面の防衛から離れざるを得なかったのである。そうして、まさにこの頃にオダエナトゥスが、属州シリア・フォエニキアの総督に任用されているという事実を見逃してはならないであろう。おそらく、オダエナトゥスの総督任用はウァレリアヌスの帝国防衛分担政策の一環ではなかったか、と思われるのである。ただし、皇族が皇帝として置かれなかったことは、西方との大きな違いであるが、一族に適任者がいなかったことに加えて、小アジア遠征が短期で終結する見込みがあったのであろう。

さて、以上のように、オダエナトゥス＝属州シリア・フォエニキア総督説をウァレリアヌスの政策という観点から新たに補強してきたわけであるが、直接的な根拠がないため決定打を見出すことは困難であった。そこで、この問題はひとまずここで終え、オダエナトゥスのその後の経歴をさらに追求することにしたい。オダエナトゥスの経歴の全体像についての見通しを得た上で、あらためてこの説の当否が検証されることが望ましいと考えるからである。

第二節　mtqnnʾdy mdnḥʾklhʾ の意味

オダエナトゥスは、その死後に当たる二七一年に彼のために建てられたパルミラ語碑文において、mlk mlkʾ（王の中の王）にして mtqnnʾdy mdnḥʾklhʾ と呼ばれていた。[16] クロノロジカルな関係から考えても、オダエナトゥスの経歴の中では mtqnnʾdy mdnḥʾklhʾ は属州総督職就任以後に位置づけられるものであろう。では、この mtqnnʾdy mdnḥʾklhʾ とは、いったい何を意味するのであろうか。この言葉は、さしあたって日本語に訳するならば、「全東方の再建者」となるのであるが、問題は「再建者（mtqnnʾ）」の部分にあり、これまでの先行研究はこれをラテン語で言うところのレスティトゥトル（restitutor）という称号と見るか、それともコレクトル（corrector）という官職と見るか、についてもっぱら議論してきた。前者であれば、これは栄誉称号に過ぎず、何ら実質的な権限はともなわないが、後者であれば、ローマ帝国の正規の官職ということになる。

古くJ・カンティノーが前者の説[17]を、C・S・クレルモン・ガノーが後者の説[18]を提唱しており、大勢は、深い考察を加えた結果ではないにせよ、称号説が占めていたように思われるのであるが、[19] これもまたポターが強く官職説を主張したため、[20] 近年、論争の対象となっている。

称号説をとる論者は、オダエナトゥスの息子ウァバラトゥスのために、おそらくオダエナトゥスの死後まもなく建てられたギリシア語・パルミラ語併記碑文で、ウァバラトゥスが nhyrʾmlk mlkʾ(輝かしい王の中の王)にして、ʾpnrṭʾdy mdnḥʾklh と呼ばれていることに注目し、[21] 次のように論を展開する。当該の碑文には、オダエナトゥスに対するのとほぼ同様の表現が用いられているが、オダエナトゥスが「全東方の mtqnnʾ」と呼ばれていたのに対して、ウァバラトゥスは「全東方の ʾpnrṭʾ」と呼ばれており、表現に違いが見られる。このうちウァバラトゥスに用いられている ʾpnrṭʾ のほうは、ラテン語のコレクトルに当たるギリシア語のヘパノルトーテース(ἐπανορθωτής)の音訳である。しかし、これに対して、オダエナトゥスには mtqnnʾ という別の表現が使われている。ということは、オダエナトゥスの mtqnnʾ はコレクトルではないということになり、代案はレスティトゥトルしかないと論じるのである。

ポターは、このような解釈について反論した。まず、パルミラ人のギリシア語訳には厳密な一貫性はなく、mtqnnʾ も ʾpnrṭʾ も実質は同じものを指しているのであり、いずれもコレクトルを意味していると主張する。また、ウァバラトゥスの碑文は、オダエナトゥスの死後まもなく建てられたと考えられるので、父親の称号をそのまま引き継いでいると見なすことが自然であるとも指摘する。さらに、第三点目として、ゾナラスによれば、オダエナトゥスはエメサでクィエトゥスらを倒した後、ガリエヌス帝から全東方のストラテーゴスに任じられたとあり、[22] ゾナラスの言うストラテーゴスは明らかに官職であり、これはコレクトルについて言及していると解釈するのである。

しかし、ポターの解釈は、この問題についても反論を受けた。それは、S・スウェインによるものである。[23] スウェインの論点は多岐にわたるが、主要な論点は二つある。彼によれば、まず官職に関してはギリシア語のパルミラ語訳は極めて正確であり、一対一の対応関係があり、同じ官職名に異なった表記を当てるようなことはないという。また、オダエナトゥスの碑文は、そもそもオダエナトゥスを英雄視し、彼の在りし日の栄光を讃えるために、パルミラ人の将軍たちがパルミラ語でのみ(ギリシア語との併記ではなく)建てた碑文であり(なお、彼らの官職も「顕著にネイティヴな称号(conspicuously native titles)」になっている)、その碑文の「パルミラ的な」コンテクストから考えるならば、mtqnn' はローマやローマの制度とは基本的に関係がないと言うのである。ただし、スウェインは、mtqnn' という言葉がローマに対抗するという意味を除いては、ローマと関係がないと限定つきで述べており、言い換えるならば、ローマに対抗するという意味においては mtqnn' をレスティトゥトルと解釈していることには、注意を向けておきたい。なお、スウェインの論考は、官職説への反論に主眼が置かれており、積極的なオダエナトゥスの経歴の復元には及んでいないことも付言しておかねばならないだろう。

これに対しては、さらにポターから再反論が出された[24]。一つは、ギリシア語のパルミラ語訳、特にローマ帝国の制度については、やはり不正確で曖昧であるという主張であり、もう一つの反論は、こちらがより重要と思われるのであるが、信頼できる文献史料であるゾナラスによれば、オダエナトゥスはガリエヌス帝から「公的な立場(official position)」を与えられているのであり、mtqnn' はその立場のパルミラ的な表現であると見なすのが妥当である、というものである。mtqnn' の訳を変えることで、逆に、文献史料を否定することはできないというのである。ちなみに、スウェインはゾナラスの記述を完全に誤解しており、その誤解に基づいた反論をポターに対して行っているので、文献史料と碑文史料の整合性という問題は考慮に入っていない。

このポター、スウェインの論争を踏まえた上で、先に名を挙げたハルトマンは両者と大きく異なるオダエナトゥスの経歴を復元した[25]。結論的には、オダエナトゥスは、まずローマ人のドゥクス(dux Romanorum)に、続いて全東方のコレクトル(corrector totius Orientis)になったという説であり[26]、オダエナトゥスはガリエヌス帝から二段階で官職を授けられたと想定するのである。ハルトマンの考えでは、前者の官職が全東方のローマ軍に対する司令権を、後者の官職は全東方属州に対する行政上の大権を付与するものであり、ガリエヌスは二つの官職をオダエナトゥスに兼任させることで、事実上、東方における皇帝代理の役割を果たさせた、ということになる。

では、いかなる根拠からハルトマンは従来説とは大きく異なるオダエナトゥスの経歴を復元したのであろうか。まず、ローマ人のドゥクス職から見ていこう。論拠は二つある。第一の論拠は、ゾナラスである。すでにポターの説を紹介する際に言及したように、オダエナトゥスはガリエヌス帝からストラテーゴスなる官職を授けられたと記述されている。ストラテーゴスとは、言うまでもなく、ギリシア語で「将軍」を意味する言葉であり、これがラテン語ではドゥクスに当たると考えるのである。なお、ポターは、先に見たように、このゾナラスの伝えるストラテーゴスをコレクトルと解釈していた。第二の論拠は、オダエナトゥスの息子ウァバラトゥスの里程標である。[27] そこには、彼が二七〇年頃に「元老院議員、王、コンスル、皇帝、ローマ人のドゥクス (vir clarissimus rex consul imperator dux Romanorum)」であったとあり、この一連の地位は父のオダエナトゥスの「遺産」であると解釈することができると言う。つまり、碑文史料からも、間接的にではあるが、オダエナトゥスのドゥクス就任は推定できることになる。

続いて、コレクトルであるが、基本的にはポターと同様の論拠で、碑文史料に現れる mtqnʾ＝コレクトル説を論じ、スウェインの主張したパルミラ語とギリシア語の訳語の一対一の対応関係についても実例を挙げつつ、反論を行っている。

最後に、ハルトマンが二段階官職付与説に至った論拠であるが、これは『ヒストリア・アウグスタ』を始めとする文献史料の記述にある。例えば、『ヒストリア・アウグスタ』によれば、オダエナトゥスは、まず、ウァレリアヌス帝がペルシアの捕虜になった後、東方の支配権 (orientis imperium) を与えられ[28]、その後、クィエトゥスを倒した後、全東方の皇帝 (totius orientis imperator) に任じられたとあり[29]、またゾナラスは、オダエナトゥスが二度にわたって、すなわち、一度目は二六〇年にユーフラテス河畔でシャープール一世を破ったとき[30]、二度目は二六一年にクィエトゥスを倒したときに、それぞれストラテーゴスに任じられたと記述しているのである。[31] ハルトマンの解釈するところでは、これらの文献史料は何らかの形でオダエナトゥスに二段階で官職が付与されたことを示唆しているということになる。

以上のように、ほとんどの先行研究は mtqnn' の意味を明らかにすることで、オダエナトゥスの経歴を明らかにしようと努めてきたわけであるが、そもそもこの研究スタンスそのものに問題があるように思われる。その意味では、この研究史の中では、いささか分の悪い感のあるスウェインが行った指摘、すなわち mtqnn' という言葉は、限定的な意味を除いては、ローマ的な制度とは関係がないというあの指摘が、最も貴重なのではないだろうか。

なぜなら、スウェインが指摘したように、パルミラ人の建てた碑文の文言の背後に、何らかのローマ的制度の対応形を読み取ることに対しては、懐疑的にならざるを得ないからである。ただ、すべてのパルミラ人の建てた碑文が疑われるわけではない。疑われるのは、オダエナトゥスに始まるパルミラ帝国の支配者層の建てた碑文である。なぜ疑わしいのか、具体的に述べよう。先に引用したオダエナトゥスの息子ウァバラトゥスの称号や官職を思い起こしてみよう。そこには、「元老院議員、王、コンスル、皇帝、ローマ人のドゥクス」とあった。ここに並べられている称号や官職は、その一つ一つを取れば、「ローマ人のドゥクス」を除いて、ローマの伝統的な称号や官職である。しかし、「元老院議員、王、コンスル、皇帝、ローマ人のドゥクス」というセットは、ローマ的な感覚からすればまったくナンセンスである。おそらく、パルミラ帝国の指導者たちは、このようなローマ的称号・官職を羅列することで、最強のローマ的支配者との印象を人々に与えようとしたのではないだろうか。このような碑文を建てるパルミラ帝国の支配者層の碑文にローマ帝国の制度を読み取ることには、やはり無理があろう。問題となる mtqnn' の語が刻まれた碑文も、すでに言及したように、パルミラ帝国の支配者層が建てたものであった。したがって、mtqnn' にローマ的な意味をそのままの形で探ることは無意味であると考えられる。では、この言葉は、どのように解釈すればよいのだろうか。この言葉に基本的にローマ的な意味を認めない以上、オダエナトゥスの経歴を復元することを目的とする本章にとっては、蛇足であるが、一応の解釈を述べておきたい。

mtqnn' の意味を考える際に重要なことは、この言葉が mlk mlk'(王の中の王)の称号と並んでいる点であろう。この事実は、mtqnn' が称号であったことを強く示唆している。mlk mlk' のような称号とコレクトルのようなローマの官職が並ぶことは不自然であるからである。したがって、mtqnn' は、レスティトゥトルを意味していたと考えられる。しかし、これは称号説をとる論者が論じてきたような意味での、つまりローマ皇帝がオダエナトゥスに何らかの功績のゆえに与えた称号ととるべきではない。問題の碑文が、あのウァバラトゥスの里程標と同様のものとして読まれるべきものであるとするならば、ここに刻まれている mtqnn'dy mdnḥ'klh' は、mlk mlk' とセットで、オダエナトゥスが「オリエント世界」最高の支配者であったことを示すために、パルミラ帝国の支配者層が勝手に与えた称号に過ぎないのではないだろうか。つまり、王の中の王(mlk mlk')というペルシア王が帯びた称号と、ローマ皇帝が帯びた全東方の再建者(mtqnn'dy mdnḥ'klh')という称号、いわば二つの「オリエント」に君臨した最強の帝国の支配者が帯びる称号を併せ持たせることで、オダエナトゥスを「オリエント世界」最高の支配者として称えたと解釈したいのである。mtqnn'dy mdnḥ'klh' の称号がオダエナトゥスに与えられたことには、スウェインの述べたような単に「ローマに対抗する」といった意味だけではない、もっと言うならば、この称号だけで読み解かれるべきではない強い意味が込められていたのである。このように考えるならば、mtqnn'dy mdnḥ'klh' という言葉は、極めてパルミラ的な視点から捉えられた、「オリエント世界」における最高のローマ的称号ということができるであろう。ローマ的「オリエント世界」とペルシア的「オリエント世界」の両方にまたがった独自の文化圏に生きたパルミラ人ならではと言うべきであろうか。

第三節　二度のストラテーゴス職付与――ウァレリアヌス帝捕囚後のオダエナトゥス

前節では、オダエナトゥスの経歴を復元するに当たって、関係する碑文史料が役に立たないことが明らかになった。では、いったい、何を手がかりにオダエナトゥスの属州総督職以後の経歴を復元すればよいのであろうか。ローマの制度を問題とする以上、その答えは、古典語の史料の中に求められるべきであろう。

そして、その際、最も重視されるべき史料はやはりゾナラスであろう。ゾナラスの証言については、既述の研究史の中でもたびたび言及してきたが、ここで、あらためて詳しく考察してみたい。ゾナラスは、その史書の二箇所で、オダエナトゥスがストラテーゴスという官職にガリエヌスによって任じられたと記述していた。より詳しく述べるならば、ゾナラスは、まず、第一二巻二三章で、オダエナトゥスがウァレリアヌス帝を捕虜にした後、東方諸属州を荒らして帰還するペルシア軍をユーフラテス川の傍で攻撃し、勝利を挙げたこと、そして、このゆえにガリエヌスによって彼は東方のストラテーゴス（*τῆς ἑῴας στρατηγός*）に任じられたとしている。続いて、同巻二四章では、オダエナトゥスが、当時、東方で帝位を僭称していたクィエトゥスとその近衛長官バリスタをガリエヌス帝から倒すように命じられ、それをやってのけたがゆえに、同帝によって全東方のストラテーゴス（*πάσης ἀνατολῆς στρατηγός*）に任じられたとするのである。

奇妙なことに、ゾナラスは、オダエナトゥスが二度ほぼ同様の官職に任じられたと伝えている。その差は、「東方の」と「全東方の」にしかない。このためか、ポターはこの差異をまったく考慮に入れず、もっぱら「ストラテーゴス」という表現のみを重視し、これをコレクトルと同一視することで議論を展開したのであった。一方で、ハルトマンは、ゾナラスが二箇所でオダエナトゥスに官職が付与されたと述べている点に注目し、彼には二段階でガリエヌスから官職が付与されたと考えた。つまり、ハルトマンの考えでは、一度目はドゥクス職へ、二度目はコレクトル職への任命ということになる。しかしながら、いずれの説にも、相当の無理があると言わねばならないだろう。まず、ポターに関して言えば、ゾナラスが二箇所で官職付与について言及していることを無視しており、さらにストラテーゴスがコレクトルを指していると考えていることである。とりわけ、後者の点については問題を感じざるを得ない。ストラテーゴスのように、ギリシア語で通常「将軍」を意味する、明らかに軍事色の味わいの強い単語をコレクトルという行政職を指す単語をもって解釈することは、あまりにも不自然であるからである。このことはハルトマンも同様であって、その上、なぜ同じ単語を一度はドゥクスに二度目はコレクトルと訳し変えるのか、彼の解釈も恣意的であると言わざるを得ない。

それでは、いったい、このゾナラスの記述はどのように解釈するべきであろうか。このような二度にわたる官職の付与を伝えるのは、ゾナラスだけであるので、比較、考量すべき史料が他になく、問題はいっそう厄介である。なお、ハルトマンは、先に言及したように、『ヒストリア・アウグスタ』に二段階の官職付与の記述を読み取ろうとしたが、『ヒストリア・アウグスタ』の文脈に照して、そのような読みが可能であるとは思われない。ただし、同史書が東方の支配権(orientis imperium)と全東方の皇帝(totius orientis imperator)というゾナラスとよく似た表現を用いていることも事実である。

この問題を考える際に最初に確認しておきたいことは、先に指摘したように、ストラテーゴスという官職は、素直に考えれば、コレクトルのような行政官職ではなく、ドゥクスのような軍事官職であり――さしあたって、以下では「軍司令官」という訳語を当てておく――、またゾナラスの史料的価値を信じる限り、ストラテーゴス職が「二度」にわたってオダエナトゥスに付与されているということである。この前提に立って議論を進めるならば、明らかにしなければならない問題は、「東方の」と「全東方の」との違いであろう。先行研究はこの違いをまったく無視してきたわけであるが、この違いを明らかにすることができれば、ゾナラスの記述を相当程度整合的に理解できるはずである。

では、「東方の」と「全東方の」の違いは、どこにあるのだろうか。答えは簡単である。範囲が違うのである。問題は、どう違うかであるが、まず、「東方の」が指す範囲を考えてみたい。この表現は、一見漠然としているが、手がかりとなるのは、しばしばこれまでの先行研究がオダエナトゥスの立場と比較してきたユリウス・プリスクスのそれであろう。プリスクスは、軍人皇帝の一人フィリップス・アラブス(在位二四四～二四九年)の弟で、兄の治下で「東方」で要職にあった人物である。問題となる彼の就いていた官職名は、碑文史料から知られるのであるが、それによれば、当時、彼はレクトル・オリエンティス(rector Orientis)という官職にあった。[32] 日本語に訳せば、東方の統括官とでもなろうか。幸いなことに、さらにギリシア語のパピルス史料からは、プリスクスの統括したこの「東方の」の範囲をうかがい知ることができるのである。すなわち、パピルス史料には、彼は「メソポタミア総督にして、シリア総督代官」と記されているので、[33] これが碑文史料の伝える官職と同一であると推定するならば、「東方の」は属州シリア・コエレと属州メソポタミアを指していることになる。いわば、かなり限定的な意味での「東方の」なのである。このプリスクスの事例をオダエナトゥスに応用すると、オダエナトゥスが最初にガリエヌス帝から授かった官職である「東方の軍司令官」とは、シリア・コエレとメソポタミアの属州に駐留するローマ軍の司令官の意味となる。

一方の「全東方の」は、「すべての」という言葉からも明らかなように、「東方の」よりも管轄範囲が広いと見なければならない。そして、この範囲は、オダエナトゥスの活動範囲から推定することが可能である。オダエナトゥスは、その晩年の二六七年に小アジアに侵入したゴート族を撃退すべく、ポントス地方のヘラクレイア市に向かっているので、[34] このことから判断してシリア、メソポタミアに加えて、小アジア北部までもその管轄に含まれていたのであろう。

南方については、少なくとも属州エジプトはその管轄外であったようである。二六二年にエジプトでアエミリアヌスなる者がガリエヌス帝に対して反乱を起こしたのであるが、この反乱は、オダエナトゥスではなく、ガリエヌスの派遣した将軍によって鎮圧されているからである[35]。おそらく、属州アラビアまでがその管轄範囲であったのではないだろうか。つまるところ、オダエナトゥスは、ガリエヌスから「全東方の軍司令官」として黒海からアカバ湾に至る、字義通りローマ帝国の全東方属州の国境防衛を任されたということになろう。

このように「東方の」と「全東方の」という言葉を管轄範囲という観点から区別するならば、二度にわたった、その一見差異が分からなかった官職の付与の意味も理解できるのである。すなわち、ゾナラスの記事は、オダエナトゥスが、その軍事権の及ぶ範囲を段階的に拡大されたことを伝えていると読むべきなのである。具体的には、オダエナトゥスは、まず、ウァレリアヌス帝捕囚直後の二六〇年にペルシア軍追撃の軍功によりシリア・コエレ、メソポタミア属州の軍司令官に、続いてクィエトゥスらを倒した功績により二六一年には全東方の軍司令官に任じられて、ローマ帝国の東方属州全体の防衛を委ねられる立場になったということなのである。そして、この立場でもって、オダエナトゥスは、二六一年以後、あるいはペルシア帝国と交戦し、またあるいは小アジアへ遠征したのであろう。

おわりに

以上、本章では、パルミラの指導者であったオダエナトゥスがローマの制度の中でどのような地位、官職にあったのかを明らかにすべく考察を続けてきた。結論そのものは単純であるので繰り返す必要はないであろうが、要するに、オダエナトゥスは、まず、二五七／二五八年頃にウァレリアヌス帝によって、パルミラの属していた属州シリア・フォエニキア総督に任じられ、同帝捕囚の後は、その息子ガリエヌス帝によってシリア、メソポタミアに対する軍司令権を付与され、翌二六一年にはさらにその軍司令権の及ぶ範囲を拡大されて、ペルシア帝国に面したローマ帝国東方諸属州全体の軍事を統括するようになったのである。

オダエナトゥスの経歴をこのように復元するならば、これが第一章で言及したＭ・コルネリウス・オクタウィアヌスの経歴に非常に類似していることに気づく。オクタウィアヌスも、属州マウレタニア・カエサリエンシス総督の後に、アフリカ方面軍総司令官(dux per Africam Numidiam Mauretaniamque)になっていたのである。おそらく、当時、何らかの非常事態が生じた場合、当該地域の属州総督が、その周辺属州にまたがる広域の軍事権を揮う司令官に任じられることがあったのであろう。先に、オダエナトゥス＝属州総督説は、彼の経歴全体を復元した上で、再検証されねばならないと述べたが、このような点から考えても、二六〇年以後の経歴は彼が属州総督であったという前提から議論を進めるほうが適当なのではないだろうか。

ところで、オダエナトゥス＝コレクトル説をとる論者は、彼の最終的な立場をマルクス・アウレリウス帝時代のアウィディウス・カッシウスやフィリップス治世のユリウス・プリスクスのそれと同様のものと見なしてきたが[36]、彼の就いた官職がストラテーゴスという軍事色の強い単語で表現されていたことから分かるように、オダエナトゥスの場合は、軍事権のみが拡大運用されていたのであり、カッシウスやプリスクスが行政権を含めて広域な命令権を揮った点で、その立場は異なるように思われる。そして、オダエナトゥスこそ、このような形で軍事権を付与されたことがはっきりと分かる最も初期の事例なのであり[37]、この後、同様の地位に就いていたと考えられる軍司令官が史料上にしばしば現れ、そのうちのプロブスやカルスといった者たちは皇帝位にまで登ったのである。また、これまでたびたび指摘してきたように、このタイプの軍司令官の影響下に置かれた個々の属州総督の軍事権は形骸化されたに違いなく、このことは、ディオクレティアヌス帝時代に制度的に貫徹させられる属州における行政と軍事の分離が、事実上、三世紀の後半には生じていたことを推測させる。このようにオダエナトゥスの経歴は、パルミラ史のコンテクストを超えて、当該期のローマ帝国を考える上で重要な意味を持つのである。

（1） オダエナトゥスとその一族に関する碑文史料は、U. Hartmann, *Das palmyrenische Teilreich*, Stuttgart, 2001, S. 467-469 に網羅的に採録されており、以下の碑文の引用はこれに拠っている。なお、パルミラ語の表記(mtqnn'dy mdnḥ'klh)も、これに従いカタカナ表記は行っていない。

（2） Hartmann, *op. cit.*, S. 467 (Inv., 3, 16).

（3） *SHA, Gallieni duo*, 12, 1.

（4） Hartmann, *op. cit.*, S. 467-468 (Inv., 12, 37; BS III, 66, Nr. 52 他).

（5） M. Gawlikowski, Les princes de Palmyre, *Syria*, 62, 1985, pp. 251-261.

（6） F. Millar, *The Roman Near East 31BC-AD337*, Cambridge, Massachusetts and London, 1993, pp. 164-165. 他にも、アドナン＝ブンニ、ハレド＝アル＝アサド『パルミラの遺跡』小玉新次郎訳、東京新聞出版局、一九八八年、一二四頁。

（7） D. S. Potter, *Prophecy and History in the Crisis of the Roman Empire: A Historical Commentary on the Thirteenth Sibylline Oracle*, Oxford, 1990, pp. 388-390.

（8） J. Teixidor, Les derniers rois d'Edesse d'après deux nouveaux documents syriaques, *ZPE*, 76, 1989, pp. 219-222.

（9） St. K. Ross, The Last King of Edessa: New Evidence from the Middle Euphrates, *ZPE*, 97, 1993, pp. 187-206.

（10） Hartmann, *op. cit.*, S. 102-108.

（11） M. Sartre, *D'Alexandre à Zenobie*, Paris, 2001, p. 975 など。

（12） このような説については、Hartmann, *op. cit.*, S. 104 に紹介されている。

（13） Millar, *op. cit.*, p. 165.

（14） Hartmann, *op. cit.*, S. 54.

（15） ウァレリアヌス帝の動向については、H. Halfmann, *Itinera principum: Geschichte und Typologie der Kaiserreisen im römischen Reich*, Stuttgart, 1986, S. 236-238 を参照。

(16) Hartmann, *op. cit.*, S. 469 (CIS, II, 3946).

(17) J. Cantineau, Un *restitutor orientis* dans les inscriptions de Palmyre, *Journal asiatique*, 222, 1933, pp. 217-233.

(18) C. S. Clermont-Ganneau, Odeinat et Vaballat, rois de Palmyre, et leur titre romain de *corrector*, *Revue biblique*, 29, 1920, pp. 382-419. 邦語では、小玉新次郎『隊商都市パルミラの研究』同朋舎出版、一九九四年、二七六頁が称号説をとり、「全東方諸国の改革者」との訳語を当て、「ガリエヌスから贈与された称号」と解釈する。

(19) 例えば、A. Alföldi, The Crisis of the Empire, CAH^{1}, p. 175; L. de Blois, *The Policy of the Emperor Gallienus*, Leiden, 1976, p. 3 など。

(20) Potter, *op. cit.*, pp. 390-394.

(21) Hartmann, *op. cit.*, S. 468 (CIS, II, 3971).

(22) Zonaras, 12, 24.

(23) S. Swain, Greek into Palmyrene: Odaenathus as 'Corrector Totius Orientis'?, *ZPE*, 99, 1993, pp. 157-164.

(24) D. S. Potter, Palmyra and Rome: Odaenathus' Titulature and the Use of the *Imperium Maius*, *ZPE*, 113, 1996, pp. 271-285.

(25) Hartmann, *op. cit.*, S. 146-161.

(26) 厳密には、オダエナトゥスの経歴をこのように復元することは、これまでもなされてきた。例えば、J.-P. Rey-Coquais, Syrie romaine de Pompée à Dioclétien, *JRS*, 68, 1978, pp. 44-73. ただし、ハルトマンのように明確な論拠を挙げて主張した研究はなかったように思われる。

(27) Hartmann, *op. cit.*, S. 468 (Bauzou (1989) Bd 2. 2, 41f., Nr. 28).

(28) *SHA, Gallieni duo*, 1, 1.

(29) *SHA, Gallieni duo*, 3, 3.

(30) Zonaras, 12, 23.

(31) Zonaras, 12, 24.

(32) *CIL*, 3, 14149 = *ILS*, 9005. なお、プリスクスの経歴については、C. Körner, *Philippus Arabs: Ein Soldatenkaiser in der Tradition des antoninisch-severischen Prinzipats*, Berlin und New York, 2002, S. 57-63 に詳しい。

(33) D. Feissel et J. Gascou, Documents d'archives romains inédits du Moyen Euphrate (IIIe s. après J.-C.) : I. Les pétitions (P. Euphr.

1 à 5), *Journal des Savants*, 1995, pp. 65-119.

(34) Georgius Syncellus, p. 467, 8-10.

(35) *SHA, Gallieni duo*, 4, 1-2.

(36) Potter, 1996, p. 281.

(37) プロブスは、『ヒストリア・アウグスタ』(*SHA, Probus*, 7, 4)によれば、即位前に「全東方のドゥクス(dux totius Orientis)」であった。ゾシモス(1, 64, 1)とゾナラス(12, 29)は、より具体的に、プロブスがシリア、フォエニキア、パラエスティナ、エジプトを掌握していたと伝えている。カルスについては、第五章第一節参照。

Ⅱ　イリュリア人のローマ帝国

第五章　イリュリア人皇帝支配下のローマ帝国
——二六八〜二八四年

はじめに

二六八年九月のガリエヌス帝暗殺後、帝位に登ったのは「ゴート族に対する勝利者(Gothicus)」とあだ名されるクラウディウスであった。そして、このクラウディウスの即位でもって、いわゆる「イリュリア人皇帝の時代」が始まる。[1]ディオクレティアヌスの登場(二八四年)に至るまでの当該の時代は、ドナウ川流域の諸属州出身の兵卒上がりの皇帝たちの指導下で軍人皇帝時代の政治的、軍事的危機が次第に克服されていった時期に当たっている。この間の出来事については、手近なところではE・ギボンの『ローマ帝国衰亡史』を繙けば、クラウディウスのゴート戦争やアウレリアヌスとパルミラの女王ゼノビアとの対決などローマ帝国史のハイライトとも言うべき場面を通して知ることができるだろう。しかしながら、ひるがえって、この時代の皇帝たちの権力基盤や帝国統治のあり方などの、より基底的な、事件史の背後にある帝国の構造に触れるような事柄について問うならば、ギボンはもちろん、近年の専門的な書物を開いてみても、管見の限りでは、これまでまとまった形では一度も論じられてきていない。[2]この時代は、軍人皇帝時代の中でも史料が著しく僅少で研究が困難であっただけでなく、研究史上、ディオクレティアヌスとコンスタンティヌスの時代の、あくまでも「前史」として位置づけられてきたに過ぎず、「イリュリア人皇帝の時代」という表面的なレッテル以上には、積極的な意義や一体性を持った時代とは見なされてこなかったことが、その大きな要因となっているように思われる。

しかしながら、本書第一部での結論を受けるならば、この時期はウァレリアヌス帝期に始まる、まったく新しいスタイルの帝国統治のあり方——すなわち、具体的には、皇帝たちが新たな権力基盤となった常設の機動軍とともにほぼ恒常的に帝国内を移動しつつ戦争や行政を行い、また、この機動軍に属する者たちを帝国の枢要な軍事的、行政的ポストに就けていったことを意味する——が、いわば純粋な形で機能していたということで特徴づけられる独特の時期であったことになる。本章が最初に行おうとするのは、この想定の検証である。そのためには、まずこの想定の核となる機動軍がイリュリア人皇帝の時代においても継続的に存在し——同時に第三章の結論を補強することも目指す——、かつこれが皇帝の権力基盤になっていたことを明らかにすることから議論を始めていきたい。その上で、イリュリア人皇帝時代における元老院についても両者の関係を中心に話を及ぼし、トータルとしてこの時期の帝国統治のあり方を描き出すことを試みる。

第一節　機動軍の継承

ガリエヌス帝の死後も、彼の創設した機動軍がディオクレティアヌス帝のときに至るまで継続的に存在し、かつ皇帝権力の基盤になっていたという本章の前提となる仮説は、第三章ですでに論じたように、機動軍が新しい「独立した」歩兵と騎兵の部隊で編制されていたと考える、つまり従前のように母軍団から派遣された諸部隊が一時的な機動軍を編制するのではなく、機動軍編制のための特別部隊が創設されたと考える以上、さらにまた、これらの新部隊が解体されたことを伝える史料がない以上、必然的に導き出される答えではあるが、機動軍そのものを指す特別な言葉が当該期の史料に現れてくるわけではないので、直接的な検証は不可能である。そこで、本節では、ガリエヌス帝の創設した機動軍の動向を追うことで、その検証を行うことにしたい。

クラウディウス帝とクィンティルス帝の機動軍

ガリエヌス帝は、二六八年九月に、ミラノに立て籠もる簒奪帝アウレオルスを包囲している最中に軍幹部の陰謀によって暗殺された。この時点でガリエヌスが率いていた包囲軍を検証の出発点となる機動軍と設定し、以下、この機動軍の動向を追う。

機動軍の幹部は、すぐさま、ガリエヌス帝暗殺の首謀者の一人であったクラウディウスを皇帝に選出した。したがって、クラウディウスが即位した段階でガリエヌスの率いていた機動軍をそのまま引き継いだことに疑問の余地はない。クラウディウスは、アウレオルス包囲戦を続行し、彼を降した後には、連続して同じく北イタリアのガルダ湖近郊でアラマンニ族を撃破する。そして、この年の冬(二六八年から二六九年にかけての)はローマで過ごしたようである。しかし、春には、ローマを離れ、バルカン半島でゴート族との戦争に突入し、ナイッススで大勝利を挙げたが、二七〇年九月、シルミウムで疫病に罹り死去した。このようにクラウディウスの治世は、休む間もない戦争の連続であったのであり、皇帝は機動軍とともにつねに在ったと考えるべきであろう。

クラウディウス帝の死後には、直ちに、北イタリアのアクィレイアで同帝の弟クィンティルスが麾下の軍の支持で皇帝を名乗った。おそらく、このクィンティルスの軍隊は、本来的に軍の駐屯していた地方にいたのではないことから判断して、帝国各地に展開した小型の機動軍、すなわち第三章第三節で言及したユリウス・プラキディアヌスの率いていた小型の機動軍と同様のものであったのだろう。しかし、シルミウムに留まっていた亡きクラウディウス帝麾下本体の機動軍は、クィンティルスの即位を認めず、アウレリアヌスを新たな皇帝として擁立した。ゾナラスは、病床のクラウディウスが「軍の有力者を招集し、彼らと(後継の)皇帝(選出)について話し合い、アウレリアヌスが皇帝に相応しいと言った」と述べており[3]、アウレリアヌスが機動軍幹部の総意で選出されたことをはっきりと伝えている。その結果、機動軍本体の承認を受けられなかったクィンティルスは、すぐに麾下の機動軍に見捨てられ、殺害された。

アウレリアヌス帝の機動軍

アウレリアヌスは、クラウディウスの機動軍によって擁立されたのであるから、当然、ガリエヌス以来の機動軍を自動的に相続、継承したことになる。

アウレリアヌスは、即位した年の冬をローマで過ごしたが、二七一年にはパンノニアに侵入したヴァンダル族の討伐に向かい、これを破り、さらに再度イタリアに侵入して来たユトゥンギ族とも戦った。このアウレリアヌス帝治世初期の機動軍については、同時代史家であるデクシッポスの手になる史書『ゴート戦争史』の二つの断片に記録が残されている。

第一の断片には、アウレリアヌスがユトゥンギ族の使者に恐怖の念を抱かせるために示したローマ軍の威容を描いた箇所があり、そこには皇帝の背後に「選抜された軍(τῆς ἐπιλέκτου στρατιᾶς)の軍旗」があったという表現がある[4]。これは、アウレリアヌスの機動軍が、特別の精兵から成り立っていたことをうかがわせている。だが、これだけの表現でしかないので深読みは困難である。一方、第二の断片は、パンノニアでのヴァンダル族との和平交渉の後、ユトゥンギ族の二度目のイタリア襲来の報に接したアウレリアヌスが、自らに先んじて、「歩兵と騎兵からなる軍勢の大部分をイタリアへ出発させた(*βασιλεὺς δὲ Ῥωμαίων τὴν πλείστην δυνάμεως τῆς πεζικῆς καὶ ἱππικῆς ἐκπέμπει ἐπ' Ἰταλίας*)」と記録している。[5] 注目されるのは、アウレリアヌス帝がイタリアに先発させた軍勢が「歩兵と騎兵からなる」と表現されているところである。当時の軍隊が歩兵と騎兵からなっているのは当然であると思われるかもしれないが、単に「軍勢」と言えばよいものを、わざわざ「歩兵と騎兵からなる軍勢」という表現を使っているのは、それなりの理由があったはずである。ここで想起されるのは、やはり、あのガリエヌス帝の機動軍が歩兵と騎兵の独立部隊から成り立っていたということであろう。アウレリアヌスの機動軍に同様の構造が認められることは、ガリエヌス以来の機動軍の継続的存在を強く示唆しているのである。

アウレリアヌスは、これら一連のゲルマン系民族との戦闘を終えると、二七一年から二七二年にかけての冬をローマで過ごした。そして、春になると、勢力を拡大しつつあったパルミラを倒すべく東方へ出立した。ゾシモスによれば、同帝はこの年の夏にシリアのエメサ市郊外でおよそ七万のパルミラ軍と対峙したが、当時、同帝の率いていた軍隊は、ダルマティア騎兵、モエシア、パンノニア、ノリクム、ラエティアの兵、近衛兵、マウリ人騎兵、アシア、メソポタミア、シリア、フォエニキア、パラエスティナからの兵で構成されていた。[6] これも機動軍の描写であることに疑いないが、このパルミラ遠征軍には、アウレリアヌスがパルミラ軍との対決に先立って再征服したアシア以下の東方各地からの援軍が加わっており、純粋な機動軍であったとは思われない。だが、核となるアウレリアヌスの遠征軍が、大きく分けて、ダルマティア騎兵とマウリ人騎兵というガリエヌスによって創設された独立騎兵部隊と、モエシアやパンノニアなどのドナウ川流域の属州からの兵――こちらがおそらく独立歩兵部隊であったと考えられるが――からなっていた点に注意を向けておきたい。同時代史料のデクシッポスに描かれたのと同様の構造を持った軍が、ここにも記述されているのである。

アウレリアヌスは、二七三年にパルミラを完全に征服すると、いったんローマへ戻るが、翌二七四年の半ばには、ガリア分離帝国をも打倒し、ローマ帝国を再統一する。そして、秋にはローマに凱旋を果たしたのであるが、二七五年に入ると、今度はペルシア遠征に向かう。しかし、その途上、アウレリアヌスはビザンティウム近郊で暗殺された。この間のアウレリアヌスの機動軍の情報は途絶えてしまうが、絶え間ない大戦争の過程で機動軍の解体や再編は考えにくく、やはり皇帝の下には一貫して機動軍が存在したと理解すべきであると思われる。なお、次章で論じるように、アウレリアヌス帝殺害後、一定の空位期間を経てタキトゥス帝選出という謎めいた事件が起こるのであるが、このときの空位期間に、属州に駐留していた軍が何ら不穏な動きを見せていないのも、アウレリアヌス帝麾下の軍が相当に強大であり、また、その意志が尊重されていたことの証左となるだろう。

タキトゥス帝とフロリアヌス帝の機動軍

タキトゥス帝は、ラテン語史料によればアウレリアヌス帝殺害を悔いた「軍」と元老院との長期にわたる話し合いの末に皇帝に選出され、(7) ギリシア語史料によれば、「軍」によって、その場にいなかったにもかかわらず、皇帝に擁立されている。(8) 両史料にはともに、タキトゥス選出に「軍」が深く関与していたことが書き残されているのである。そして、この「軍」——史料には漠然と「軍」としてしか表現されていないが——があのビザンティウム近郊に留まっていた亡きアウレリアヌス帝麾下の機動軍であったことは、疑いない。(9)

ラテン語、ギリシア語、いずれの史料を史実ととるにせよ、タキトゥス帝は最終的には機動軍に承認される形で皇帝になったことになる。タキトゥス帝は、即位すると直ちに、この機動軍を率いて黒海方面に侵入していたゴート族との戦争に向かい、勝利を収めたが、二七六年の七月頃には小アジアのティアナで殺害された。

同帝の死後、その近衛長官であったフロリアヌスが皇帝となった。彼を擁立したのも、おそらく、タキトゥス帝麾下の機動軍であった。ギリシア語史料は、フロリアヌスが「ローマの人々」によって、(10) あるいは「ローマで元老院によって」[11]皇帝に宣言されたと伝えているが、実際には、フロリアヌスは、その同じギリシア語史料自体が伝えているように、タキトゥスとともに、ただし、必ずしもタキトゥスの殺害時に同じ場所にいたわけではないようであるが、ゴート戦争の一翼を担っていたのであり、フロリアヌスはタキトゥスの機動軍によって皇帝として宣言されたのであろう。一方、これに少し遅れて、東方では同地の軍を指揮していたプロブスが帝位に登り、対立する両皇帝はタウルス山脈を挟んで対峙することになった。しかし、大規模な戦闘に至る前にフロリアヌスは殺されたので、機動軍はほぼ無傷でプロブスに接収されたに違いない。ゾシモスは、フロリアヌスの軍がプロブスの軍よりもはるかに強大であったこと、またその兵の多くが「エウローペー」の出身であったことを伝えており、[12]機動軍の規模と成員について多少の知見を与えてくれている。

プロブス帝の機動軍

プロブスは、東方属州駐留軍によって皇帝に擁立されたにもかかわらず、タキトゥス、フロリアヌスの機動軍を自分の主力として引き継いだと推定できる。先に言及したように機動軍は、プロブスの本来率いていた東方の軍よりも相当強大であった以上、これを解体することは危険かつ無意味であったであろうし、また、即位後、プロブスはすぐにゲルマン民族との戦争のために西方へ向かったのであるから、「エウローペー」出身の兵が多数を占める機動軍と行動をともにするほうが、適当であったであろうからである。

プロブスの治世はほぼ丸五年も続いたにもかかわらず、史料が極めて少ないため、機動軍はおろか、皇帝の動向を追うことすら困難となっている。しかしながら、ともかくも、プロブスは二七七年から二八〇年までは、まずライン、続いてドナウ方面でゲルマン民族との戦闘を繰り広げ、その後はいったん東方へ戻り、エジプトのブレンミアエ族や小アジアのイサウリア人との戦争を指揮したが、二八一年にはゲルマニアでの簒奪を受け、再度西方へ戻り、これを鎮圧するといった有様で、その死がシルミウムで二八二年に訪れるまで、まさに東奔西走しており、クラウディウスやアウレリアヌスと同様、その治世はほぼつねに戦塵の中にあったのであるから、この点から考えて機動軍とともにつねに行動していたと考えて大過ない。

カルス帝の機動軍

カルスは、近衛長官としてラエティア、ノリクム方面で軍を率いていたときに、麾下の軍によって皇帝に擁立されており[13]、機動軍による擁立ではなかった。しかし、この点でもかつてのプロブスがそうであったように、機動軍を戦闘なく取り込むことに成功したようである。カルス即位の事情は、それがプロブス殺害に先行したのかどうかで、史料に相違があるが、いずれの記述をとるにしても、カルスの軍と機動軍との衝突は伝えられていない。事件の経過をより詳しく伝えるギリシア語史料によれば、カルス簒奪の報を受けたプロブスは追討軍を派遣したが、追討軍はカルスに寝返り、プロブスを殺害したことになっている[14]。

カルスは即位すると、ローマに入城したが、翌年の二九三年春には機動軍を率いて早くもペルシア遠征に出立した。破竹の進撃で、ペルシア領内に侵入し、クテシフォン、セレウキアを攻略。しかし、カルスは、この年の八月か九月にメソポタミアで落雷に遭い、死亡した。カルスの死後、同行していた息子のヌメリアヌスが機動軍の承認で皇帝となったが、ヨーロッパへ帰還する途上、病死、あるいは殺害され、二八四年の一一月に小アジアのニコメディアで、ディオクレティアヌスが機動軍の「将軍と将校の協議によって(ducum consilio tribunorumque)[15]」皇帝に選出されたのである。ディオクレティアヌスは、翌年の秋には、ペルシア遠征に先立ってカルスが西方に残していた皇帝カリヌスをモエシアのマルグス河畔で破り、天下を統一した。

小括

以上、ごく簡単にではあるが、ガリエヌス帝治世末期に確認される機動軍の動向を追うことで、それが解体されることも、壊滅することもなく、歴代のイリュリア人皇帝に引き継がれていった蓋然性が高いことを示してきた。三世紀後半のローマ帝国は、慢性的戦争状態にあったため、歴代皇帝は軍とともに恒常的に戦線を移動しなければならなかったのであり、この前提から考えても本節の結論は妥当であろう。また、機動軍の意向が次期皇帝選出に際して決定的な影響力を持っていたことは、これが皇帝権力の基盤であったことの何よりの証となる。少なくとも、クラウディウス、アウレリアヌス、タキトゥス、フロリアヌス、ディオクレティアヌスは機動軍の意向と承認で帝位に登ったのであり、逆にクィンティルスはその意向で帝位を失ったのである。一方で、プロブスとカルスは、いわば伝統的なスタイルで地方軍によって擁立されているが、結果的には、機動軍に迎え入れられる形で帝位を確保した。仮に機動軍が、従来と同じように、必要に応じて、その場限りのものとして編制されていたものであったならば、皇帝選出のような重要な意思決定を行う権威や重みは、とうてい持ち得なかったであろう。

第二節　新しい統治階層と機動軍——皇帝、軍司令官、属州総督

続いて、本節では、機動軍と当時の統治階層との関係を問題として取り上げる。先に述べたように、本書は両者の間に密接な関係があったと想定しており、以下ではこの想定を検証すべく、順に皇帝、軍司令官、属州総督を取り上げ、機動軍との関係を考えていく。

後に皇帝となった者たちの経歴は、これまでもその復元が試みられてきたが、本書のように機動軍の存在を前提として考えられてきたわけではない。そこで、ここでは機動軍との関係という観点からあらためて彼らの経歴を再考し、両者の関係を検討する。

クラウディウスからカルスまでの諸皇帝で、即位前に機動軍の成員であったことが疑いないのは、クラウディウスとアウレリアヌス、カルス、フロリアヌスである。

クラウディウスは、『ヒストリア・アウグスタ』によれば、ガリエヌスが二六五年にガリア分離帝国の皇帝ポストゥムスと戦った際に、その遠征軍＝機動軍のドゥクスとして従軍していた。[16] そして、その三年後には、すでに見たように、機動軍幹部が謀ったガリエヌス帝暗殺の加担者の一人として姿を現すのである。ゾナラスによれば、そのとき彼は騎兵長官職に就いていた。[17] 騎兵長官は、これもすでに本書第三章第二節で言及したように、ガリエヌス帝の創設した独立騎兵部隊の司令官の呼称である。ゾシモスは、当時、クラウディウスが「皇帝に次ぐ地位にあって、すべてを裁量しているように見えた」とも伝えており、[18] 彼が単なる騎兵長官以上の地位にあったことをほのめかしているが、いずれにしても、クラウディウスが帝位に登る前に皇帝麾下の機動軍の成員であったことは疑いないであろう。[19]

アウレリアヌスも、ガリエヌス帝暗殺事件の加担者として姿を現す人物である。ゾナラスは、「皇帝がミラノを包囲しているときに、アウレリアヌスが騎兵とともに皇帝の下にやって来た。軍の幹部は、皇帝殺害計画をアウレリアヌスと討議した……」と記しており、[20] この記述からは、本来機動軍の一員であったアウレリアヌスが何らかの事情でこれを離れていたが、遅れて、あるいは呼び出されて現地に到着した模様が読み取れるのではないだろうか。もし、アウレリアヌスがこれまで機動軍とまったく関係のない人物であったならば、到着したばかりで、機動軍幹部と重大な謀議に加わることはなかったはずだからである。おそらく、アウレリアヌスは、ガリエヌスの機動軍の一員として、バルカン半島でゴート族との戦争に加わっており、アウレオルスの簒奪を受けたガリエヌスがミラノに急遽取って帰した際、事後処理的な任務を与えられて、後に残されていたのであろう。[21]

アウレリアヌスは、クラウディウスの治下でも引きつづき機動軍の一員として留まっていたようであり、『ヒストリア・アウグスタ』は「帝権を握る前に、アウレリアヌスはクラウディウスの下で全騎兵を率いていた」と伝えている。[22] しかし、後にアウレリアヌスは、再び、機動軍から離れたようである。アウレリアヌスの皇帝選出がクィンティルスの即位よりも明らかに遅れたことから考えて、クラウディウスの死の時点で彼がその場（シルミウム）にいなかったことは確かだからである。[23]

このようなアウレリアヌスの経歴は、機動軍に属していた軍人が機動軍から派遣される形で事情に応じてさまざまな任務に就いていたことを示しており、機動軍と当時の統治階層の関係を考える際の貴重な素材となろう。

フロリアヌスとカルスについては、両人とも詳細な経歴は分からないのであるが、[24] 帝位に即く直前には、近衛長官であったと伝えられているので、[25] 機動軍の一員であったことは明らかである。前者はタキトゥス帝の、後者はプロブス帝の近衛長官であった。

先の四名を除く、タキトゥス、プロブスについては、その経歴がほとんど不明であるので、機動軍との関係を具体的に論じることはできない。ただし、二人とも最終的には、機動軍に承認された人物である以上、やはり、その前歴において機動軍幹部と繋がりがあった蓋然性が高いと見なければならない。なお、本章の考察対象からは外れるが、ディオクレティアヌスは、第二章で見たように、帝位に即く直前、アウレリウス・ウィクトルによれば、ドメスティキの長官として機動軍の一員であった。[26]

軍司令官と機動軍

ここで取り上げる軍司令官とは、軍団長官(praefectus legionis)以上の高位の軍人を意味する言葉として用いる。なお、軍司令官であっても、属州総督就任者である場合は後で取り上げる。だが、当該時期の軍司令官は、ほとんど知られておらず、ましてその経歴が分かる者となるとほとんど絶無に近い。例えば、軍団長官は、この時期に属することが確実な者は三名しか知られておらず、その上、経歴もまったく不明であるので[27]、機動軍との関係を論じることはできない。

この問題を考える際に、ほとんど唯一と言ってよい材料は、『ヒストリア・アウグスタ』「プロブス伝」第二二章第三節の一文である。そこには、「……プロブスは、多くの将軍たち(duces)を養成した。すなわち、彼の教育によって、カルス、ディオクレティアヌス、コンスタンティウス、アスクレピオドトゥス、ハンニバリアヌス、レオニデス、ケクロピウス、ピソニアヌス、ヘレンニアヌス、ガウディオスス、ウルシニアヌスなどが現れたのである。我らの父祖たちは彼らに驚嘆し、この者たちから多くの良き皇帝が生み出された」とある。この記述に見られるプロブスの教育を受けたとの言葉の意味は、より具体的に考えるならば、プロブスの近くにあった者たち、つまり機動軍内にあった者たちと見なすべきである。そして、この理解が正しければ、『ヒストリア・アウグスタ』の記述は、皇帝機動軍が軍司令官を輩出する機関となっていたことを示す有力な根拠となるであろう。

しかし、R・サイムは、この『ヒストリア・アウグスタ』の記述がアウレリウス・ウィクトルの史書のある一文にヒントを得て、創作されたものであると指摘している[28]。実際、確かに、『ヒストリア・アウグスタ』がここで名前を挙げている多数の人物のうち、実在が確認できるのは、前半の五人だけであり、この記述の信憑性には相当の疑いがある。だが、まったくの捏造とも思われない。すでに見たように、カルスは機動軍の一員であったし、ディオクレティアヌスも間違いなく機動軍の一員であった。後段で確認するようにコンスタンティウスも機動軍の一員であった可能性が濃厚である。残る(ユリウス・)アスクレピオドトゥスと(アフラニウス・)ハンニバリアヌスは、二八八年頃に同僚近衛長官、二九二年には同僚コンスルになった人物であり、ディオクレティアヌスらの信頼厚い人物であったことを考えると、やはり機動軍のかつての同僚であったと推定できる。ちなみに前者は、その後、コンスタンティウスとともにブリテン島を簒奪者アレクトゥスの手から奪回するのに功績があった人物であり、後者は、首都長官に就任し、その娘テオドラは、コンスタンティウスの妻になっている。

『ヒストリア・アウグスタ』の記述をどこまで信頼するかは難しい問題であるが、当該期の多くの軍司令官が機動軍の出身であったと考えることは、あながち無理な推測ではないだろう。

属州総督と機動軍

クラウディウスからヌメリアヌスの治世に至るまでの属州総督は、表1「イリュリア人皇帝時代の属州総督」から明らかなように、四一名知られている。ガリエヌス帝時代と同じく、元老院議員と騎士身分の者が混在しているが、ここでは機動軍との関係を問題にしているのであるから、先に、騎士身分総督を考察の俎上に載せたい。総督就任以前の経歴が判明する者は、そのうち九名である。

まず、想定される機動軍の一員から直接に属州総督として派遣されたと考えられる人物は、三名である。一人は、二八三／二八四年に属州ヌミディア総督であったM・アウレリウス・デキムス(M. Aurelius Decimus)である。彼は、プリンケプス・ペレグリノルム(princeps peregrinorum)から属州総督になっている。(29) プリンケプス・ペレグリノルムとは、皇帝の密偵の役割を果たしたフルメンタリ(frumentarii)の長官を指す官職であり、本来はローマ市のカストラ・ペレグリナに本拠を置いていたが、おそらく、ローマを離れての皇帝の移動が恒常化して以後は、機動軍の一員として皇帝に付き従ったと想定される。A・R・バーリーは、デクシッポスの史書に現れるギリシア語の官職 ἡγεμὼν τῶν

表1　イリュリア人皇帝時代の属州総督

属　州	総　督	就任年代	身分	経　歴	典　拠
上ブリタンニア	L. Septimius...	274/286	?		RIB, 103
上ゲルマニア	Anonymus	273?	e	praefectus vehiculorum per Gallias 他	CIL, 6, 1641
バエティカ	Aurelius Iulius	276	e	後にノリクム総督	CIL, 2, 1115
近ヒスパニア	M. Aurelius Valentinianus	283	s	下パンノニア総督(P?)	CIL, 2, 3738
サルディニア	Septimius Nigrinus	A	e		EE, 8, 775
	Publius ...tius	A	e		EE, 8, 747
	Iulius ...nus	282	e		AE, 1889, 36
下モエシア	M. Aurelius Sebastianus	270/271	?		IGR, 1591
	Anonymus	A	s		CIL, 3, 14460
	Anonymus	A?	?		CIL, 3, 7586
下パンノニア	L. Flavius Aper	270?	e	praepositus (260/268), praefectus praetorio (of N)?	CIL, 3, 15156
ダルマティア	Aurelius Marcianus	277	e	dux, stratelates	CIL, 3, 8707
	M. Aurelius Tiberianus	280	e		CIL, 3, 1805
	C. Flavius Valerius Constantius	C	e	protector, tribunus, 皇帝(293～306)	CIL, 3, 9860
マケドニア	Aurelius Valentinus	276	e		AE, 1900, 169
	Aurelius Nestor	C	e		AE, 1939, 191
トラキア	Iulius Maximus	A	?		V. Velkov
アシア	Iulius Proculus	T	e		AE, 1924, 70
	Asclepiodotus	283	e	s の T. Oppius Aelianus Asclepiodotus と同一人物?	F. M., 172, iii
ポントス	Aelius Casinus Atianus	279	e		AJA, 1905, p.433
	Aelius Quintianus	279/280	e		AE, 1977, 787
	Claudius Longinus	282/283	e		AE, 1900, 149
リュキア・パンフィリア	Terentius Marcianus	278	e		AE, 1915, 53
シリア・コエレ	Maximinus	T	?	タキトゥス帝の親族	Zonaras, 12, 28
	Saturninus	P	?	プロブス帝下の簒奪帝	Zosimos, 1, 66, 1
シリア・パラエスティナ	Acilius Cleobulus	P?	s		AE, 1993, 1620
アラビア	Flavius Aelianus	274/275	e		AE, 1922, 130
	Marcus Aurelius Petrus	278/279	e		IGRR, 3, 1324
	Domitius Antoninus	283/284	e		CIL, 3, 14156
マウレタニア・ティンギタナ	Clementius Valerius Marcellinus	277/280	e	praefectus legionis (legio II Adiutrix), protector agens vice legati	AE, 1920, 44
マウレタニア・カエサリエンシス	P. Aelius Aelianus	3c 後半	e	praefectus legionis (legio II Adiutrix), protector Gallieni Augusti agens vice legati	CIL, 8, 21486
ヌミディア	Tenagino Probus	268/269	e	エジプト総督(269/270)	AE, 1936, 58
	Severinius Apronianus	P	e		CIL, 8, 2661
	Acilius Clarus	280	s	corrector Italiae	CIL, 8, 2729
	M. Aurelius Decimus	283/284	e	princeps peregrinorum	CIL, 8, 2529
アフリカ	L. Caesonius Ovinius Bassus	P?	s	curator coloniae Carthaginensium 他	AE, 1964, 223
	L. Iulius Paulinus	283	s		IRT, 461
エジプト	Statilius Ammianus	271 以前	e	praefectus alae (253～256), アラビア総督(262/263)	IGR, 3, 1287
	Iulius Marcellinus	271 以後	e		PSIX, 1101
	M. Aurelius Sallustius Hadrianius	279	e		P. Oxy., LI, 3613
メソポタミア	Marcellinus	A	?		Zosimos, 1, 61, 1

略号　A：アウレリアヌス　P：プロブス　T：タキトゥス　C：カルス　N：ヌメリアヌス　s：元老院議員　e：騎士身分

ξενικῶν στρατοπέδων[30]がプリンケプス・ペレグリノルムに当たると解釈し、アウレリアヌスの機動軍にプリンケプス・ペレグリノルムが加わっていたことを指摘している。[31]もう一人は、カルス帝治下で属州ダルマティア総督であった、後の皇帝コンスタンティウス一世(C. Flavius Valerius Constantius)である。彼は、『コンスタンティヌス帝伝』によれば、「……まずプロテクトルに、続いてトリブヌスに、後に属州ダルマティア総督になった」とある。[32]ここで挙げられているプロテクトルは護衛兵として皇帝に付き従った、機動軍の一員のそれであった可能性が高いし、またトリブヌスは、おそらく近衛隊将校のことであったと考えられるので、コンスタンティウス一世は、機動軍内で出世し、そこから属州総督として直接派遣されたと想定できる。そして、三人目の人物は、ゾシモスによって、パルミラ征服の後、「皇帝(アウレリアヌス)によって属州メソポタミア総督に任じられ、東方の行政区を任された」とされているマルケリヌス(Marcellinus)である。[33]経歴の詳細は不明であるが、おそらく、マルケリヌスは、アウレリアヌスのパルミラ遠征に機動軍の一員として参加し、戦後、東方属州監督のために後に残されたのであろう。なお、このマルケリヌスは、二七五年にはアウレリアヌス帝とともにコンスルに就任したマルケリヌスと同一人物である可能性が高い。[34]

さらに元機動軍のメンバーを含めると、機動軍関係者をもう四名付け加えることができる。一人は、二七七〜二八〇年に属州マウレタニア・ティンギタナ総督であったクレメンティウス・ウァレリウス・マルケリヌス(Clementius Valerius Marcellinus)である。[35]彼は、属州総督就任以前の、ガリエヌス帝期の二六七年には属州下パンノニアの第二アデュトリクス軍団長官であり、プロテクトルの称号を帯びていた。[36]プロテクトル称号の保持者は、すでに論じたように、かつての機動軍の一員であった。二人目の人物は第一章第五節で言及したP・アエリウス・アエリアヌス(P. Aelius Aelianus)であり、彼は、二七七年以前に属州マウレタニア・カエサリエンシス総督となったと推定されるが、ウァレリウス・マルケリヌスと同じく、過去にプロテクトル称号を帯びた第二アデュトリクス軍団長官であった。[37]そして、三人目の元機動軍のメンバーは、二七七年に属州ダルマティア総督であったアウレリウス・マルキアヌス(Aurelius Marcianus)である。[38] ただし、マルキアヌスの経歴については、M・クリストルによる復元を利用すれば、という条件つきである。それによれば、マルキアヌスは、近衛隊将校からドゥクス、ストラテーラテースと経て属州ダルマティア総督に就任しているのである。[39] この場合、マルキアヌスも、コンスタンティウスとほぼ同様の経歴を辿っており、機動軍内で出世し、ドゥクス、ストラテーラテースとしていったん機動軍を転出してから属州総督職に就いたと推測できる。[40] 残りの一名は、三世紀後半に属州下パンノニア総督であったL・フラウィウス・アペル(L. Flavius Aper)である。[41] 彼は、ガリエヌス帝期に属州上パンノニアで第五マケドニア軍団と第八ゲミナ軍団の軍司令官(praepositus)に就いており、[42] その後、属州総督になっている。この経歴だけでは、機動軍との関係を論じることはできないのであるが、このアペルをヌメリアヌス帝の義父であり、その近衛長官であったアペルと同一人物であると仮定するならば、[43] フラウィウス・アペルは最終的に機動軍の一員になっていたことになる。だが、近衛長官就任がアペルの最初の機動軍入りであったのかと問われれば、可能性としてはそれ以前にも機動軍との関係があったと考えるほうが自然であろう。

一方で、機動軍とはまったく関係がなかったと考えられる事例も二例ある。一人は、二七三年頃の属州上ゲルマニア総督であった無名氏(Anonymus)である。しかし、この無名氏はガリア分離帝国の官吏であったので、[44] ここで問題にしている機動軍との関係はそもそも考えられない。もう一人は、二七一年頃の属州エジプト総督スタティリウス・アンミアヌス(Statilius Ammianus)である。この人物は、属州エジプト総督就任以前には、知られる限りでは、属州アラビアの補助軍司令官とアラビア総督にしか就いておらず、したがって、もっぱら東方属州内の移動のみということになる。

以上の分析からは、総督就任以前の経歴が判明する騎士身分総督九名のうち六名が何らかの形で機動軍の関係者であり、二名はまったく関係がなく、一名は機動軍との関係を完全には排除できない、ということが明らかになった。

データの少なさから断定は禁物であるが、属州総督と機動軍との間にも、皇帝や軍司令官の場合と同様に、やはり相当程度の関係があったと推定できるのである。とはいえ、機動軍の軍人による重要ポストの占有が貫徹していたわけではない。このことは、とりわけ元老院議員の総督が依然存続している、それも属州下パンノニアや下モエシアといった複数軍団を保有する大属州の総督職に元老院議員が就任していることから知ることができよう。それでは、いったい、機動軍に権力基盤を置くようになった皇帝と元老院との間には、どのような関係が築かれていたのであろうか。また、そもそも、元老院は当時、政治的にどのような状態に置かれていたのであろうか。通説的には、五賢帝時代の終わりとともに「皇帝と元老院との協調」関係は崩壊し、特にセプティミウス・セウェルス帝（在位一九三〜二一一年）以後の諸皇帝の方針は、元老院の政治力を削ぐ方向に、具体的には彼らの就任官職を奪う方向に切り替わったと考えられている。[45]この方針は、「ガリエヌス勅令」によって一つの山を迎え、軍事力を奪われた元老院は、以後のイリュリア人皇帝時代には「政治的に死んだ」とまで評されてきたのである。[46]以下では、このような通説の検討も兼ねつつ、皇帝と元老院の関係を中心にイリュリア人皇帝時代の元老院について考察してみよう。

第三節　元老院の政治的「復権」

イリュリア人皇帝時代の元老院を考察する際にまず前提として考慮に入れておかなければならないことは、皇帝たちが機動軍とともにつねに戦線を移動するようになったため、ローマ市に滞在する機会がほとんどなくなっていたということである。このことは、本章第一節で機動軍の動向を追った際に自ずと明らかになったことではあるが、ここで再度、各皇帝のローマ滞在期間を確認しておきたい。

クラウディウス帝は、治世の短さもあるが、ローマ市には正月に正規コンスルに就任するために二六八年末から二六九年初めにかけて一度滞在しただけである。クィンティルス帝は、ローマ市に行く間もなく殺害されている。アウレリアヌス帝は、四度、ローマ市に赴いている。一度目は二七〇年末から二七一年の初めにかけて、二度目は二七一年末から二七二年初めにかけてであり、それぞれ正規コンスル就任と、いわゆる「アウレリアヌスの城壁」の建造監督のためであったようである。そして、三度目と四度目は二七三年と二七四年に当たるが、これらの年は凱旋式を挙行するためにローマ市に滞在している。タキトゥス帝は、彼が引き籠もっていたカンパニアから、ビザンティウム近郊に駐留していた機動軍の下に向かう途中でローマ市に立ち寄ったと考えられる。二七六年のことである。フロリアヌス帝は、ローマに赴く余裕なく殺害された。プロブス帝は、凱旋式のために二八一年に一度だけローマ市に足を運んだだけである。カルス帝も、ローマに姿を見せたのは一度だけで、それは即位した翌年の正規コンスルに就任するためであった。ヌメリアヌス帝は、アウグストゥスとしてはローマ市に足を踏み入れることなく世を去っている。

イリュリア人皇帝たちの正確なローマ市滞在期間を算出することはできないが、長く見積もっても総計で一年程度であったのではないだろうか。彼らの在位期間そのものの総計が一六年ほどにしかならないとはいえ、そのローマ市滞在期間はあまりにも短いと言わざるを得ないであろう。即位時の正規コンスル就任や凱旋式などの、いわば治世中の大イベントを除いて、イリュリア人の皇帝たちがローマに赴くことはほとんどなくなっていたのである。

このようなローマ市と皇帝との物理的距離は、早くウァレリアヌス、ガリエヌスの共同統治期に広がっており、これが皇帝とこの都市に集う元老院との間に一定の距離感をもたらし、引いては統治階層交替の一因になったということはすでに第一章で論じたとおりであるが、ウァレリアヌス、ガリエヌス以後の皇帝は、両皇帝以上にローマ市から物理的にいっそう遠ざかったことになる。しかしながら、この事態は、元老院に対して一方的に不利益をもたらしたとは思われない。むしろ、事態は、逆であった可能性があり、このことを示す興味深い現象が二つある。

現象の一つは、パトリキの元老院議員L・カエソニウス・バッススが担ったある役職に見られる。問題の役職は、T・D・バーンズの復元に従えば、「神君プロブスによって(ローマ)大祭主催のために選任された(electo a divo Probo ad pre[side]ndum ludum magnum)」という文言で碑文に刻まれている。[47] この役職は、本来ならば皇帝が主催する毎年九月に行われたローマの大祭を元老院議員が代理として主催したということを意味している。ここからは皇帝のローマ市不在が常態化する中で、元老院議員が皇帝に代わる存在として立ち現れてきている模様が読み取れよう。残念ながら、この種の事例は一例しか知られていないが、当該期にはしばしば行われた可能性が高く、たとえ任命のイニシアティヴが皇帝にあったとはいえ、事実上、皇帝の代理として振る舞うことができた元老院の影響力はローマ市では目に見える形で増大したのではないだろうか。

もう一つの興味深い現象は、『ヒストリア・アウグスタ』やアウレリウス・ウィクトルの『皇帝史』、あるいは『皇帝史略』といった当該期の史書に筆頭元老院議員(primae sententiae senator, princeps senatus)が現れ、しばしば言及されるようになってくることである。[48] 筆頭元老院議員とは、元老院において最初に意見を述べる議員のことで、共和政期には最年長のケンソル、あるいはコンスル経験者がその役を担ったことで知られているが、帝政期に入ると、皇帝がこの役も独占するようになったため、実質上の意味を失っていたものであった。『ヒストリア・アウグスタ』の言及についてはこれを疑う研究者も多いが、[49] その他の史料については積極的に否定する論拠がない以上、一定の信を置くことができる。[50] 筆頭元老院議員の「出現」も、やはり、本来皇帝の担っていた役を、皇帝のローマ不在という現象の中で、元老院議員が担うようになった現象として理解されるべきものであろう。

これらの現象は、元老院がローマ市においては、皇帝の代理的存在としてその政治的影響力を増すようになっていた可能性を示している。加えて、元老院議員は本来イタリアやアフリカで所領を有する大地主であり、またこれらの地域の諸都市のパトロンでもあったことを考慮に入れるならば、その影響力が増した地域がローマ市内に限られることはなかったはずである。例えば、マクシミヌス帝に対して元老院が反乱を起こした二三八年の事件の際には、元老院議員たちはイタリアでパトロンとしてその影響力を行使し、同帝打倒に大きな役割を果たしている。[51] J・マシューズは、後期ローマ帝国の元老院議員たちが、彼らのホームグラウンドから皇帝が離れ、ライヴァルでなくなったため、これまで以上の威信をイタリアやアフリカで享受することになった様を生き生きと描き出しているが、[52] おそらく、その始まりは軍人皇帝時代にあったのであろう。

しかしながら、このような皇帝と元老院の距離の問題をあまりに強調し過ぎると、両者が互いにいわば仕事を委任し合い、まったく分離してしまったかのような印象を与えるかもしれないが、元老院議員の総督任用が引きつづき行われているということを思い起こすならば、両者の関係が途切れたわけではなさそうである。伝統的に、皇帝が戦争や巡察のためにローマ市を離れる際には、元老院議員が皇帝随行員(comes Augusti)として皇帝に付き従い、必要な軍事的、行政的アドヴァイスを行っており、軍人皇帝時代に入っても、彼らが機動軍に足場を置いた皇帝と元老院を繋いでいたはずだからである。

アレクサンデル・セウェルス帝期以後、皇帝随行員に関する碑文史料が著しく減少することから、元老院議員の皇帝随行員に代わって騎士身分の軍人がその役割を果たすようになっていったと考える研究者もいるが、[53] 史料の減少と皇帝随行員そのものの減少とを単純に同一視することはできない。例えば、アレクサンデル・セウェルス帝の皇帝随行員は、碑文史料からは三名しか知られていないが、[54] ヘロディアヌスの記述は同皇帝の陣中に多くの元老院議員がいたことを伝えている。[55] したがって、一定数の元老院議員は、つねに皇帝に付き従っていたと考えられる。少なくとも、ウァレリアヌス、ガリエヌス帝の時代までは、確実にそうであったのではないか。ペルシアの皇帝シャープール一世は、自らの業績録において、ウァレリアヌス帝を捕虜にしたときにともに捕らえた者たちの中に、軍の指導者や近衛長官に加えて、「元老院議員たち」も挙げており、[56] 少なくない元老院議員がウァレリアヌス帝の軍中にいたことが想像される。また、ガリエヌス帝期の碑文史料からは、二人の皇帝随行員が知られている。一人は、二六〇年代にヌミディア総督を務めたC・ユリウス・フォルトゥナティアヌス(この人物については、第一章第三節でも言及)であり、もう一人は二七一年の正規コンスルであったポンポニウス・バッススである。なお、バッススは、『皇帝史略』に、クラウディウス帝のときの筆頭元老院議員としてその名の挙がる人物である。(57) この二人という数は、決して多くはないが、史料の残存量がまだよいアレクサンデル帝期ですら三人であることを考えるならば、それなりに意味のある数であると言ってよい。

ガリエヌス帝以後に皇帝随行員であったことが知られているのは、カルス帝のペルシア遠征軍に付き従い、後に、首都長官、二度のコンスルを務めたL・カエソニウス・バッススだけである(この人物については本節ですでに言及)。このことは、イリュリア人皇帝時代には史料状況がいっそう悪化することを思えば、当然の結果である。むしろ、一つしか事例がないからと言って、この時代に元老院議員が軍から排除されたと考えないようにすべきであろう。

皇帝随行員のほかにも、機動軍軍営の皇帝と元老院との関係を繋いだもう一つの要素としては、元老院の使節団が想定できる。これを裏づける史料はイリュリア人皇帝時代にはまったく存在しないのであるが、皇帝のローマ市不在が常態化してしまっていた四世紀においては、さまざまな機会に皇帝の元に元老院から使節団が派遣されていた。Q・アウレリウス・シュンマクスなどは、その代表的な例であり、彼は時の皇帝ウァレンティニアヌス一世の在位五年祭の祝賀のためにトリーアに赴き、その地に約一年間滞在し、皇帝のゲルマニア遠征にも随行しているのである。(58) 単なる類推に過ぎないが、このようなことが三世紀に行われていたとしても何の不思議もない。

したがって、皇帝がローマ市からほぼ恒常的に離脱したにせよ、そうして、それが元老院と皇帝の間の関係にそれなりの距離感をもたらしたことが疑いないにせよ、皇帝と元老院の間には、機動軍内においても皇帝随行員や元老院使節団を通じて関係が保たれていたことは疑いない。しかし、このこと自体は別段驚くべきことではない。ここで問題とせねばならないのはこの「関係」のあり方である。おそらく、この関係はイリュリア人皇帝の時代に入って大きく変わったであろう。それも、元老院に有利な方向に変わったと推定できる。なぜなら、当時の皇帝たちは、大方がバルカン半島出身の氏素姓の定かならぬ軍人上がりの皇帝たちで、元老院とは出自や経歴の点から見ても何の関係もなかったのであり、そのため、元老院が関係する問題については、元老院の代表者たる随行員の意見がいっそう通りやすくなったのではないかと想像されるからである。この問題については現在のところ実証する術を見出せないでいるが、可能性としては、コンスルや属州総督の人選などに関しても、そこには皇帝ではなく、元老院の意向を読み取るほうが適当であるかもしれない。

イリュリア人皇帝時代における皇帝と元老院との関係については、一方的に元老院が皇帝によって政界から排斥、圧迫され、両者が対立していたような印象を抱きがちになるのであるが、以上のように考えるならば、実際には、事態は逆で、皇帝が元老院から物理的にも精神的にも離れてしまったことで元老院の政治的影響力は、「中央(皇帝機動軍内)」においても、「地方(イタリアやアフリカ)」においても、従来とは異なる形で向上することになっていたのではないかと思われるのである。

興味深いことに、軍人皇帝時代に関する史料を眺めるならば、そこには、以前には見ることができなかった主体的な政治行動を行う元老院の姿を認めることができる。マクシミヌス帝に対して元老院が二人の皇帝を擁立して対抗した二三八年の事件は言うまでもないが、他にも、二四四年には時の皇帝ゴルディアヌス三世がペルシア遠征中に死去し、その報告が元老院に伝わると、元老院は哲学者のマルクスなる者を皇帝に選出したとされる[59]。さらに、二五三年にウァレリアヌス帝がラエティア方面で皇帝を名乗り、イタリアに進撃してきたとき、アエミリアヌス帝はこれを迎え撃つべくローマを離れるが、アウレリウス・ウィクトルやエウトロピウスによれば[60]、この間隙を縫って元老院はウァレリアヌスの息子ガリエヌスにカエサルの位を与えたという。M・クリストルは、このとき、元老院が「二三八年の事件」と比すべき行動をとったと評価している。[61] また、ガリエヌスの死の報を受けた元老院は、同帝の兄弟と息子を殺害したとされる。[62] それだけではない。このクラウディウス帝自身が、キリスト教史家オロシウスによれば、「元老院の意思で」帝位に即いたと記録されているのである。[63] さらに、クラウディウス帝が二七〇年に没すると、元老院はクラウディウス帝の弟であったクィンティルスに帝権を与えたと伝えられている。[64] そして、この点は次章で詳しく論じるように、二七五年には、元老院はタキトゥスの即位に積極的に関与することになるのである。

このような現象は、元老院の政治的影響力が軍人皇帝時代に低下したと考える通説では理解できないが、上述のような元老院の政治的影響力の増大を想定するならば、ある程度は受け入れやすくなろう。また、一見奇妙なことに、当該期の史料には、クラウディウスやタキトゥス、プロブスのように元老院に敬意を払い、失われていた権利を元老院に戻すような「善帝」の姿が印象深く描かれるのであるが、この点もまたまったくのフィクションではなく、同様の歴史的事情を反映しているのかもしれない。

おわりに

本章は、イリュリア人皇帝時代においてウァレリアヌス帝期に現れた新しい帝国統治のスタイルが継承されていたことを検証するべく稿を起こしたが、史料が限られていたためもあり、全体的に隔靴掻痒の感は免れ難いものとなった。しかしながら、多くの推測を交えながらではあるが、少なくともイリュリア人皇帝の時代を理解するためには常設の機動軍の存在を想定することなしには不可能なこと、また統治階層の過半がその関係者であったことは確認できたのではないだろうか。

また、一方で、元老院が従来考えられていた以上に、当該時代には大きな政治的影響力を持っていたのではないかとの見方も示すことになった。とはいえ、元老院の政治的影響力については、過度にこれを強調し過ぎると、ことの本質を見誤ることになるだろう。例えば、元老院議員総督が軍団を複数保有するような大属州に任用されているからと言って、彼らが軍事力を従来と同じように行使できたとは思われない。すでに各所で言及してきたように、当時は、カルスやプロブスのように、広域の軍司令権を揮う者たちが重要な辺境にはしばしば配されていたし、事態が深刻になれば機動軍を率いた皇帝がその場に駆けつけたのであるから、属州総督が軍を指揮する機会は従前に比較すれば格段に減りつつあったであろうからである。

このように考えるならば、やはりイリュリア人皇帝時代のローマ帝国は、機動軍とそれに属する軍人を中心に動いていたと見るべきであろう。

(1) 例えば、M. Besnier, *L'empire romain de l'avènement des Sévères au consile de Nicée*, Paris, 1937 においては、二六八年から二八五年が第六章としてひとまとめにされ、Les empereurs illyriens という章題が与えられている。

(2) それは、個々のイリュリア人皇帝の伝記的研究の中で、例えば A. Watson, *Aurelian and the Third Century*, London and New York, 1999, pp. 123-159 に典型的に見られるように、基本的には各皇帝の「内政」を扱った部分で個別的、かつ簡単に触れられてきたに過ぎない。

(3) Zonaras, 12, 26.

(4) *FGrH*, 100, F. 6.

(5) *FGrH*, 100, F. 7.

(6) Zosimos, 1, 52, 3-4.

(7) Aurelius Victor, 35, 9-36-1; *SHA*, *Divus Aurelianus*, 40, 1-4.

(8) Zonaras, 12, 28.

(9) この「軍」をローマ市に駐屯した近衛隊と解釈する説もある。E. Cizek, *L'empereur Aurélien et son temps*, Paris, 1994, p. 208. 詳細は第六章第三節参照。
(10) Zosimos, 1, 64, 1.
(11) Zonaras, 12, 29.
(12) Zosimos, 1, 64, 2.
(13) Zosimos, 1, 71, 4; Zonaras, 12, 29 によれば、カルスは「ヨーロッパの一部を支配していたとき」と記されており、近衛長官であったとは言及されていないが、ラテン語史料は彼がプロブス帝の近衛長官であったと伝えている。
(14) Zosimos, 1, 71, 5; Zonaras, 12, 30.
(15) Aurelius Victor, 39, 1.
(16) *SHA, Divus Claudius*, 7, 1.
(17) Zonaras, 12, 26.
(18) Zosimos, 1, 40, 2.
(19) なお、アウレリウス・ウィクトル(33, 28)などは、クラウディウスが、ガリエヌス帝暗殺時には北イタリアのティキヌムでトリブヌスとして軍を率いており、その場にいなかったが、瀕死のガリエヌスによって皇帝の徽章を送られ、帝位を委ねられたと記している。しかしながら、この伝承は、後にコンスタンティヌス一族の先祖に祭り上げられたクラウディウスをガリエヌス帝暗殺の加担者とする不名誉から免罪にするために四世紀に作られたプロパガンダに由来すると考えられるので信じることはできない。
(20) Zonaras, 12, 25.
(21) Zosimos, 1, 40, 1 によれば、ガリエヌス帝は、アウレオルスの簒奪の報に驚き、遂行中であったゴート族との戦争の指揮をマルキアヌスに委ねて、イタリアに急いだ。
(22) *SHA, Divus Aurelianus*, 18, 1.
(23) R. T. Saunders, *A Biography of the Emperor Aurelian (A.D. 270–275)*, Dissertation (Cincinnati), 1991, pp. 145–146.
(24) フロリアヌスについては、彼がタキトゥスの弟(frater)、あるいは義理の弟(germanus)であったとラテン語史料には記されている。前の伝承をウィクトル(Aurelius Victor, 36, 2)が、後者の伝承を『ヒストリア・アウグスタ』(*SHA, Tacitus*, 14, 1 他)

がそれぞれ伝えている。カルスは、『ヒストリア・アウグスタ』によれば(*SHA, Carus et Carinus et Numerianus*, 5, 4)、「文官職と軍事職を経て(per civiles et militares gradus)」出世したとされている。ゾナラス(12, 30)は、カルスが「勇敢で、軍事に精通していた」と記している。

(25) フロリアヌス(Zosimos, 1, 63, 1; Zonaras, 12, 28)、カルス(Aurelius Victor, 38, 1)。

(26) Aurelius Victor, 39, 1.

(27) すなわち、二六九年の第一アデュトリクス軍団長官アウレリウス・スペリヌス(*CIL*, 3, 4289)、アウレリアヌス帝期の第三アウグスタ軍団長官M・アウレリウス・フォルトゥナトゥス(*CIL*, 8, 2665)、カリヌス帝期の第二アデュトリクス軍団長官アエリウス・パテルニアヌス(*CIL*, 3, 3469)の三名であるが、タイトルしか判明しない。

(28) R. Syme, *Emperors and Biography: Studies in the Historia Augusta*, Oxford, 1971, pp. 211-213. なお、問題となっているアウレリウス・ウィクトルの『皇帝史』の一文(39, 28)は次のようなものである。ウィクトルは、テトラルキア時代の皇帝たちを賞賛する文脈で「これらの皇帝たち(ディオクレティアヌス、マクシミアヌス、コンスタンティウス、ガレリウス)の協調関係がたいへんよく教えてくれているように、もって生まれた才能とプロブスとアウレリアヌスの教育の賜物である軍事への精通が、彼らの美徳をより確実なものにしていたのである」と述べている。

(29) *CIL*, 8, 2529; H. G. Kolbe, *Die Statthalter Numidiens von Gallien bis Konstantin (268-320)*, München und Berlin, 1962, S. 21-28.

(30) *FGrH*, 100, F. 7.

(31) A. R. Birley, An Officer in Aurelian's Army, R. F. Stolba und M. A. Speidel (Hrsg.), *Römische Inschriften-Neufunde, Neulesungen und Neuinterpretationen*, Basel, 1995, pp. 143-148.

(32) *Origo Consutantini Imperatoris*, 1, 2.

(33) Zosimos, 1, 59, 1.

(34) M. Christol, *Essai sur l'évolution des carrières sénatoriales dans la* 2e *moitié du* IIIe *s. ap. J.-C.*, Paris, 1986, pp. 113-114; *PLRE*, Marcellinus, 17(二六五年にVeronaでv. p. dux ducenariusであった)と同一人物の可能性もある。

(35) *AE*, 1920, 44; 1921, 23.

(36) *CIL*, 3, 3424 = *ILS*, 545.

(37) *CIL*, 3, 3529; *AE*, 1965, 9; *CIL*, 8, 21486.

(38) *CIL*, 3, 8707.

(39) M. Christol, Armée et société politique dans l'empire romain au IIIe siècle ap. J.-C., *Civiltà classica e cristiana*, 9, 1988, p. 196.

(40) ただし、第四章で論じたオダエナトゥスやオクタウィアヌスの事例とは、職歴の順序が異なるので(総督からドゥクスではない)、同一人物ではないかもしれない。

(41) *CIL*, 3, 15156.

(42) *AE*, 1936, 57.

(43) Aurelius Victor, 38, 6; *SHA, Carus et Carinus et Numerianus*, 12, 1-2, 13, 2.

(44) *CIL*, 6, 1641; H. G. Pflaum, *Les carrières procuratoriennes équestres sous le Haut-Empire romain*, Paris, 1960, pp. 941-947.

(45) 南川高志『ローマ皇帝とその時代――元首政期ローマ帝国政治史の研究』創文社、一九九五年、二九七頁。

(46) O. Hirschfeld, *Die kaiserlichen Verwaltungsbeamten bis auf Diocletian*, 2 Auflage, Berlin, 1905, S. 485.

(47) 「(ローマ)大祭(ludum magnum)」の部分については、これを「大法廷(iudicum magnum)」と読み、*SHA, Probus*, 13, 1の記述と関連づける説もある。

(48) *SHA, Gordiani tres*, 9, 7; *Tyranni triginta*, 21, 3; *Tacitus*, 4, 1; *Probus*, 12, 1; Aurelius Victor, 34, 4; *Epitome de Caesaribus*, 34, 3; Lactantius, *Institutiones divines*, 1, 10, 8.

(49) Syme, *op. cit.*, p. 245.

(50) A. Chastagnol, *Le sénat romain à l'époque impériale*, Paris, 1992, pp. 217-218.

(51) Herodianus, 8, 5, 5およびロウブ版のWhittakerによる注2(p. 281)参照。

(52) J. Matthews, *Western Aristocracies and Imperial Court AD 364-425*, Oxford, 1975, pp. 17-31.

(53) H. Halfmann, *Itinera principum: Geschichte und Typologie der Kaiserreisen im römischen Reich*, Stuttgart, 1986, S. 102-103.

(54) ibid., S. 251-252に網羅的に皇帝随行員の史料が挙げられている。

(55) Herodianus, 7, 1, 3.

(56) *Res gestae divi Saporis*, 3.

(57) *Epitome de Caesaribus*, 34, 3.

(58) Matthews, *op. cit.*, pp. 32-33.

(59) Zonaras, 12, 28. もっとも、この皇帝はすぐに宮殿で死亡してしまったらしく、詳細は不明である。なお、その実在を疑う者もある。D. Kienast, *Römische Kaisertabelle: Grundzüge einer römischen Kaiserchronologie*, Darmstadt, 1996, S. 202.

(60) Aurelius Victor, 32, 3; Eutropius, 9, 7.

(61) M. Christol, Les règnes de Valérien et de Gallien (253-268): travaux d'ensemble, questions chronologiques, *ANRW*, 2, 2, p. 809.

(62) Zonaras, 12, 26.

(63) Orosius, *Historiae adversum paganos*, 7, 23, 1.

(64) Zonaras, 12, 26.

第六章　タキトゥス帝即位の謎
――軍・元老院関係の一断面

はじめに

二七五年秋、ペルシア遠征途上にあったアウレリアヌス帝は、ビザンティウム近郊の小邑カエノプルリウムで暗殺された。ラテン語史料は、この暗殺事件に続いて起こった驚くべき出来事を伝えている。(1) ことの次第を詳細に伝える『ヒストリア・アウグスタ』によれば、アウレリアヌス帝を失った遠征軍は自らの行いを悔いて、元老院に新皇帝選出を要請したというのである。当初、元老院は自分たちの選んだ皇帝が軍隊に受け入れられるはずがないとして、これを拒んでいたが、度重なる軍隊の要請の末、当時、筆頭元老院議員として新皇帝選出の議事に加わっていたタキトゥスを皇帝候補として選出した。タキトゥス自身は、皇帝になることを老齢を理由に辞退する旨、演説で求めたが、他の元老院議員の熱心な説得を受け、最終的には、やむなく帝位に登ることになった。そうして、この間、半年もの空位が生じていたという。

いったい、なぜこのような不可解な事件が起こったのだろうか。誰しも抱く疑問であろうが、大方の先行研究は、このような問いを発することなく、事実関係をラテン語史料に基づきながら単に叙述してきただけと言っても過言ではなかった。そこに解釈が加えられたとしても、それは「元老院の反動」や「例外」、「エピソード」といったものであり[2]、これらの解釈は、実際には、ラテン語史料の無批判な受容、あるいは完全な拒否から導き出されたものに過ぎず、事実上そこには何の考察もなされていなかった。しかしながら、こういった研究態度は、軍人皇帝時代を考える絶好の材料を自ら放棄するに等しいことになろう。一方、これに対して、タキトゥスの皇帝選出劇を重視し、当時の歴史的文脈の中に位置づけようと独自の解釈を試みる研究もあったが、次節以下で紹介、検討するように、十分に成功しているとは言い難い。そこで、本章では、前章の結論を踏まえながら、タキトゥス即位の謎をあらためて追究してみたい。

第一節　先行研究に見るタキトゥス帝即位の事情——M・ロストフツェフとR・サイム

タキトゥス即位の謎に真正面から取り組んだのは、ローマ史の二人の大家M・ロストフツェフとR・サイムであった。

ロストフツェフは、ローマ帝政史を都市ブルジョワジー(その代表は元老院)と農村プロレタリアート(その代表は軍隊)との対抗関係で捉える有名なテーゼで知られるが、彼によれば、タキトゥス帝即位という「ローマ史上におけるこの驚くべき出来事」は、都市ブルジョワジーの牙城であった元老院の農村プロレタリアート化＝軍隊化の結果にほかならない。元老院のメンバーの大半は、当時、「最下層の軍の位階からのし上がった退役将軍や退役将校、そして退役官吏」からなっていたのであり、元老院と軍隊は同質化していた。そうして、そうであったからこそ軍隊は元老院に皇帝選出を要請し、両者の間に意見の一致が見られたと言うのである。[3] ロストフツェフは、元老院の構成員の質的変化を想定することで、タキトゥスの即位が軍人皇帝時代に起こり得たことを説明しようとしたのである。

一方のサイムは、ギリシア語史料に拠りながら、タキトゥスが元老院によって選出されたとするラテン語史料に見られる伝承そのものを否定し、タキトゥスが軍隊の候補者(the candidate of the army)であったと主張した。それだけではない。サイムは、タキトゥスが実はドナウの退役軍人(one of the Danubian military)であったとの大胆な仮説を提示したのである。[4] サイムの考えでは、タキトゥスは、「例外」ではなく、アウレリアヌス帝やプロブス帝と同じく、当時の帝国を支配した一連のイリュリア人皇帝たちの系譜の中に位置づけられることになる。

しかし、前者の、元老院の変質を説くロストフツェフの説明は、近年のプロソポグラフィー研究に従うならば、受け入れられないものとなっている。軍人皇帝時代においても元老院の構成員の本質的な変化は認められないからである。[5] これに対して、サイム説は支持する研究も多く、今や通説化している観がある。[6] しかし、以下で論じるように、全面的にはこれに賛同できない。だが、ともかくも、サイムがもっぱらギリシア語史料を用いて、タキトゥス即位の状況を再構成したことは注目すべきことである。サイム以前の研究では、ロストフツェフを含め、ラテン語史料の叙述を鵜呑みにして議論が進められてきたからである。そこで、次節では、ギリシア語史料の内容を紹介しつつ、サイム説の検討を行う。

第二節　ギリシア語史料の問題――R・サイム説の検討

「タキトゥスの治世についてゾシモスとゾナラスは一致した、そして価値のある簡潔な叙述を行っている。両者とも、タキトゥスの即位に異常なことも、驚くべきことも、何も見取っていない」と、サイムは「皇帝クラウディウス・タキトゥス」と題された問題の論文の冒頭で述べる。(7) だが、本当にそうであろうか。

まず、ゾシモスは「タキトゥスがローマ皇帝の位に即き、権力を手に入れたとき、スキュタイ人がマイオティス湖を渡って来て、ポントスからキリキアまでを荒らした」と記している。(8) 確かに、ゾシモスの記述は、サイムが述べるように、タキトゥスの即位について何ら異常な点を認めていない。否、むしろ、タキトゥス即位の事情に関心がないと言うべきであろう。文章の構造から見ても、タキトゥスの即位は複文で、スキュティア人の侵入が主文になっており、ゾシモスの関心は後者にあって、前者に薄い。ゾシモスの記述からは、タキトゥス即位の事情については、ほとんど何も知ることができないのである。そのためサイムも、自身の立論に際しては、もっぱらもう一つのギリシア語史料であるゾナラスを利用している。

そのゾナラスには、「タキトゥスがアウレリアヌスの後を継いだ。老人であった。タキトゥスは、帝位に即いたとき、七五歳であったと記録されている。軍隊が、その場にいなかったタキトゥスを皇帝と宣言した。というのも、そのとき、タキトゥスはカンパニアにいたからである。だが、その地で元老院議決を受け取ると、私人の服装でローマ市に入り、元老院とローマの人民の意思に従って、紫衣を纏った」とある。(9) 一読して直ちに気づかれるように、ゾナラスの記述に見られるタキトゥス即位の事情には、サイムの評価とはまったく逆に、明らかに異常で、驚くべきことが語られている。タキトゥスは、皇帝と宣言されたとき、その場にいなかった上、「元老院とローマの人民の意思に従って」皇帝に即位したとわざわざ特筆されているのである。即位に際して、このような記述が残されている皇帝は、ローマ史上、タキトゥスのほかにはいないのではないか。

このように、まずそもそもギリシア語史料に対するサイムの基本的な評価に疑義を呈さざるを得ないのであるが、より本質的な問題は、ゾナラスがタキトゥスを軍隊の候補者であったと伝えているのかどうかということにある。

サイムは、「軍隊がその場にいなかったタキトゥスを皇帝と宣言した」とのゾナラスの一文を引き合いに出して、そう主張するが、しかし、興味深いことに『ヒストリア・アウグスタ』の著者は、このゾナラスの記述、より厳密にはゾナラスの原史料の記述をサイムのようには読んでいなかったようである。『ヒストリア・アウグスタ』には、本章「はじめに」で紹介した「オフィシャル・ヴァージョン」のタキトゥス即位の話の別伝として、上述のゾナラスの伝承と酷似した話が載せられているのであるが、これを仔細に読めば、そのことは判明する。

別伝は、『ヒストリア・アウグスタ』「タキトゥス伝」第八章第五～七節に載せられており、そこには、「非常に多くの者がその著書の中で、タキトゥスは皇帝に指名されたとき、その場におらず、カンパニアにいたと記していることをここで無視すべきではないだろう。このことは、実際、真実であり、私は秘密にしておくことができないのである。タキトゥスが皇帝になるべきであるという噂が広まると、タキトゥスは引き籠もり、二カ月の間、バイアエにいたのであった。しかし、そこから引き出され、あたかも本当に私人であるかのように、あるいは帝権を受けることを拒否した者であるかのように、この(自身を皇帝に指名する)元老院議決に関与したのであった」とある。ここからは、まず、『ヒストリア・アウグスタ』がゾナラス系統の伝承を知っており、その上でこれに対して反論を行っていることが分かる。『ヒストリア・アウグスタ』のオフィシャル・ヴァージョンの話では、タキトゥスは、皇帝に選出されたとき元老院議場におり、帝位に即くことを拒む演説を行った後、結局は自身を皇帝に指名する元老院議決に関与していたのであるが、ゾナラスの伝承では、元老院議決がなされたときには、タキトゥスはその場におらず、カンパニアでそれを受け取っていたからである。そこで、『ヒストリア・アウグスタ』の著者は、タキトゥスがカンパニアにいたことを認めつつも、カンパニア滞在の時期を皇帝選出前にずらし、タキトゥスが皇帝に選出されたときにはすでに元老院議場に来ていたのだと反論しているからである。『ヒストリア・アウグスタ』が、このようなつじつま合わせの反論をしなければならなかったのは、おそらくは、ゾナラス系統の伝承がことの真相を伝えるものとして一般に流布していたにもかかわらず、伝記の中で、タキトゥスに自身の皇帝選出に際して元老院議場で帝位に即くことを辞退する演説をさせるなどしてしまっていたからであろう。実際、『ヒストリア・アウグスタ』は、演説捏造の常習犯なのである。同じラテン語史料でも、アウレリウス・ウィクトルの史書には、タキトゥス選出の場所は記されておらず、また、したがって、即位を拒むタキトゥスとそれを求める元老院議員との演説の応酬も記録されていない。軍と元老院のやり取りの末、「こうして、ついに元老院は、アウレリアヌスの死後、およそ六カ月後、コンスル格の元老院議員の一人で、非常に温和な人であったタキトゥスを皇帝に選んだ」[10]と述べられているだけである。おそらく、よりシンプルなウィクトルの記述のほうがラテン語原史料に近かったに違いない。『ヒストリア・アウグスタ』は、ラテン語原史料を勝手に創作で膨らましたことで、自ら墓穴を掘ったのであろう。

だが、ここで注意したいのは、『ヒストリア・アウグスタ』がゾナラス系統の伝承に反論した際に、タキトゥスが皇帝に選出されたときにどこにいたのか、つまりカンパニアにいたのか、あるいはローマの元老院議場にいたのか、というその場所だけを問題にしていることである。すなわち、このことは、その他の点については『ヒストリア・アウグスタ』の著者が別伝とオフィシャル・ヴァージョンの話は矛盾しないと理解していたことを示している。もし、『ヒストリア・アウグスタ』の著者が、サイムのようにゾナラスの記述を理解していたならば、タキトゥスが元老院の候補者であったことをオフィシャル・ヴァージョンの話で明言していた以上、選出の場所だけではなく、タキトゥスが軍隊の候補者ではなかったということにも同時に反論せねばならなかったはずだからである。しかし、そうしていないのであるから、『ヒストリア・アウグスタ』の著者は、あくまでもタキトゥスが元老院の候補者であったことを前提に、ゾナラス系統の伝承を読んでいたと考えざるを得ないであろう。現に、『ヒストリア・アウグスタ』のように、タキトゥスが元老院の候補者であったとの前提でゾナラスを読むほうが、より整合的にその記述全体を理解できるように思われる。タキトゥスを純粋な軍の候補者とするサイムの読み方では、なぜタキトゥスがわざわざ元老院議決を受け取り、「元老院とローマの人民の意思に従って、紫衣を纏った」と特筆されているのか理解できなかったが、元老院の候補者であったと考えるならば、タキトゥスの行動はそれほど不思議なことではなくなるからである。

このように考えてくるならば、ゾナラスの記述は、それ自体としては不完全で、アウレリウス・ウィクトルの史書に見られるような形でのラテン語史料の伝承を念頭に置いて読んで初めて、正しく理解できるものであることが分かるのである。おそらく、もともとのタキトゥス即位の話は、①アウレリアヌス帝の殺害後、軍隊が元老院に新帝選出を要請したが、元老院はこれを幾度か拒否、しかし、結局は、タキトゥスを皇帝として選出、②（この元老院の決定を受け）軍隊がタキトゥスを皇帝と宣言、しかし、この時点では、タキトゥスはカンパニアにおり、ローマ市にはおらず、元老院議決を受け取った後でようやくローマ市に移動（そして、そこから軍の下へ赴いた）、との二つの部分からなっていたのではないだろうか。要するに、ゾナラス系統の伝承は、①の軍隊の要請から元老院での話し合い、そしてタキトゥスの元老院における選出の部分を省略し、一方のラテン語史料は、後半の部分で起こった出来事である②の部分を端折っているのである。すなわち、一見したところ、二系統の別伝のように思われるギリシア語史料とラテン語史料の伝承は、実は共通史料に由来しているのであり、現在われわれに残されているゾナラスの記述、あるいはラテン語史料の記述は、同じ話のそれぞれ一部分しか伝えていなかったということなのである。なお、『ヒストリア・アウグスタ』は、両方の伝承を知りながら、それらが本来同一の話であったことに気づかずに、①を演説などの創作で膨らました上、オフィシャルなものとし、②に反論していたことになる。いずれにしても、サイムのように、ゾナラスだけを、それもそのうちの一文だけを根拠にタキトゥスを純粋な軍隊の候補者であったと見なすことはできないであろう。

以上の文献史料の分析からは、タキトゥスは軍の意向を受けていたとはいえ、あくまでも元老院の選出した候補であったことが知られるのである。

第三節　タキトゥス即位をめぐる諸問題

タキトゥスの即位は、ギリシア語、ラテン語史料から復元した上述のような経過を概ね辿ったと考えられるのであるが、本節では、この経過をより深く理解するためにタキトゥス即位に関係する三つの問題、すなわちタキトゥスの前歴、元老院の主体的関与、空位期間の問題をあらかじめ考えておきたい。

タキトゥスの前歴

最初に確認しておきたいのは、タキトゥスは、元老院の候補者であったとはいえ、あくまでも軍隊の要請を受けた上で、元老院が選出した候補者であり、あの二三八年の事件(マクシミヌス帝に対して元老院がバルビヌスとプピエヌスの二人の皇帝を擁立して対抗した事件)のときのように、元老院自体がイニシアティヴをとって選出した皇帝ではなかったということである。したがって、タキトゥスは、元老院の候補者とはいえ、軍の意向を配慮した上での候補者であった可能性が高い。この点が、タキトゥスの前歴を考える上で一つの重要な手がかりになる。

タキトゥスについては、ギリシア語史料はその前歴をうかがわせるような記述は何一つ残していないが、『ヒストリア・アウグスタ』とアウレリウス・ウィクトルは、即位時の彼を筆頭元老院議員(primae sententiae senator, princeps senatus)、あるいはコンスル格の元老院議員の一人(e consularibus)と記している。[11] 実際、タキトゥスは二七六年に皇帝としてコンスルに就任したとき、二度目のコンスル就任であったから、即位以前に、何らかの形でコンスルに就任していたことは確実であり、筆頭元老院議員であったどうかはともかくも、コンスル格の元老院議員であったことは疑いない。しかし、それ以前のタキトゥスの経歴については両史料とも何も知らなかったようである。[12] 不思議なことに、いつも饒舌な『ヒストリア・アウグスタ』ですら、即位前のタキトゥスの経歴については、口をつぐんでいるのである。

しかし、一口に元老院議員と言っても、実体はさまざまであり、タキトゥスがどのような元老院議員であったのか、その答えによっては、タキトゥスをドナウの退役軍人と見るサイム説も成り立つのである。元老院議員には、生まれながらの元老院議員家系の者もいれば、軍人としての経歴を長く歩んだ後、いわば栄典としてコンスルに就任し、元老院議員になる者もいたからである。タキトゥスが、後者のタイプに属していると考えるならば、ドナウの退役軍人であっても、元老院議員であるということと矛盾しない。

そして、どちらかと言えば、この点に関しては、サイム説に分があるように思われる。第一に、先に指摘したように、タキトゥスが元老院の候補者であったとはいえ、軍の意向に添った人物であった可能性が高いことは、サイム説を支持する一つの状況証拠になるだろう。第二に、アウレリアヌス帝治下の二七三年の正規コンスルとして記録に残るタキトゥスなる人物が、[13] 未来の皇帝タキトゥスと同一人物であるとするならば、タキトゥス帝が歴とした元老院議員であった可能性は低くなるのである。というのも、もし二七三年のコンスルがタキトゥス帝であるとするならば、元老院議員家系の者としては、あまりにも高齢で、それもゾナラスの伝える年齢を信じるならば、七〇歳を超えてから一度目のコンスルに就任していることになり、通常はあり得ないことだからである。元老院議員家系の者であれば、プレブス(平民)系の者で四〇～四三歳くらいで、パトリキ(貴族)系の者ならば三〇～三二歳の若さで、コンスル職に就任するのが慣例であったからである。[14] したがって、同一人物である場合は、タキトゥスは、歴とした元老院議員ではなく、長年の軍功に対する栄典としてコンスル就任を果たした軍人であったと考えるほうが適当ということになる。

ちなみに、二七三年のタキトゥスの同僚コンスルは、第三章第三節で言及したユリウス・プラキディアヌスであった。

彼は、クラウディウス帝の時代に夜警長官としてガリア遠征軍を率い、その後、近衛長官を経て、コンスルに就任している。さらに、タキトゥスというそれほどメジャーではない家名の人物が、二人もほぼ同時期に史料上に偶然姿を現したとは考えにくく、この点もまたサイム説に有利に働くだろう。[15]

しかしながら、二七三年のコンスルは、タキトゥスという家名しか知られないため、これを別人とする説もある。この場合、二七三年のコンスルの候補として、パトリキの元老院議員カエキナ・タキトゥスの名が挙がってくる。[16] そして、別人であるとするならば、タキトゥス帝が通常の元老院議員であった可能性も排除しきれなくなってくる。タキトゥス帝は、通常の元老院議員がそうであるように若い頃に元老院議員として補充コンスルに就任し、皇帝として即位してから二度目のコンスルに就任したと考えればよいからである。即位に際しての軍の意向を考慮に入れるならば、タキトゥスをプレブス系の元老院議員と想定することができるだろう。プレブス系の元老院議員は、パトリキ系の元老院議員とは異なり、概して軍務経験が豊かであったからである。特にセウェルス朝期以降、元老院議員の官職歴任階梯は、次第に文官職歴任系と武官職歴任系への二極分化をしはじめ、専門化の度合いを強めていた。一部のプレブス系の元老院議員は、軍団長や属州総督として平均一五年間も軍務に就いていたと言われているのである。[17] しかし、元老院議員は、二五三年に始まるウァレリアヌス帝期以降、次第に軍事職から排除されていくので、タキトゥスが即位した二七五年の時点では、すでに元老院議員が軍事職に就かなくなってから二〇年以上経っていたことになる。当然、軍務に通じた元老院議員は、みなタキトゥスのように高齢になっていたに違いない。タキトゥスの高齢は、タキトゥス自身が二五三年以前に軍務経験を積んだ元老院議員であったことを反映しているとも考えられるのである。あるいは、タキトゥス帝は、デキウス帝のようにドナウ川流域の属州出身のプレブス系の元老院議員であったかもしれない。

いずれにしても、現在の史料状況では、タキトゥスの前歴についてはほとんど何も確かなことは分からないのであり、サイムのように「タキトゥスが単なる何の罪もない、年老いた元老院議員であったと考える根拠はどこにもない」と言うこともできるし、逆に言えば、「考えない根拠もどこにもない」のである。[18]

元老院の主体的関与

タキトゥスがどのような人物であったにせよ、彼の選出に元老院が主体的に関わったことは疑いないように思われる。状況証拠もこれを支持している。状況証拠の一つは、軍隊がローマ市近郊にいた人物を皇帝と宣言していることである。当時、亡きアウレリアヌス帝麾下の軍隊は、ビザンティウム近郊にいたはずであり、そうすると、軍隊はあまりにも遠方の人間を皇帝候補に選んでいることになる。これは非常に不自然なことである。そこで、タキトゥスを擁立した軍隊がアウレリアヌス帝麾下の軍隊ではなく、ローマ市に駐屯していた近衛隊であったとする説が出てくる。[19]しかしながら、ラテン語史料は、タキトゥス選出を要請したのが、アウレリアヌス帝麾下の軍隊であったことを明言しており、ギリシア語史料もそのように解釈することが妥当であろう。また、近衛隊が勝手に擁立した人間をアウレリアヌス帝麾下の軍が素直に受け入れるとは考えられない。この不自然な事実を説明するためには、ローマの元老院が候補者選出に主体的に関与していたことを想定するほかないのである。

もう一つの状況証拠は、タキトゥスの年齢である。ラテン語史料は、タキトゥスを漠然と「老人（senex）」と伝えるだけであるが、[20]これまでたびたび言及しているように、ゾナラスによれば、タキトゥスは即位のときに七五歳というたいへんな高齢であった。なぜ、このような高齢の人物が皇帝に選出されたのであろうか。サイムは、五賢帝の一人ネルウァを引き合いに出して、当時、他を圧する有力な候補者がいなかったため、いわば中継ぎとして、老い先短く、子もいないタキトゥスが選ばれたのだと説明する。これはこれで一つの説明であろう。しかし、この不自然なほどの高齢も、元老院の主体的関与を想定すれば、より説得的な説明が可能になる。すでに述べたように、二三八年に、元老院はローマ帝政史上初めてバルビヌスとプピエヌスの二人の皇帝を自ら選出しているが、ゾナラスによれば、前者は六〇歳、後者は七四歳であったとされる。[21] マクシミヌス帝との対決を控えた非常時に元老院はこのような高齢の人物を皇帝に選出しているのである。おそらく、このような高齢の人物の推戴には、元老院の好みのようなものが働いているのではないか。わずか一例からの類推に過ぎないが、選出時点でのタキトゥスの高齢も、その場所と同様、元老院の主体的関与を示唆していよう。

空位期間

ラテン語史料は、アウレリアヌス帝の死からタキトゥス即位までの間に六カ月、あるいは七カ月の空位期が存在したことを伝えているが、[22] 今日のクロノロジー研究の成果は、このような長期の空位期間が存在し得ないことを明らかにしている。アウレリアヌス帝は二七五年の一〇月か一一月まで帝位にあり、またタキトゥスは皇帝として二七六年の元日には二度目のコンスル職に就任しているのであるから、このことは容易に了解されよう。しかし、一定の空位期間が存在したこと自体は疑いない。前節で復元された共通史料に従うならば、アウレリアヌス帝の死後、軍隊から元老院への要請、元老院内での討議、タキトゥスのカンパニアからローマへの移動が起こったはずであり、この間、それなりの時間が必要であったはずだからである。『ヒストリア・アウグスタ』は、先に引用した一文で、タキトゥスがバイアエに引き籠もった期間を二カ月と伝えていたが、これはあるいは信憑性のある数字かもしれない。ただし、ラテン語史料が伝えるように、何度も軍と元老院の間でやり取りがあったとは、時間的に考えられないであろう。

なお、半年という空位期間は、アウレリウス・ウィクトルが原史料を誤解したことから出て来たものと通説的には説明される。[23] 古代においてタキトゥスとそれを継いだフロリアヌスの治世は、アウレリアヌス帝とプロブス帝という強力な軍人皇帝の間に挟まれた「いわばある種の空位のようなもの (quasi quidam interreges)」[24] と見なされており、ウィクトルはこのような評価を受けていたタキトゥスとフロリアヌスの治世の期間を、アウレリアヌスとタキトゥスの間に実際に存在した短期間の空位期と混同してしまったとされるのである。実際、タキトゥスの治世は、例えば、エウトロピウスによれば、空位期と同じ半年であった。㉕

第四節　タキトゥス即位の歴史的経過

第二節、第三節で復元、検証したことの結果では、タキトゥスは、何らかの形で軍の関係者であり、また軍の意向を受けているとはいえ、元老院の候補者であったことになり、結局のところ、話は先行研究が解決できなかったあの最初の疑問、なぜ軍人皇帝時代において元老院が皇帝選出に関与するようなことが起こったのかという疑問に戻ってしまうのである。しかし、本書は、前章で明らかにしたように、従前の研究とは異なり、タキトゥス即位時のイリュリア人皇帝時代のローマ帝国について新しい歴史像を獲得しているのであり、この点においてタキトゥス即位の歴史的経過を再考する余地があるように思われる。そこで、以下では、前章の結論を盛り込みつつ、事件の経過を時系列的に辿りながら、再度、タキトゥス即位の謎に迫ってみたい。

一連の事件の発端は、アウレリアヌス帝の暗殺が突発的なアクシデントであったことにある。すなわち、この暗殺事件は、ギリシア語、ラテン語両史料が一致して伝えているように、軍幹部が加わった計画的なものではなく、何らかの過失を犯し、処罰を恐れた一秘書官が企んだ陰謀の結果に過ぎなかったのである。㉖実際、この事件のアクシデント性は、七年前に起こったガリエヌス帝暗殺事件の場合と比較するといっそう明瞭になる。ガリエヌス帝の暗殺は、軍幹部がすべて陰謀に加わって、計画的に遂行されたものであったため、遅滞なく次期皇帝としてクラウディウスが選出されていた。これに対して、アウレリアヌスの暗殺事件はそうではなかったため、空位期が発生してしまっているのである。これは、疑いなく、準備のできていなかった軍幹部が次期皇帝選出をめぐって紛糾した結果であろう。ローマ史を見渡せば、類似の事件は、ほぼ九〇年後の三六四年にも起こっている。このときは、ペルシア遠征から帰還する途上で、皇帝ヨウィアヌスが急死したため、軍幹部の会合では、皇帝候補の名が挙がっては消え、選出に手間取った結果、一〇日間の空位が生じているのである。(27) ただし、このとき皇帝に選出されたのは、ウァレンティニアヌスという、軍が駐留していたニカイア近郊のアンキラで任務に就いていた四三歳の現役軍人であったのであり、タキトゥスの場合と大きく異なることに注意する必要がある。ここには、軍の意向のみの候補者と元老院も関与した上での候補者との違いが出ていると考えられる。

結局、タキトゥスの場合、軍幹部は次期皇帝を自ら決定することができず、元老院に新帝選出を請うことになった。その理由は、『ヒストリア・アウグスタ』によれば、軍が「これほどのよき皇帝(アウレリアヌス)を殺害した者たちの中から皇帝が選ばれるべきではない(28)」と判断したからであった。このように『ヒストリア・アウグスタ』の話では、軍が自己反省したかのような理由になっているが、実際には、機動軍幹部の誰が皇帝になっても、アウレリアヌス帝殺害の汚名からは逃れ難く、十分な正当性が確保できないと判断されたためであろう。現に、かつてガリエヌス帝が暗殺された際には、同帝を慕う兵士たちが暴動を起こしたため、これを陰謀者たちは金で何とか解決したという経緯もあった(29)。

それにしても、なぜ軍が元老院に目を向けたのか、正当性の確保という点だけでは、その理由を十分に説明することは難しいが、この事態を理解するためには、まさに前章で論じたような、元老院の新しい政治的位置を想起する必要がある。すなわち、元老院はイリュリア人皇帝時代に入ってからは、皇帝のローマ市からのいっそうの恒常的離脱にともなって、官職面では「不利益」を被ったが、他の面では、その政治的影響力を伸長させていたのである。その上、元老院は帝国内唯一の正統な権威として単なる一地方勢力以上の存在であったから、想像されがちな、軍が歯牙にもかけないような存在では決してなかったのである。

さて、軍の要請を受けた元老院では、候補者の選定が行われた。そうして、彼らが選出したのは、タキトゥスという人物であった。皇帝候補は、何らかの形で軍との繋がりのある人物であったことは疑いないが、詳細は分からない。なお、この時点では、タキトゥスは元老院議場にはいなかった。すでに指摘したように、『ヒストリア・アウグスタ』によれば、皇帝選出の時点でタキトゥスは元老院議場におり、自ら演説したことになっているが、これはフィクションである。軍は、この元老院の候補者を受け入れ、皇帝と宣言した。しかし、タキトゥスは、自らを皇帝に選出するとの元老院議決を正式に受け取ってから、ようやくカンパニアを離れ、「あたかも本当に私人であるかのように」、あるいは「私人の服装で」ローマ市に入った。タキトゥスのこの異常とも思われる慎重な態度は、やはり彼が通常の軍人皇帝とは異なっていたからであろう。

タキトゥスがローマ市に入ったのは、彼が皇帝として二七六年の一月にコンスルに就任していることから判断して、遅くとも二七五年の年末であったと推定できる。したがって、アウレリアヌスの死(二七五年一〇／一一月)からタキトゥス即位までの空位期間は、ラテン語史料の伝承とは異なり、二カ月程度であったということになる。短くなるとはいえ、それなりの空位期間が存在したこと自体は疑えないのであり、この間、属州駐留軍の反乱もなく、帝国が平穏を保てたのは、この点も前章で指摘したように、当時の「軍」が機動軍の形をとり、他地域の軍を圧する力を保持したからであろう。ともかくも、正式に元老院で即位したタキトゥスは、小アジアに侵入して来ていたゴート族に対処するために機動軍の下へ急いだ。

おわりに

以上、タキトゥス即位の経過を批判的に検討、復元してきたが、それでもなお、それは明らかに前例のない不可解なものであった。しかし、この事件を理解するためには、少なくとも、前章で論じた三世紀半ば以後の新しい姿のローマ帝国を前提にする必要があることだけは示すことができたのではないかと思っている。すなわち、タキトゥス即位前夜のローマ帝国には、一方で、機動軍の形をとって事実上の「ローマ」として機能する軍があり、他方で、機動軍形成の結果、皇帝からいわば解放され、従来とは異なった次元で影響力を増しつつある元老院が存在したのである。仮に、元老院は政治的にまったく無力化し、軍は地方ごとにまとまりのない状態に置かれていたならば、このような事件は絶対に起こり得なかったであろう。この意味で、タキトゥスの即位は、当該期にのみ起こり得た歴史的現象であったのである。

即位後のタキトゥスは、ラテン語史料によれば、「ガリエヌス勅令」を撤回するなど親元老院的な政策を遂行したと伝えられるが[30]、信じるに当たらない[31]。おそらく、その即位のあり方の特異さが、後世の史家の想像力を掻き立て、親元老院皇帝タキトゥスの幻像を生み出したに過ぎないのであろう。タキトゥスの行ったこととして、確実なことは、小アジアでゴート族に勝利したことぐらいである[32]。その治世も短く、二七六年の六月頃には、同じく小アジアのティアナで殺害されたようである。

(1) *SHA, Divus Aurelianus*, 40; *Tacitus*, 1-7; Aurelius Victor, 35, 9-36, 1.

（2）　M. Besnier, *L'empire romain de l'avènement des Sévères au concile de Nicée*, Paris, 1937, pp. 266-268; G. Alföldy, *The Social History of Rome*, translated by D. Braund and F. Pollock, London, 1985, p. 175. 南川高志氏は、W. Ensslin を引きつつ、タキトゥスの治世を「アウレリアヌス帝とプロブス帝の統治の間の「合い間のエピソード」でしかない」とする。『ローマ皇帝とその時代――元首政期ローマ帝国政治史の研究』創文社、一九九五年、四三〇頁。
（3）　M. Rostovtzeff, *The Social and Economic History of the Roman Empire*, Oxford, 2nd ed., 1957, pp. 463-464.
（4）　R. Syme, *Emperors and Biography: Studies in the Historia Augusta*, Oxford, 1971, pp. 237-247.
（5）　F. Jacques, L'ordine senatorio attraverso la crisi del III secolo, A. Giardina (ed.), *Società romana e impero tardoantico*, 1, Roma e Bari, 1986, pp. 650-664.
（6）　D. S. Potter, *Prophecy and History in the Crisis of the Roman Empire: A Historical Commentary on the Thirteeth Sibylline Oracle*, Oxford, 1990, p. 56; J. F. Drinkwater, Maximinus to Diocletian and the 'crisis', CAH^2, pp. 53-54, 本村凌二『地中海世界とローマ帝国』講談社、二〇〇七年、二九九頁。
（7）　Syme, *op. cit.*, p. 237.
（8）　Zosimos, 1, 63, 1.
（9）　Zonaras, 12, 28.
（10）　Aurelius Victor, 36, 1.
（11）　*SHA, Divus Aurelianus*, 41, 4; Aurelius Victor, 36, 1.
（12）　『ヒストリア・アウグスタ』は、タキトゥスの正確な名前すら知らなかったようであり、彼をアウレリウス・タキトゥスと呼んでいるが、正しくは、T・クラウディウス・タキトゥスであった。
（13）　M. Christol, *Essai sur l'évolution des carrières sénatoriales dans la* 2e *moitié du* IIIe *s. ap. J.-C.*, Paris, 1986, pp. 111-113.
（14）　南川前掲書、二六六～二六七頁。
（15）　*PLRE* によれば、二六〇年から二九五年の間にタキトゥスなる家名の人物は三名しか知られていない。
（16）　Christol, *op. cit.*, pp. 111-113.
（17）　G. Alföldy, *Die Legionslegaten der römischen Rheinarmeen*, Köln, 1967, S. 114.
（18）　なお、旧稿「軍人皇帝時代の元老院皇帝――タキトゥス帝登極の謎」浅香正監修『ローマと地中海世界の展開』晃洋書房、二〇〇一年、一一六〜一三一頁では、タキトゥスをプレブス系の元老院議員と推定していた。

(19) B. Bleckmann, *Die Reichskrise des III. Jahrhunderts in der spätantiken und byzantinischen Geschichtsschreibung: Untersuchungen zu den nachdionischen Quellen der Chronik des Johannes Zonaras*, München, 1992, S. 307; E. Cizeck, *L'empereur Aurélien et son temps*, Paris, 1994, p. 208.

(20) *SHA, Tacitus*, 4, 7 他。

(21) Zonaras, 12, 17.

(22) 空位期間については、ラテン語史料内で差異があり、Aurelius Victor, 36, 1 と *SHA, Divus Aurelianus*, 40, 4 は六カ月とし、*Epitome de Caesaribus*, 35, 10 は七カ月としている。なお、エウトロピウスは空位期について言及していない。

(23) Syme, *op. cit.*, pp. 237-238; S. Estiot, *Tacito e Floriano*, Verona, pp. 13-14.

(24) *SHA, Tacitus*, 14, 5.

(25) Eutropius, 9, 16. なお、アウレリウス・ウィクトル(36, 2)は、タキトゥスの治世を二〇〇日と記している。

(26) 序章付節注(36)を参照。

(27) Ammianus Marcellinus, 26, 1.

(28) *SHA, Divus Aurelianus*, 40, 2.

(29) *SHA, Gallieni duo*, 15, 2.

(30) 「ガリエヌス勅令」の撤回を伝えるのは、アウレリウス・ウィクトルである(37, 6)。また、*SHA, Tacitus*, 19, 2 は、タキトゥスの治下で、元老院がプロコンスル命令権を取り戻し、また首都長官がすべての官庁、そしてあらゆる身分の者からの控訴を受け付けるようになったと、あまり意味のよく分からないことを伝えている。

(31) Syme, *op. cit.*, pp. 239-241.

(32) タキトゥスには、Gothicus Maximus(ゴート族に対する大勝利者)の称号が与えられている。M. Peachin, *Roman Imperial Titulature and Chronology, A.D. 235-284*, Amsterdam, 1990, p. 92-93.

第七章　軍人皇帝時代以後の「イリュリア人」

はじめに

本書は、騎士身分興隆の実態を問うことから議論を始め、ここに至るまでに当時興隆した騎士身分が軍人層にほかならなかったこと、彼らが台頭したその主要因には機動軍の出現による帝国の統治構造の変化があったことを明らかにしてきた。言い換えるならば、ローマ帝国は、三世紀半ばに急速にその姿を変え、以後、機動軍の軍営に本拠を置く皇帝と、もっぱらそこから選抜される軍人層の支配を受けることになったのである。しかし、不思議なことに、コンスタンティヌス帝の治世(三〇六～三三七年)には、元老院議員たちが、三世紀の半ばに軍人層の台頭によって失った帝国統治の要職に再び復帰することになる。この再度の統治階層の交替はなぜ生じたのであろうか。この疑問は、研究史の上では、騎士身分から元老院身分への統治階層交替の問題として扱われてきた。しかし、序章で言及したように、そもそも先行研究の間では、騎士身分の多様性が十分に踏まえられていなかった上、ディオクレティアヌス帝の時代に元老院身分から騎士身分への統治階層の交替が完了し、「専制君主政」が確立すると、以後の騎士身分に対する関心は急速に失われてしまうため、やがて生じる騎士身分の消滅と元老院議員再登用との関係性が十分に、そして正しく問いかけられることはなかった。しかし、本書では、騎士身分の実体を軍人層として新たに把握したのであるから、上述の疑問は軍人層、特に機動軍に属したそれから元老院議員への統治階層交替の問題として、あらためて問われなければならないことになろう。

そこで、本章では「イリュリア人皇帝の時代」後の軍人層の動向を探ることを通して、この疑問に答えていきたいと思うのである。なお、この作業に際しては、これまで軍人層としてしか捉えてこなかった集団の実体を、これまでも多少の言及はしてきたが、さらに具体的にイリュリア人――さしあたってはドナウ川流域の諸属州出身の軍人たちを意味する――と定義し直して、議論を行う。その理由は最後に明らかになるが、しかし、本章は「イリュリア人」に単なるドナウ川流域の諸属州出身の軍人という地理的な枠組み以上の内実を想定して、この呼称を用いていることをあらかじめ断っておきたい。この意味で、本章のイリュリア人は、本書や先行研究がこれまで便宜的に用いてきた「イリュリア人皇帝」の「イリュリア人」とは異なるものになる。また、本章ではドナウ川流域の諸属州を、その理由も最後の第四節で述べるが、イリュリアないし、イリュリア地方と呼んでいる。まずは、このイリュリア人という、時の政治に最も深く関わった集団を追うことから話を始めていく。

第一節　イリュリア人の優勢

最初に、三世紀後半において帝国を支配した勢力が軍人層の中でもイリュリア人であったことをあらためて確認しておこう。このことは、何よりも二六八年以降、皇帝位そのものがイリュリア人によって占められたことに象徴的に示されている。クラウディウスからディオクレティアヌスの直前に至る九名の「正統な」ローマ皇帝のうち、①イリュリア人でなかったのは、カルスとその二人の息子の計三名だけである。クラウディウスとアウレリアヌスがイリュリア人であったことは、第一章第五節で述べたので、ここでは繰り返さない。クィンティルスは、クラウディウスの弟であったから説明する必要はない。タキトゥス帝がイリュリア人であった可能性が高いことも前章で論じたとおりである。フロリアヌスは、タキトゥスの「弟」であったからこれもそれ以上の説明を要しない。②プロブス帝は、パンノニアのシルミウムをその郷里とし、③『ヒストリア・アウグスタ』にその軍人としての活躍を見ることができる。④カルス帝ですら、イリュリア人の皇帝であった可能性を完全に否定し去ることができないほどである。ゾナラスがカルスについて「ガリアの人であったけれども、軍事に精通していた」と記しているため、⑤彼を属州ガリア・ナルボネンシス出身の軍人と見なすのが通説であるが、⑥しかし、『ヒストリア・アウグスタ』はカルスがイリュリア人の両親からローマで生まれたとする説やイリュリアでカルタゴ人の親から生まれたという説、あるいはミラノの人であったとの説を紹介している。⑦D・マギーは、ロウブ版の『ヒストリア・アウグスタ』の注の中で、カルスがガリア・ナルボネンシスのナルボではなく、属州ダルマティアのナロナ出身であったと推定している。⑧二六八年から二八四年までの軍人皇帝時代後半が、「イリュリア人皇帝の時代」と呼ばれる所以である。

当該期においては、皇帝位だけでなく、属州総督職や軍団司令官職などの帝国統治の要職もまた、その多くをイリュリア人が担うところとなっていた。文献史料や碑文史料から、個々に確認できる例はいくつかあるが、⑨ここでは、この時期の統治階層の実体を全体的に把握することに成功したH・G・プロームの研究を紹介しておこう。⑩プロームは、ガリエヌス帝期からディオクレティアヌス帝期にかけての騎士身分総督をリスト・アップし、その総数二〇名のうち、三名を除いて、残りすべての者がイリュリア人皇帝と同じ氏族名を帯びていることを指摘した。中でも、アウレリウスの氏族名を持つ者が九名にのぼり、アエリウス三名、フラウィウス三名、ドミティウス一名、ユリウス一名と続いていた。プロームは、この事実から当該期の騎士身分総督がイリュリア人皇帝たちと同じ社会層の出自であり、同郷、同輩ではなかったかとの推論をなしたのである。そして、ここに辺境属州での軍務を通じてのし上がってきた、「新しい貴族層」の出現を見出したのであった。

このようにプロームは、命名法研究の成果を用いて、当該期の統治階層がイリュリア人たちであった蓋然性が高いことを明らかにしたのであるが、このプロームの推論は、別の観点からも傍証可能であるように思われる。すなわち、三世紀後半の皇帝たちのほぼすべてがイリュリア人であったこと、さらに、アウレリアヌス帝期までのローマ帝国がガリア、パルミラの「分離帝国」出現により、事実上、三分されており、結果的に「正統帝」となる皇帝たちの実質支配地域がイタリア、アフリカ、イリュリア地方に限られていたこと、そして言うまでもなく、帝国再興に大功あったのは、イリュリア地方の軍隊であったこと、これらのことからイリュリア地方の出身者が政治的、社会的に有利な立場にあったことは想像に難くないのである。

以上のように、三世紀後半にイリュリア人が優勢であったことは十分に推定できるのであるが、続くディオクレティアヌス帝期において、イリュリア人はどうなっていったのであろうか。残念ながら、ディオクレティアヌス帝治世以後のイリュリア人の動向を追った先行研究はないので、さしあたりプロームと同じ方法を用いて当該期の騎士身分総督について考察してみよう。ディオクレティアヌス帝期に確認できる騎士身分総督の総数は、表2に見られるように、七五名を数える。(11) そのうち氏族名まで明らかになるのは五八名で、イリュリア人皇帝と同じ氏族名を持つ者が三三名にのぼり、騎士身分総督総数の半数以上を占めていることになる。その内訳は、クラウディウス帝やプロブス帝と同じく、アウレリウス、ないしマルクス・アウレリウスの名を持つ者が二一名、ディオクレティアヌス帝と同じウァレリウス、ないしガイウス・ウァレリウスと名乗るものが一〇名、そしてアウレリアヌス帝と同じドミティウスの氏族名を帯びている者が二名となっている。ここから、ディオクレティアヌス帝期においても騎士身分総督の大半が、前代と同じく、イリュリア人であった蓋然性は高いと言うことはできる。なお、ディオクレティアヌス帝の治世には、制度的にも、属州における軍事と行政の分離が起こりはじめるため、当時の軍司令官についても、目を向けておく必要がある。確実に当該期に属する者はドゥクスが四名、軍団長官が六名に過ぎないが[12]、前者のうちイリュリア人皇帝と同じ氏族名を持つ者は三名、後者の場合四名という結果を得ることができるのであり、その数字は属州総督の事例と同様の傾向を示していると言えるだろう。しかしながら、属州総督就任者も、軍司令官もともに、その他のプロソポグラフィー的なデータが事実上欠如しているので、彼らがイリュリア人であったと断定することはできない。

そこで視点を変えて、イリュリア人を取り巻く状況がディオクレティアヌス帝期に入ってから変化したのかどうかという点からこの問題を考え直してみる。まず、三世紀後半と同じく、ディオクレティアヌス帝と、彼がテトラルキア(四分統治)体制を敷くに当たって登用した三人の同僚帝は、イリュリア人であった。ディオクレティアヌス帝は、属州ダルマティアのサロナの出身で[13]、父親は書記(scriba)であったとも、アヌリヌスという元老院議員の解放奴隷(libertinus)であったともされている[14]。ゾナラスは、ディオクレティアヌスが一兵卒から属州モエシアのドゥクス、あるいはドメスティキの長官になったと伝えている[15]。ディオクレティアヌスは二八四年にニコメディアで皇帝に即位し、翌年、マクシミアヌスを同僚帝として選出するが、このマクシミアヌスはパンノニアの出身で、その両親はシルミウム近郊で商いをしていたと記録されている[16]。即位に至るまでの具体的な経歴はまったく不明であるが、軍人として長く帝国各地を転戦していたであろうことは、『ラテン頌詞』から推察できる[17]。両人は、二九三年には、さらにおのおのの副帝を選出する。東方正帝ディオクレティアヌスはガレリウスを、西方正帝マクシミアヌスはコンスタンティウスをそれぞれ副帝とした。東方副帝ガレリウスは、属州ダキア・リペンシスのロムリアヌムの出身で、両親は農民、自身は羊飼いであったと伝えられる[18]。具体的な経歴はまったく分からないが、軍歴を歩んだであろうことは疑いない。西方副帝コンスタンティウスも同じく属州ダキア・リペンシスの出身。その経歴については、『コンスタンティヌス

属　州	総　督	就任年代	備　考
ヘレスポントゥス	Julius Cassius	293/305	
エウロパ	**Domitius Domninus**	293/305	
マケドニア	Dulcitius	304	
アカイア	L. Sul. Paulus	293/305	
クレタ	**M. Aurelius Buzes**	293/305	
ブリタンニア(・セクンダ？)	**Aurelius Arpagius**	296/305	
セクアニア	**Aurelius Proculus**	294	
ラエティア	Septimius Valentio	290	
	Aurelius Mucianus	c. 275/c. 325	
	Valerius Venustus	c. 275/c. 325	
アルペス・コッティアエ	**Aurelius Saturninus**	286/305	
シキリア	**C. Valerius Apollinaris**	293/304	
サルディニア	**Valerius Fl[...]nus**	286/305	
	Aurelius Marcus	293/305	
	Valerius Domitianus	305	
	Maximinus	305/6	
コルシカ	-s Magnus	? c. 300	
ヒスパニア・キテリオル	Julius Valens	286/293	
	Postumius Lupercus	288 or 289	
ルシタニア	**Aurelius Ursinus**	293/305	
	Caecilianus	c. 300/c. 320	
トリポリタニア	**C. Valerius Vibianus**	shortly after 300	
	Aurelius Quintianus	shortly after 300	303年の属州ヌミディア・キルテンシス総督
ビザケナ	-cius Flavianus	293/305	
	Vibius Flavianus	293/c. 324	
ヌミディア	Flavius Flavianus	? 286	
	Aurelius Maximianus	? 289/293	
	Aurelius Pi[...]nus	293/305	
	Valerius Concordius	295	
	Valerius Florus	303	303/305年の属州ヌミディア・ミリタニア総督
ヌミディア・キルテンシス	**C. Valerius Antoninus**	305～306	
マウレタニア・シティフェンシス	Titius Atilius	after 293	
マウレタニア・カエサリエンシス	Flavius Pecuarius	288	
	T. Aurelius Litua	290～293	
	Ulpius Apollonius	293/305	
	-ianus	? 297	
	M. Valerius Victor	305/306	

T. D. Barnes, *The New Empire of Diocletian and Constantine*, Cambridge, Massachusetts and London, 1982, pp. 147～174をもとに作成.

表2　ディオクレティアヌス帝期(284～305年)の騎士身分属州総督

属　州	総　督	就任年代	備　考
テバイス	Herodianus	295	
	Julius Athenodorus	298～300	
	Aurelius Reginus	301	
	Satrius Arrianus	305/306～307	
エジプト	**M. Aurelius Diogenes**	285 or 286, early	286/293年の属州ヌミディア総督
	Peregrinus	before 287	
	C. Valerius Pompeianus	287～290	
	Titius Honoratus	291～292	
	Rupilius Felix	292/3	
	Aristius Optatus	297	
	Aurelius Achilleus	297	corrector
	Aelius Publius	298～299	
	Claudius Cleopatrus	300	
	Clodius Culcianus	301～307	
アラビア	**Domitius Antoninus**	284/305	
	M. Aurelius Aelianus	293/305	
	Aurelius Asclepiades	293/305	
	Aurelius Felicianus	293/305	
	Aurelius Gorgonius	293/305	
パラエスティナ	Flavianus	303	
	Urbanus	304～307/8	
フォエニケ	Crispinus	292	
アウグスタ・リバネンシス	Sossianus Hierocles	293/c. 300	303年の属州ビテュニア総督
シリア	Charisius	290	
	Verinus	294	
キプルス	Antistius Sabinus	293/305	
イサウリア	Flavius Severianus	305/311	
キリキア	Aemilius Marcianus	303/305	
	? Lysias	303/313	
ポントス	**Aurelius Priscianus**	293/305	
ビテュニア	Priscillianus	303 or shortly after	
リュキア・パンフィリア	Terentius Marcianus	c. 275/c. 325	
フュリュギア	Ju-	286/305	
フュリュギア・カリア	Fulvius Asticus	shortly after 301	
カリア	**Aurelius Marcellus**	293/305	
インスラエ	Diogenes	294	
	Aurelius Agathus Gennadius	293/305	
	Attius ? Epinicius	293/324	

帝伝』の証言から知ることができる。[19] それによれば、コンスタンティウスは、プロテクトルからトリブヌス、属州ダルマティア総督を経て、西方副帝になったとされている。後年、史家アウレリウス・ウィクトルは、テトラルキア体制期の皇帝たちを「これらすべての者たちの祖国はイリュリクム(イリュリア地方)であった。教養は欠いていたけれども、農事と軍務の苦難に慣れており、国家にとって最良の人たちであった[20]」と非常に印象的に評している。

また、当時の帝国は、軍人皇帝時代後半と同じく、二九八年までは分離国家を内に抱え、内憂外患に悩まされていた。ブリタンニアおよび北部ガリアは、二八六年から二九七年まで、カラウシウスとアレクトゥスの簒奪下にあり、エジプトにおいても二九七年には、ドミティウス・ドミティアヌスによる反乱が勃発し、その反乱はアウレリウス・アキレウスにより二九八年まで継続したのである。したがって、依然としてイリュリア地方の軍隊がローマ帝国軍の主力を構成していたと考えられる。現に、これらの危機収拾に功績あったのは、イリュリアの軍隊であった。二九七年、西方副帝コンスタンティウスによって率いられたイリュリアの軍隊は、長らく離反していたブリタンニアを再征服し、[21] 二九八年には東方副帝ガレリウスが同じくイリュリアの軍隊でもってペルシア皇帝ナルセスに対して大勝している。[22] そして、まさにこの年、西方正帝マクシミアヌスに捧げられた頌詞は、パンノニアは武勇(virtus)によって諸民族の女王の地位にあると述べ、その帝国支配を称揚しているのである。[23] したがって、少なくとも、この二九八年までは、三世紀半ば以来のイリュリア人の優勢が覆されていたとは考えられないであろう。

第二節　テトラルキア体制の崩壊とイリュリア人の後退

前節で確認したところでは、イリュリア人の優勢は三世紀半ば以後継続し、そして、それはほぼディオクレティアヌス帝治世を通じて大きな変化はなかったと考えられたのであるが、しかし、イリュリア人の優勢を覆すことになる種は、実は、このディオクレティアヌスの時代に蒔かれていたように思われる。それは、ディオクレティアヌス帝の敷いたテトラルキア体制そのものであった。

テトラルキア体制とは、すでに言及したように、四人の皇帝による帝国統治を意味し、二九三年以降、東方正帝であったディオクレティアヌスが、東西の正帝に加えて、東西の副帝を任命したことに端を発している（図1）。各皇帝がそれぞれの分担領域の防衛や行政を担う、この体制がイリュリア人に及ぼした影響はさまざまなレヴェルで認められるのであるが、何よりも決定的であったのは、皇帝が四人出現したことにともなって主力となる皇帝の機動軍も四つに増加したということであろう。これは、機動軍がローカル化したことを意味する。すなわち、一つ一つの機動軍の影響力の及ぶ範囲が、原則的におのおのの皇帝の分担領域内に限定されただけでなく、戦闘などで生じた機動軍の欠員が、それぞれの分担領域内で徴募された結果、機動軍の成員に占めるイリュリア人の割合は、おそらく、ドナウ川流域を分担した皇帝の機動軍を除いて、減少していったと想定されるからである。

しかし、それでもなお、ディオクレティアヌス帝期のテトラルキア体制下では、四人の皇帝は、あくまでも帝国の統治業務を役割分担していたに過ぎず、決して帝国を分割統治したわけではなかったから[24]、個々の機動軍の影響力が一地域に限定されることはなかった。例えば、ディオクレティアヌスは東方正帝として、シルミウム、あるいはニコメディアに「首都」を置き、基本的には、バルカン半島と小アジアを分担したが、二九八年にエジプトで反乱が起こると現地に急行し、これを鎮圧している。エジプトは、当時、東方副帝ガレリウスの分担領域であった。そのガレリウスは、アンティオキアを「首都」にシリアやエジプトなどオリエントの諸属州を受け持ったが、すでに言及した二九八年のペルシアの皇帝ナルセスに対する戦争に際しては、ディオクレティアヌスの分担領域であった「イリュリクムとモエシア」から兵を徴発して[25]、これに向かっているのである。すなわち、皇帝と機動軍の分担領域を超えての移

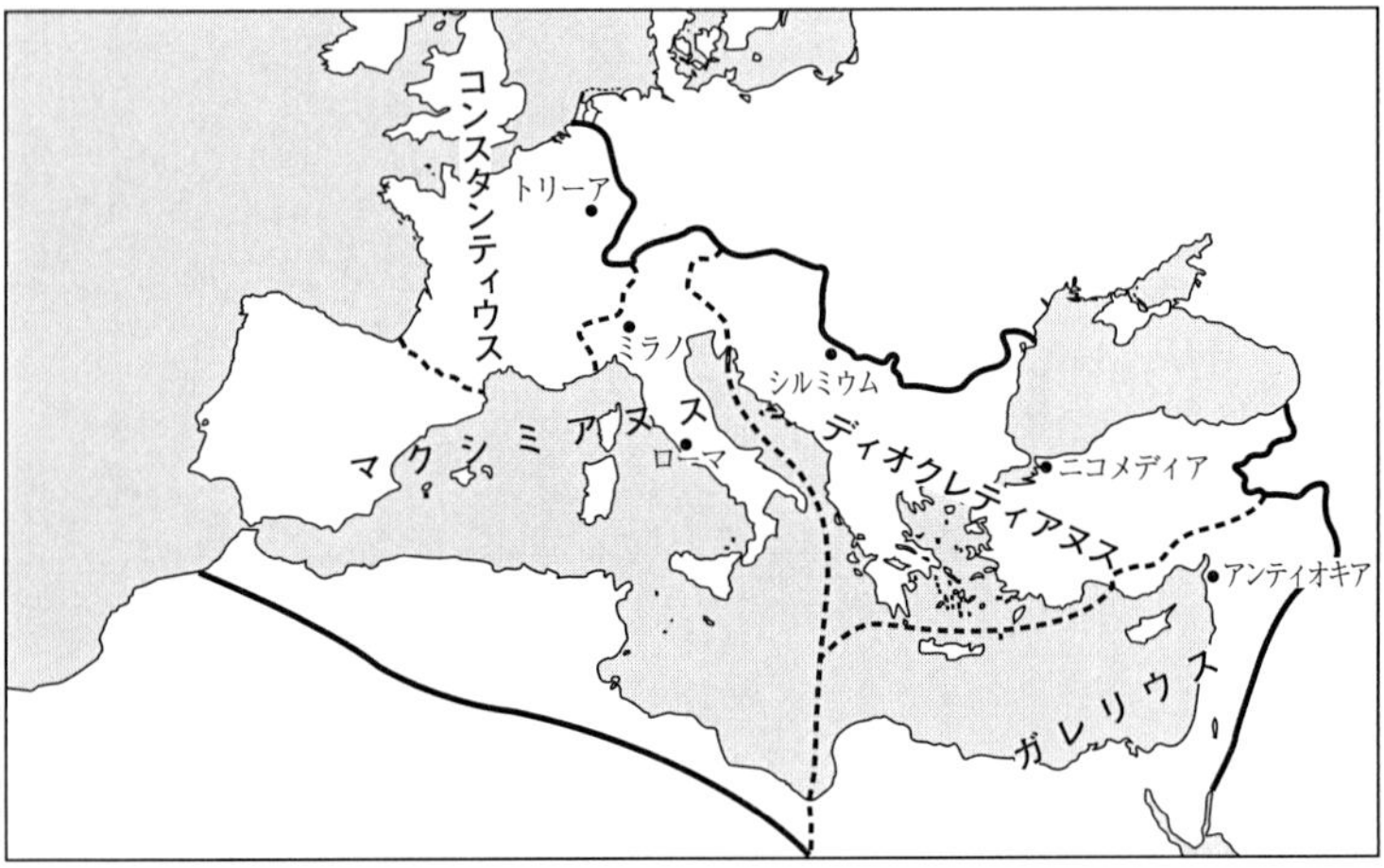

図1　第一次テトラルキア体制下のローマ帝国(293〜305年)

動は、比較的自由であり、兵力の徴募すらも、自身の領域を超えて行うことが可能であった。前節で確認したように、属州総督職にも、その多くにイリュリア人が登用されていたと考えられることからも、イリュリア人の全帝国規模での影響力は、依然、保たれていたのであろう。とはいえ、二九八年以降の帝国の安定化以後は、次第に各皇帝の滞在地が首都化され、帝国の分割化傾向が生じていったことは否めないのもまた事実であり、イリュリア人の優勢は、時間の問題で、失われていった可能性が高い㉖。

このような意味において、テトラルキア体制は、本来的に、イリュリア人の優勢を脅かす要素を多分に含んでいたのであるが、やがてディオクレティアヌス帝退位後に起こった内乱の中で、テトラルキア体制が崩壊しはじめると、この体制はイリュリア人にとってまったくの裏目に出ることになった。

テトラルキア体制は、三〇五年に東西それぞれの正帝ディオクレティアヌスとマクシミアヌスが退位すると同時に、副帝が正帝に自動的に昇格し、新たな副帝が選出されたことに見られるように、少なくともディオクレティアヌスの目論見では、帝位継承の機能を兼ね備えつつ、永続的に機能すべきものであった。三〇五年に第二次テトラルキア体制が始動した段階では、東方正帝ガレリウス、東方

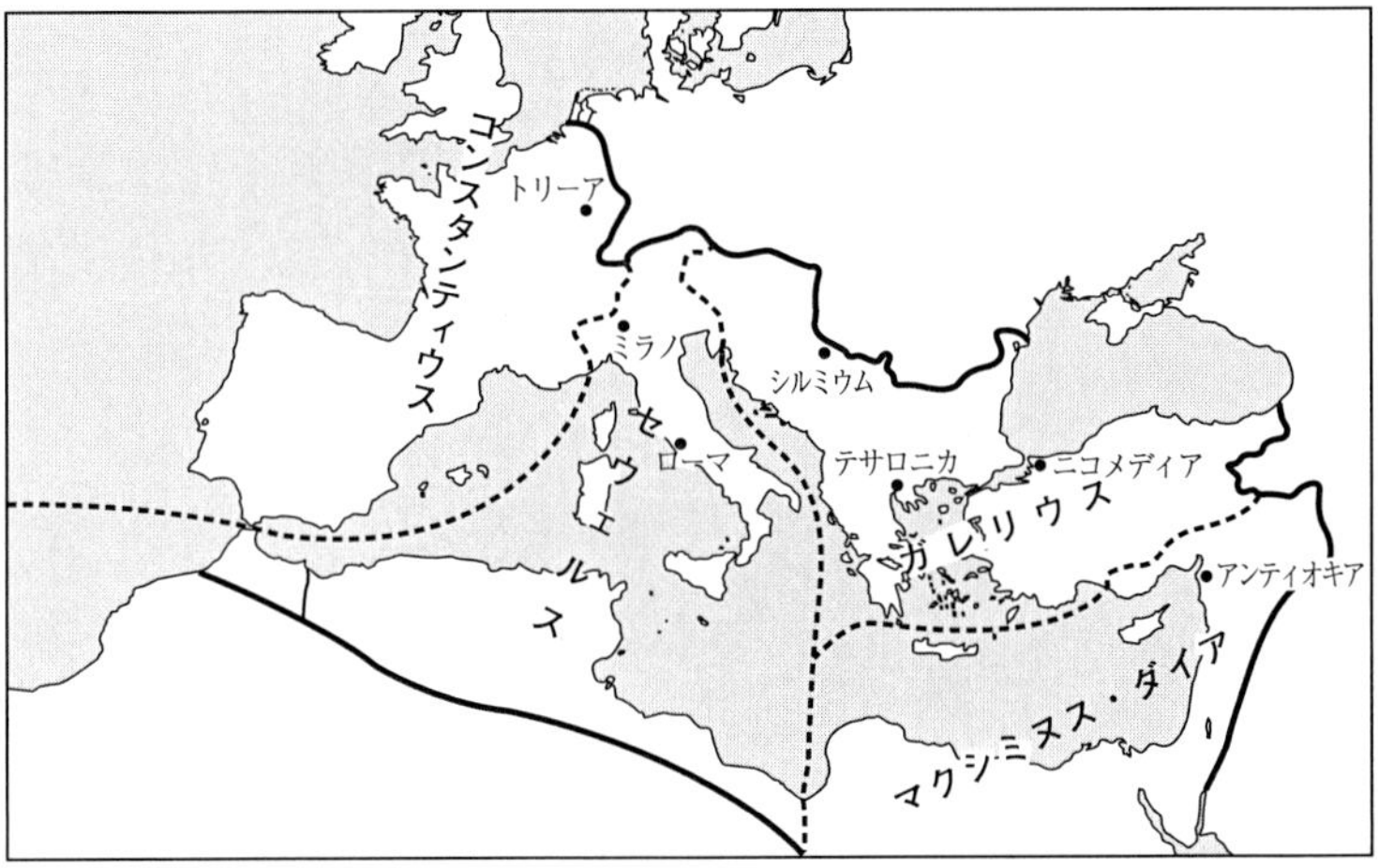

図2　第二次テトラルキア体制下のローマ帝国（305〜306年）

副帝マクシミヌス・ダイア、西方副帝セウェルスという陣容であった（図2）。なお、新副帝もまたイリュリア人であった[27]。ところが、翌三〇六年、西方正帝コンスタンティウスが急逝する。本来ならば、西方副帝セウェルスが自動的に正帝に昇格し、新たな副帝が選出されるべきであったが、亡きコンスタンティウス帝麾下の軍隊は、その実子コンスタンティヌスを皇帝（正帝）と歓呼したのである。同年七月のことであった。ここにテトラルキア体制の崩壊が始まる。

コンスタンティヌスの即位は、世襲を否定したテトラルキア体制の原理にまったく反するものであったが、内戦を恐れた東方正帝ガレリウスは、彼を西方副帝ということでしぶしぶ承認し（ただし、正帝には承認せず）、西方正帝にはセウェルスが昇格した。だが、同年一〇月には、西方正帝であったマクシミアヌスの息子、マクセンティウスがローマ市において近衛隊の支持のもと即位する。ガレリウスは、さすがにマクセンティウスの即位は認めず、セウェルスにマクセンティウス追討を命じるが、セウェルスは敗退し、マクセンティウスによって処刑されてしまう。マクセンティウスには、退位していた父親のマクシミアヌスが再び正帝として加勢したため、事態はいっそう複雑な様相を呈する。マクシミアヌスは、ガレリウスと

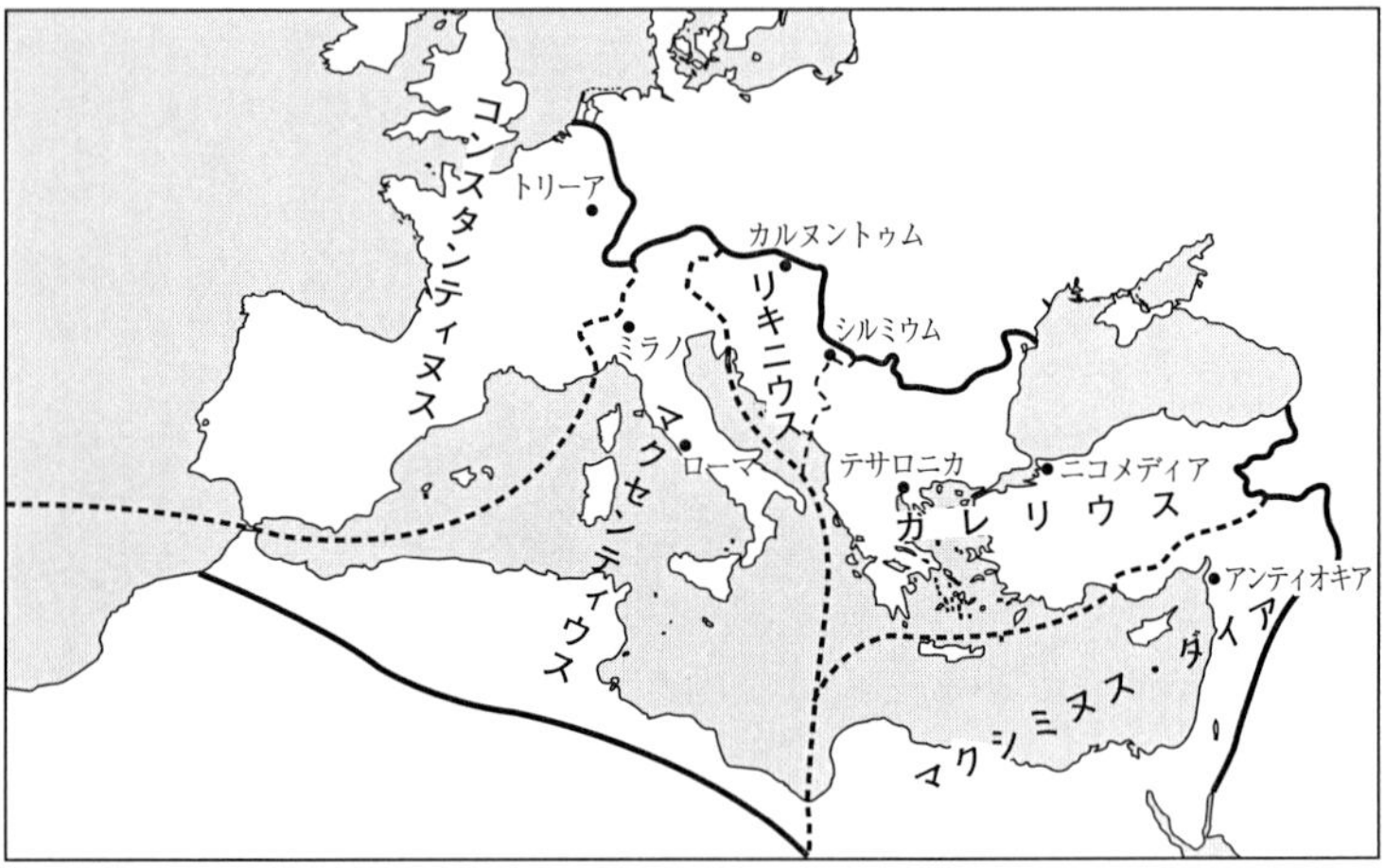

図3　カルヌントゥム会談後のローマ帝国(308～311年)

対抗するため、ガリアに赴き、コンスタンティヌスと同盟を結び、コンスタンティヌスを正帝に昇格させた。このような事態を収拾するため、三〇八年、ガレリウスは、退位していたディオクレティアヌスを交えて、カルヌントゥムで会談を行い、新たにリキニウスを西方正帝として選出、コンスタンティヌスはあくまでも副帝として体制内に位置づけ、さらにマクシミアヌスを再び退位させるなどしたが、コンスタンティヌスは自己の領域内では正帝を名乗り続けており、三一〇年には、ついにマクシミヌス・ダイアまでが正帝を名乗り、複数の正帝が乱立することになった。ここに至って、二人の正帝と二人の副帝によるテトラルキア体制は、もはや完全に修復不可能な域に達したのである(図3)。

　こうしてテトラルキア体制が崩壊することで、帝国は各皇帝の領域に分割され、各皇帝はかつての分担領域を自己の領土として確保し、覇権を争うようになった。そして、これでもって、各皇帝の下にあった機動軍は完全にローカル化し、イリュリア人の機動軍はバルカン半島を支配したガレリウス(三一一年病没)、その後継者となったリキニウスの領内に、その影響力を限定されてしまうことになったのである。しかし、リキニウスは、決して逼塞していたわけではない。三一三年には、マクシミヌス・ダイアを倒し、帝国東部をその支配下に収めることに成功する。そして、当時、マクセンティウスを破って帝国の西半分を掌握していたコンスタンティヌスと天下を二分する形で対峙したのである。ここでリキニウスがコンスタンティヌスに勝利していれば、イリュリア人の優勢は再び旧に復したかもしれなかったが、結果は逆であった。リキニウスは、コンスタンティヌスの攻勢の下、三一六年と三二四年の二度の戦いに敗北した。キバラエの会戦と呼ばれる一度目の戦いで敗れたときには、リキニウスは、何とか講和に持ち込んだものの、トラキア、モエシア、小スキュティアを除くヨーロッパの諸属州をコンスタンティヌスに割譲させられ[28]、その結果、パンノニアなどにいた多くのイリュリア人は敗北者の立場に置かれてしまった。そして、その八年後、ビザンティウム近郊で行われた二度目の会戦で、終にリキニウスとイリュリアの機動軍は完全に敗退したのである。

　このリキニウスのコンスタンティヌスに対する敗北は、イリュリア人にとっては、単なる軍事的なそれに留まらなかった。各自の機動軍は完全にローカル化しており、かつ機動軍が重要な人材輩出源になっていた現状を考え合わせるならば、両者の争いは異民族間での帝国の支配権争いにほかならなくなっていたからである。当時のコンスタンティヌスの機動軍についてはゾシモスがその構成を伝えているが、それによればコンスタンティヌスのそれは主に、ゲルマン人とケルト人(ガリアの兵)、そしてブリタンニアからの兵でなっていた[29]。アンミアヌス・マルケリヌスは、リキニウスとの戦いでボニトゥスなるフランク人が活躍したことを伝えている[30]。両者の戦いは、イリュリア人とゲルマン人の争いになっていた、と言っても過言ではなかった。実際、この戦いに勝利したコンスタンティヌスは、大功あったゲルマン人を個々に優遇しただけでなく[31]、このコンスタンティヌス帝麾下の軍隊は、後にコミタテンセスと呼ばれることになる後期ローマ帝国の機動軍へと発展し、辺境に駐屯した軍団よりもあらゆる面で優位に置かれ[32]、イリュリア人に代わるゲルマン人の進出は顕著なものとなった。また、コンスタンティヌスが、マクセンティウスを支持した近衛隊を解散し、新たにゲルマン人からなる禁軍(scholae palatinae)を創設したことも、ゲルマン人進出に有利な状況を生み出すようになった[33]。コンスタンティウス二世期からテオドシウス帝期の間(三三七〜三九五年)にその存在が確認される四四人の軍事長官(magister militum)のうち、ほぼ半数が確実にゲルマン人であったとされており[34]、この事実一つをとっても、ゲルマン人の台頭著しいものがあったことは知られよう。

こうして、いわば最後のイリュリア人皇帝とも言うべきリキニウス[35]が、コンスタンティヌスに敗北するに及んで、三世紀半ば以来続いたイリュリア人の優勢は、完全に終止符が打たれることになったのである。イリュリア人の支配は機動軍に基づいていたがために、彼らが拠ったその機動軍の軍事的敗北は、直ちに、イリュリア人自身の政治的敗退にも直結したのであった。

第三節　コンスタンティヌス帝治下における元老院議員の再登用とイリュリア人

こうしてイリュリア人は、コンスタンティヌスの天下統一の過程で漸次、敗退していったのであるが、この事態は同帝による元老院議員再登用策といったいどのような関係にあったのであろうか。本節では、続いてこの問題を考えてみたい。

コンスタンティヌスによる元老院議員再登用は、元老院の定員拡充と同時並行的に行われた。

コンスタンティヌスは、三一二年にマクセンティウス帝を破り、イタリアの支配者になると、元老院議員の数を三二六年までの間に次第に拡大し、これまで六〇〇名であったものを二〇〇〇名にまで増加させた。このとき、元老院には、主に騎士身分高官と都市参事会員層が編入された[36]。

騎士身分高官としてその名が確認されるのは、カエリウス・サトゥルニヌス、ユリウス・タティアヌス、パピウス・パカティアヌス、ユリウス・ユリアヌスの僅か四名に過ぎないのであるが、ユリウス・ユリアヌスを除く残り三名はみな文官、特に財務官僚の出身であった。[37] ユリウス・ユリアヌスだけは、リキニウス帝の近衛長官であったので、イリュリア人であった可能性が高い。[38] 一方、都市参事会員層については、史料的根拠が三二一年の『ラテン頌詞』であるので、プロソポグラフィー的な情報をまったく手に入れることができないのであるが、[39]『ラテン頌詞』はローマの元老院が属州の最良の者たちから構成されているといった主旨のことを述べており、元老院に編入された都市参事会員層がその中でも富裕な、家柄の良い者たちであったことをうかがわせている。騎士身分高官も都市参事会員層も、元老院議員と社会的には大差なく、また歴史的に見てその予備軍であったから、コンスタンティヌスの行為は、とりわけ後者に関しては伝統的な勢力をより大規模に中央政権に取り込んだことになる。したがって、これまでの議論からすれば自明の事柄ではあるが、コンスタンティヌス帝治下で元老院に編入された者たちは、イリュリア人を主体とした集団ではなかったのである。なお、この元老院拡充過程で、騎士身分はその固有の官職や称号を喪失し、[40] 身分としての特質を失っていった。[41]

コンスタンティヌスは、このようにして元老院を拡充すると同時に、これら元老院議員たちを帝国統治の要職に再登用しはじめた。[42] 西方においては、ビザケナ、ヌミディア、ガラエキア、ルシタニアなどの諸属州で、東方においては、エウロパ・トラキア、ポントス・ビテュニア、フュリュギア・カリアの諸属州で、元老院議員が属州総督として任用されていたことが確認できる。ヒスパニア、アシア、オリエントなどの管区長官(vicarius)にも元老院議員は登用された。さらに、コンスタンティヌス帝は、近衛長官職、食糧供給長官職、夜警長官職、属州エジプト長官職といった騎士身分固有の官職すら元老院議員に委ねたのである。この行為も、前節の結論を受けるならば、敵対したイリュリア人を排斥した当然の結果と考えることができるかもしれないが、しかし、いま少し立ち止まって考えてみれば、問題は、コンスタンティヌスが例えば自身の機動軍の成員ではなく、なぜわざわざ元老院議員を登用したのか、ということにあるのに気づく。

実際、コンスタンティヌスのこれらの行為については、先行する諸帝の騎士身分登用政策との著しい対比をなすため、諸家の注目を集めてきた。この問題を重視し、真正面から取り組んだM・T・W・アルンハイムは、キリスト教に改宗したコンスタンティヌス帝が、異教の牙城であった元老院を慰撫するために、元老院議員を再び登用したのだと論じている[43]。しかしながら、アルンハイムの説は、西方にのみに当てはまる説明であり、以下で見るように、東方でも伝統的勢力の再登用という点では類似した現象が起こっているのであるから説明としては不十分であろう。したがって、この問題は、コンスタンティノープルの元老院創設と併せて考えられなければならないのである。

周知のように、コンスタンティヌスは、新都コンスタンティノープルにも元老院を設置している。『コンスタンティヌス帝伝』によれば、コンスタンティヌス帝はリキニウス帝に対する戦勝を記念してビザンティウム市をコンスタンティノポリスと改称、そこに第二級の元老院(senatus secundi ordinis)を設置したとされているのである[44]。新元老院の供給源も、ローマ市の元老院の場合と同様、主として富裕な都市参事会員層であった[45]。このコンスタンティヌスの行為についても、その理由がこれまでさまざまに議論されてきた。古くは、A・アルフェルディや新田一郎氏に見られるように[46]、キリスト教の新都コンスタンティノープルを異教の旧都ローマに対抗させるためには、元老院の存在が不可欠であったと見て、コンスタンティヌス帝のキリスト教政策との関連でこの新元老院設置は理解されてきた。だが、近年のコンスタンティノープルの都市史研究は、キリスト教都市としてのコンスタンティノープルに懐疑的であり[47]、アルフェルディらの説は説得力を欠いてきている。現在、この問題に対して最も説得力のある見解を提示しているのは、P・ヘザーであろう[48]。ヘザーは、西方から身を起こしたコンスタンティヌス帝が東方正帝であったリキニウスを打ち破った後、まったくなじみのない帝国東部を急遽治めねばならなくなったことにその理由を求めている。つまり、コンスタンティノープルの元老院創設の理由は、支持基盤を必要としたコンスタンティヌス帝の政治的意図にあるとするのである。コンスタンティヌス帝が円滑に帝国東部を統治するためには、伝統的勢力である都市参事会員層の支持が不可欠であり、そのためには彼らを取り込み、恩恵を与える場が必要であったのである。(49)

このヘザーの考えは、そのまま西方における元老院拡充・登用政策にも、応用できるのではないだろうか。コンスタンティヌス帝は、ガリア、ブリタンニアといった帝国西北部の諸属州の支配者として長くあった後、マクセンティウス帝を打ち破り、武力でもって、イタリア、アフリカの地を手に入れており、東方と同様の政治的理由をここに見出すことができるからである。これらの新獲得地域は、前章でも指摘したように、元老院議員の勢力が深く根づいていた所であり、円滑な統治には彼らの協力が不可欠であった。

しかしながら、コンスタンティヌス帝に先行したアウレリアヌス帝やディオクレティアヌス帝も、一地方の軍隊の支持を背景に帝国の統一を成し遂げたのであるが、その際に統治階層の変動が生じた形跡は認められないし、まして や第二の元老院を設置しようとすることなど試みられることすらなかった。つまり、ローマ市の元老院の拡充、元老院議員の再登用、さらにはコンスタンティノープル市の元老院設置、これらすべてを伝統的支配者層の帝国統治への再吸収と理解することには異論の余地がないように思われるのであるが、キリスト教絡みの説明にせよ、政治的な説明にせよ、コンスタンティヌス帝が彼らに帝国統治の一端を再び、それも大規模に担わせなければならなかった理由を説明するには、不十分なのである。

実は、私自身は、この理由に「イリュリア人」が深く関わっていると推測しているのである。そこで、次節では、この点を説明すべく、あらためてイリュリア人について考えてみたい。

第四節　イリュリア人——その形成過程と性格、歴史的役割

三世紀後半のローマ帝国を支配したイリュリア人が、いわゆるイリュリア語を話した古代民族とは異なるものであったことは断るまでもない[50]。実際、これまで本章では、イリュリア人という言葉を大まかにドナウ川流域の諸属州出身の軍人を指す言葉として使ってきた。しかし、ドナウ川流域の諸属州出身の軍人と一口に言っても、これらの地域の人々がローマ軍に奉仕するようになってから当該期に至るまでには、二〇〇年以上の歴史を経ているのであり、その性格や歴史的役割は一世紀と三世紀では、相当に異なっていたはずである。そして、本章で言うところのイリュリア人とは、まさにこの間の歴史的形成物としてのイリュリア人なのである。なお、かつてF・アルトハイムは、軍人皇帝時代の歴史をシリア人と「ノルト・インドゲルマン系の」イリュリア人との人種抗争として叙述したが[51]、本書のイリュリア人は、そのような人種的な意味でのイリュリア人とは異なる。

イリュリア人の形成過程とその性格

イリュリア人の住んだドナウ川流域の諸属州は、ローマ帝国に最も遅く組み込まれた地方である。属州名で言えば、ラエティア、ノリクム、パンノニア、ダルマティア、モエシア、トラキア、ダキアということになるであろう[52](図4)。これらの諸属州は、アウグストゥス帝治下においてようやく本格的な征服が着手され、二世紀初頭のトラヤヌス帝による属州ダキア設置をもって最終的な形を見るになったに過ぎず、「ローマ化」の後発地帯であった。

ローマによる征服時、ドナウ川流域の地には、西方からケルト系、イリュリア系、ダキア系、そしてトラキア系民

族が居住していた。これらの諸族はみな、同じインド・ヨーロッパ語族に属していたが、統一性よりも多様性のほうが著しかった。一例を挙げるならば、社会構造の点においては、ノリクムのようにケルト系民族による王国(regnum Noricum)が形成されていた地域[53]からパンノニアのように部族制の段階に止まっていた地方[54]までであったのである。にもかかわらず、ドナウ川流域の地は、少なくとも外部の人間にとっては、イリュリア地方(Illyricum)の名で一括し得る地方であった。それは、ガリアやアフリカ、ヒスパニアなどと同じく、例えば徴税区(portorium Illyricum)として、一単位をなしていた[55]。したがって、本書で言うイリュリア人とは、言語学的、民族学的に区分されるイリュリア人ではなく、まずもって当時、イリュリア地方の名で呼ばれていた地域の居住民ということになる。

図4　イリュリア地方の諸属州

このイリュリア地方は、ドナウ川の彼方から押し寄せるゲルマン系、イラン系の諸族に対する軍事上の防衛地帯であったことに加えて、北イタリアのアクィレイアからビザンティウムに至るローマ帝国の東西を結ぶ幹線道路が走る戦略的要地でもあった。このため、イリュリア地方には、二世紀には、全ローマ帝国軍のおよそ三分の二に当たる多くの軍団が駐屯することになった。また、タキトゥスがパンノニアの軍隊はイタリアに近く、これを脅かしていると記述しているように[56]、帝国有数の軍事力を擁するこの地方は、イタリアに近接するがゆえに政治的にも重要であった。このことは、ネロ帝死後の「六九年の内乱」の際に早くも明らかになる。東方より進撃するウェスパシアヌス帝の軍勢の先鋒として最初にイタリアに侵入し、ウィテリウス軍を破り、ローマ市へ入城したのはアントニウス・プリムス率いるイリュリア地方の軍団にほかならなかったのである。このようなイリュリア地方本来の軍事的、政治的位置は二世紀から三世紀にかけてイリュリア地方に外枠だけでなく、内的な一体性をも与えるようになってくる。

そして、それは歴史的に三つの段階を経たと考えられる。第一段階は、軍隊社会(Militärgesellschaft)の出現である。[57]これは、ハドリアヌス帝治世以後、軍団兵が現地徴募されるようになった結果、軍団と駐屯周辺地域との密接な関係が生じたことで発生した一種の軍閥のようなものであったが、この共通の社会基盤の出現によって、まずはイリュリア地方の諸属州全体が同質化するための土台が築かれたのである。第二段階へは、マルクス・アウレリウス帝治下に起こったマルコマンニー戦争のときに至った。マルコマンニー戦争は、ドナウ川北方に居住した「蛮族」の大規模なローマ帝国内への侵攻に端を発し、断続的に一〇年以上続き、イリュリア地方全域に惨禍をもたらした大戦争であったことから、[58]この戦争を通してイリュリア地方の住人は「蛮族」に対する「ローマ人」という意識を醸成すると同時に、全イリュリア地方が個々の軍隊社会を超えて、これに共同で対処したことによって一体感を強く持つようになったと思われる。[59]そして、それが端的に現れたのは、「一九三年の内乱」の際である。このとき、イリュリア地方の軍団は、シリアやブリタンニアの軍団と対抗して、皇帝を擁立したのである。この内乱に勝ち抜いたのがイリュリア地方の軍団に支えられたセプティミウス・セウェルスであったことは、彼らの運命をさらに変えていく。セウェルス帝は、ローマ市入城の後、当時、イタリア人から主として構成されていた近衛隊をいったん解散し、イリュリア地方の軍人でもって新たに近衛隊を再編した。[60]さらに、イリュリア地方の選抜兵からなる第二パルティカ軍団を召集し、ローマ市近郊のアルバヌム丘に駐屯させたのである。[61]こうして、イリュリア地方の人間が帝国中央の兵団に取り込まれることで、ローマ帝国と深く関わるようになった。これを第三段階として見なすことができる。両兵団とも、皇帝足下の軍として、対立皇帝や外敵に対する親征に随行することになり、この過程でイリュリア地方の人間はいっそうローマ人としての意識を強固なものとしていったと想像される。G・アルフェルディによれば、属州パンノニアは「ローマ化」の後発地帯であったが、三世紀の初頭にはほぼ現地の社会は解体し、この属州にはローマ的な生活様式、思考様式が浸透していた、と言う。[62]

このような段階を経て、三世紀には言語学的区分や民族学的区分ではない、軍隊社会に育まれた、強固なローマ人としての意識を持つ「イリュリア人」が生み出されることになったのである。これが、すなわち、本書で言うイリュリア人なのである。[63] ただし、イリュリア人には、一方で、同時に帝国全体よりも郷土の利害を第一に考える郷土意識も強かったことは見逃してはならないだろう。アレクサンデル・セウェルス帝のペルシア遠征のとき、イリュリア地方の兵士が故郷がゲルマン人の攻撃を受けているとの報を受けて、騒擾を起こしたとするヘロディアヌスの伝えるエピソード[64]は、そのことをよく示している。

イリュリア人の歴史的役割

こうして形成されたイリュリア人は、軍人皇帝時代に入ると、最も多くの簒奪帝を擁立し、イリュリア地方の利害を強烈に主張するようになった。イリュリア地方は、簒奪の温床となったのである。とりわけ、フィリップス帝治世(二四四〜二四九年)以降の一時期は、この傾向が著しかった。パカティアヌス、デキウス、ガルス、アエミリアヌスと二五三年までの間に次々とイリュリア人によって皇帝が擁立された。ウァレリアヌス帝の即位後、いったん、簒奪は収まったかのように見えたが、再び、インゲヌウス、レガリアヌスという僭称帝が連続する。ところが、クラウディウス帝治世(二六八〜二七〇年)以降、事実上、帝国の支配権を掌握したイリュリア人は、一転して、帝国の再興へとその力を向けはじめ、クラウディウス帝を継いだアウレリアヌス帝の治世に至っては、ついにパルミラ、ガリアの「分離帝国」を打ち破り、ローマ帝国の再統一を成し遂げるのである。そして、この間、ドナウ地方では、簒奪の動きはまったく止まった。

クラウディウス帝期を境とするこの急激な転換は、なぜ生じたのであろうか。また、なぜイリュリア人のみが帝国再興への原動力となり得たのであろうか。隊商都市パルミラの帝国はさておくとしても、「ガリア分離帝国」が帝国を再統一したとしても何の不思議もなかったはずである。にもかかわらず、「ガリア分離帝国」は、そのような動きを見せることはなく、イリュリア人のみが帝国の統一に向かった。それゆえ、この点を探ることで当該時代において、イリュリア人の持った役割やその性格を際立たせることができるのではないだろうか。

A・モーチやA・R・バーリーは、その根本的な原因にイリュリア地方の経済的貧困を看取っている。[65] イリュリア地方は、経済的に最も貧困であったにもかかわらず、最も多くの軍団を擁しており、したがってその膨大な軍団兵を養うためには、地中海世界全体の富を必要とした。加えて、イリュリア地方は、ゴート族を始めとするゲルマン系諸族の最も激しい攻撃を受けていた。このため、イリュリア人は、自らの属州により多くの富を注ぎ得る皇帝、軍事的にでき得る限り有能な皇帝を望んだのであり、結果的に、軍人皇帝時代の前半において最も多くの簒奪帝を擁立することになったのである。そして、また、クラウディウス帝期以降の軍人皇帝時代後半にイリュリア人が帝国の再興に向かったのも、同じ経済的理由からであったとされる。確かに、経済的説明は、軍人皇帝時代前半にイリュリア人が多くの皇帝を擁立した要因としては有効であるかもしれない。しかしながら、軍人皇帝時代後半のイリュリア人の行動をまったく同じ経済的理由から説明することには、無理があろう。

他方で、A・アルフェルディやR・サイムは、イリュリア人を帝国再興へと向かわした要因に、イリュリア人の持った帝国意識(imperial patriotism)を指摘している。[66] 辺境属州でローマ帝国の軍人としてつねに戦っていたイリュリア人には、帝国に対する愛国的な感情が生じており、これに衝き動かされて、自身の郷土の荒廃にもかかわらず、帝国の再統一を目指したと言うのである。しかし、この説明の仕方は、先の経済的説明とは逆に、軍人皇帝時代後半のイリュリア人の行動を説明することを可能とするが、その前半において自身の郷土の利害のみを主張していたイリュリア人の行動を理解することが、まったくできないという欠点がある。とはいえ、彼らの言う帝国意識なるものの概念そのものは有効であろう。すでに論じたように、イリュリア人は、歴史的に見て、ローマ人としての意識を強く持っていたと考えられるので、それが帝国意識に至ることはある意味で当然のことであるし、また貨幣史料の銘文も、その存在を示唆している。デキウス帝の治世(二四九～二五一年)から現れる当該貨幣の銘には、「イリュリア地方の守護霊(Genius Illyrici)」とあり、[67] この銘は、ローマ帝国側が帝国に奉仕する一個の精神を持った集団を認識していたことを示しているのである。しかし、帝国意識は、経済的説明とは逆に、軍人皇帝時代前半のイリュリア人の行動を理解することには繋がらない。だが、ここで、イリュリア人が強い郷土意識も持ち合わせていたことを勘案するならば、軍人皇帝時代における一見対照的なイリュリア人の行動を一貫して理解できるように思われる。

すなわち、大局的には、イリュリア人の行動を理解する鍵は、イリュリア人の持った郷土意識と帝国意識との関係に帰着するのではないだろうか。イリュリア人の間では、軍人皇帝時代前半においては、無理に経済的理由を挙げずとも、明らかに素朴な郷土意識が優越し、その後半には帝国意識が前面に現れていたからである。このイリュリア人の持った二つの意識は、矛盾するようではあるが、これは本来、裏表の関係に過ぎない。一つには、イリュリア地方は帝国の要衝であったことから、郷土の利害のために戦うことが同時に帝国のために戦うことでもあったのであり、両方の意識はほぼ同時に育まれていたと考えられる。強烈な郷土意識は、強烈な帝国意識に容易に転化し得るものであった。

そして、その転化の直接的契機は、イリュリア人が三世紀の半ばに帝国の支配者になったことにある。その際、イリュリア人が「正統性」を欠いていたことは、決定的であった。軍隊という経路を通って政界の前面に現れたイリュリア人は、元老院というローマの正統性の根拠を欠いたままで、帝国の支配者となってしまったからである。このゆえに、イリュリア人は軍人皇帝時代の後半において自らがローマ帝国の正統なる支配者であることをことさらに強調する必要が生じたのであり、必然的にその前半を特徴づけたイリュリア地方への郷土意識は、影を潜めざるを得なかったのであろう。ローマ人以上にローマ的であることが、帝国支配のためには不可欠となったのである。こうして、クラウディウス帝期以降、正統なるローマ帝国の支配者たるべくイリュリア人は、帝国意識を前面に押し出し、帝国の統一へと向かうことになる。そして、このとき以後、イリュリア人の持った強い帝国意識がイリュリア人に帝国を結合させる力としての役割を担わせていくことにもなるのである。そして、それは政治的な帝国の統一に止まることはなかった。ディオクレティアヌス帝は、キリスト教徒を大迫害し、東方属州にもラテン語、ローマ法を強要し、もって帝国の文化的宗教的統一をも目指したことは、周知のとおりである。(68)

また、「正統性」を欠いた絶対的少数者が、ガリアやパルミラの分離国家を軍事的に制圧し、事実上、圧倒的多数の人口を支配することになったのであるから、イリュリア人の間には、必然的に、強固な結束力が生じてくることになる。すでに見たように、クラウディウス帝からディオクレティアヌス帝までの皇帝は、ほぼすべてイリュリア人であったし、同じくすでに見たように、テトラルキア体制の崩壊に至るまでの諸帝もまたイリュリア人であったが、これらイリュリア人皇帝の連続しての輩出は、その結束力なくしては、あり得ないことであった。軍人皇帝時代の常として、皇帝は不慮の死を遂げることが多かったが、イリュリア人たちは、異なる皇帝を立てて相争うのではなく、軍内の話し合いの末で、次期皇帝を選抜していったのである。アウレリアヌス帝の死後、タキトゥス帝が承認されるまでの間の空位期間を可能にした要因の一つとなったのも、ヌメリアヌス帝死後のディオクレティアヌス帝の選出を可能にしたのも、(69)イリュリア人の結束力であった。また、イリュリア人が同郷、同僚の人間を、属州総督や軍高官に、さらにはテトラルキア時代に見られるように帝位にすら引き上げていったことも、イリュリア人の結束力の現れにほかならない。こうして、この結束力が帝国の安定と統一に大きく寄与したことは疑いなく、このような意味においてもイリュリア人は帝国の結合力としての役割を担っていたのである。

さて、このように考えてくるならば、第二節で見たイリュリア人の後退が、直ちに、帝国の統一を維持してきた力の消滅を意味したことが理解されるであろう。すなわち、コンスタンティヌス帝は、イリュリア人なき後の帝国を維持していくために、別の結合力を求めなければならなかったのである。そして、それが、元老院議員層を典型とする伝統的な帝国の支配層であった。コンスタンティヌス帝が、彼ら旧来の元老院議員を再登用しただけではなく、さらには在地の都市参事会員たちに元老院身分を付与することで、彼らの目をローマ帝国へと再び向けさせねばならなかったのは、イリュリア人に代わる新たな結合力としての役割を彼らに期待し、また必要としたからではなかっただろうか。加えて、当時のローマ帝国は、機動軍の出現にともなった統治構造の変化によって、実質的な統治階層と伝統的な支配層であった元老院議員層や都市参事会員層とが乖離してしまっていたため、帝国そのものが著しく安定性を欠くようになっていたのであり、この事実を考え合わせるならば、なおさらこのような処置が不可欠であったと推定されるのである。おそらく、コンスタンティヌスは、三世紀半ば以来の新しい帝国の統治構造は維持しつつも、帝国を人的な面でより安定した基盤の上に載せる必要性を感じていたのであろう。先に、私は、コンスタンティヌス帝の対元老院政策転換の理由にイリュリア人の問題を見出すということを述べたが、それはこのような意味においてであった。

おわりに

本章では、主としてディオクレティアヌス帝治世以後のイリュリア人の動向を辿りつつ、コンスタンティヌス帝期に生じた統治階層交替の問題について考察を行ってきた。

最後に、本章の内容を振り返った上で、簡単な展望を付しておきたい。三世紀半ばより、旧来の統治階層であった元老院議員に代わって、イリュリア人が政界前面に現れ、帝国統治の要職を牛耳るようになった。これが「騎士身分の興隆」と呼ばれる事象の実相であった。このイリュリア人の優勢は、ディオクレティアヌス帝治世を通じて継続したが、同帝のとったテトラルキア体制は、結果として、イリュリア人の後退を余儀なくさせることになった。とりわけ、ディオクレティアヌス帝退位後の抗争の中で、帝国分担統治が事実上の帝国分割に至ったことで、イリュリア人の全帝国規模での影響力が消滅したからである。加えて、ゲルマン人を始めとする西方の軍勢に担がれたコンスタンティヌス帝の勝利がイリュリア人を軍事的エリートとしての支配的地位から追い落とすことになった。だが、このイリュリア人の消滅は、単に一個の地域集団の政治的没落を意味したのではなかった。イリュリア人が持った帝国意識とその結束力は、三世紀の混乱した帝国にあっては、強い結合力として作用していたのであり、彼らの消滅は、同時に、帝国の統一を維持してきた「箍《たが》」の消滅をも意味していたのであった。コンスタンティヌス帝が伝統的支配層を再び大規模に登用したのは、イリュリア人に代わる帝国の新たな結合力を彼らに求めた、その結果にほかならなかったのである。

それにしても、同じイリュリア人であったコンスタンティヌスが、なぜイリュリア人の支配を打倒してしまったのか、訝しむ向きもあろう。それは、本章で論じてきた政治的軍事的情勢の必然的な結果でもあったのだが、しかし、一方で、コンスタンティヌスは若き日には人質としてディオクレティアヌス、後にはガレリウスの宮殿で時を過ごし、父帝コンスタンティウスの危篤の報に接して、ガレリウスの追っ手を逃れて、ブリテン島までの逃避行を果たしたという経験の持ち主であった。また、彼が、キリスト教に多少なりともシンパシーを感じていたことは疑いない。これに対して、ディオクレティアヌスとガレリウスがキリスト教の大迫害者であったことは言うまでもないだろう。このような点を斟酌するならば、コンスタンティヌスには心情的にも、信仰的にも、イリュリア人の敵対者として現れてくる素地があったのである。

いずれにしても、三世紀に見られた独特のイリュリア人の姿は、コンスタンティヌス帝治世以後、歴史上から消えてしまう。このことは、イリュリア人が単に軍事的、政治的に敗北したのではないことを示唆している。おそらくは、テトラルキア時代以後の行政区分の変動や同時期に顕著になるローマ市の非首都化にともなって、イリュリア人を生み出した本質的な歴史的要因であるイリュリア地方の政治的、軍事的位置が根本的に変質していったことが、イリュリア人そのものの消滅に繋がったのであろう。この後も、イリュリア地方出身の皇帝は、六世紀のユスティニアヌス帝まで断続的に現れるが、彼らはもはや「イリュリア人」ではなかったのである。[70]

（1）すなわち、クラウディウス、クィンティルス、アウレリアヌス、タキトゥス、フロリアヌス、プロブス、カルス、ヌメリアヌス、カリヌスである。
（2）ただし、兄弟関係を疑う説もある。この点については序章付節の注(38)参照。
（3）*SHA, Probus*, 3, 1; Aurelius Victor, 37, 4.
（4）*SHA, Probus*, 6, 1; G. Vitucci, *L'imperatore Probo*, Roma, 1952, pp. 1-32.
（5）Zonaras, 12, 30.

(6) R. Syme, *Emperors and Biography: Studies in the Historia Augusta*, Oxford, 1971, p. 247.

(7) *SHA, Carus et Carinus et Numerianus*, 4, 2-5.

(8) vol. III, p. 422, n. 3.

(9) 第1章第五節および M. Christol, Armée et société politique dans l'empire romain au IIIe siècle ap. J.-C., *Civiltà classica e cristiana*, 9, 1988, pp. 169-204 参照。

(10) H. G. Pflaum, Zur Reform des Kaisers Gallienus, *Historia*, 25, 1976, S. 109-117.

(11) 表では、イリュリア人皇帝と同じ氏族名をもつ総督は太字になっている。なお、主要なイリュリア人皇帝の名は以下のとおり。M. Aurelius Claudius, L. Domitius Aurelianus, M. Aurelius Probus, M. Aurelius Varelius Diocletianus, M. Aurelius Maximianus, C. Flavius Valerius Constantius, C. Garelius Valerius Maximianus.

(12) *PRLE*, pp. 1117-1118, p. 1124.

(13) Lactantius, *De mortibus persecutorum*, 19, 6; T. D. Barnes, *The New Empire of Diocletian and Constantine*, Cambridge, Massachusetts and London, 1982, p. 31.

(14) Eutropius, 9, 19, 2.

(15) Zonaras, 12, 31.

(16) *Epitome de Caesaribus*, 40, 10.

(17) *Panegyrici latini*, 10, 3, 5-6; Barnes, *op. cit.*, pp. 32-33.

(18) *Epitome de Caesaribus*, 40, 15-16.

(19) *Origo Constantini Imperatoris*, 1, 2; Barnes, *op. cit.*, pp. 35-37.

(20) Aurelius Victor, 39, 26. A・モーチによれば、イリュリア地方、特に、その国境地帯においては軍隊とその周辺に流れ込む富により、小規模な自営農民の存続が可能となっており、大土地所領の発展が妨げられていた(A. Mócsy, *Pannonia and Upper Moesia: A History of the Middle Danube Provinces of the Roman Empire*, translated by S. Frere, London and Boston, 1974, pp. 242-243)。そして、このような国境付近の自営農民層こそが、イリュリア人の供給源であった。イリュリア人皇帝が軍務だけでなく、農事の苦難に慣れていたとする、アウレリウス・ウィクトルの言は、このようなことを意味していると考えられる。

(21) P. J. Casey, *Carausius and Allectus: The British Usurpers*, London, 1994, p. 142.

(22)　Eutropius, 9, 25, 1. ガレリウスは、「イリュリクムとモエシアから軍勢を徴発して(per Illyricum Moesiamque contractis copiis)」ペルシア帝国と戦った。
(23)　*Panegyrici latini*, 10, 2, 2.
(24)　A. Chastagnol, *L'évolution politique, sociale et économique du monde romain 284–363*, 3e édition corrigée Paris, 1994, p. 95.
(25)　注(22)参照。
(26)　また、ディオクレティアヌス帝期以後、属州行政における民政と軍事の分離が制度的にも貫徹されてくるので、この点もまたイリュリア人の優勢を阻害したであろう。
(27)　マクシミヌス・ダイアはガレリウスの甥になるので(Lactantius, *De mortibus persectorum*, 18, 13-14)、当然、ガレリウス帝と同じくダキア・リペンシスの出身であったと考えられる。その軍歴を同じくラクタンティウスが伝えている(Lactantius, *De mortibus persectorum*, 19, 6)。セウェルスは、アウレリウス・ウィクトルによれば、イリュリクムの出である(40, 1)。正確な経歴はまったく不明であるが、ガレリウスの友人であり、軍人であった(Lactantius, *De mortibus persectorum*, 18, 12)。*cf.*, Barnes, *op. cit.*, pp. 38-39.
(28)　*Origo Constantini Imperatoris*, 18, 20. キバラエの会戦の和議で、リキニウスの領土はオリエント、アシア、トラキア、モエシア、小スキュティアに限られたとされる。
(29)　Zosimos, 2, 15, 1.
(30)　Ammianus Marcellinus, 15, 5, 33.
(31)　Ammianus Marcellinus, 21, 10, 8 によれば、コンスタンティヌス帝はローマ皇帝として初めてゲルマン人をコンスルに任じたとされている。
(32)　D. van Berchem, *L'armée de Dioclétien et la réforme constantinienne*, Paris, 1952, pp. 108–109.
(33)　M. Waas, *Germanen im römischen Dienst im 4. Jh. n. Chr.*, Bonn, 1965, S. 8.
(34)　ibid., S. 9-15. ヴァースは軍事長官のほかにも多くの軍高官職にゲルマン人が進出していたことを示している。*cf.*, J. H. W. G. Liebeschuetz, *Barbarians and Bishops : Army, Church and State in the Age of Arcadius and Chrysostom*, Oxford, 1990, pp. 7-10.
(35)　リキニウスはダキア・ノヴァの出身であり(*Origo Constantini Imperatoris*, 5, 13)、ガレリウスの同僚としてペルシア遠征に参加した有能な軍人であった(Eutropius, 10, 4, 1)。*cf.*, Barnes, *op. cit.*, pp. 43-44.

(36) A. Chastagnol, *Le sénat romain à l'époque impériale*, Paris, 1992, pp. 236-237. ローマの元老院の定員が二〇〇〇人になったという史料的根拠は明示されていないが、おそらく、コンスタンティウス二世下でコンスタンティノープルの元老院の定員が三〇〇人から二〇〇〇人に増加したとするティメシテウスの発言(Thimesiteus, *Orationes*, 34, 13)からの推論であろう。

(37) C・カエリウス・サトゥルニヌス(*CIL*, 4, 1704=*ILS*, 1214)、C・ユリウス・ルフィニアヌス・アブラビウス・タティアヌス(*CIL*, 10, 1125=*ILS*, 2942)、L・パピウス・パカティアヌス(*PLRE*, 1, Pacatianus, 2)。

(38) *PLRE*, 1, Iulianus, 35. ユリアヌスは、背教者ユリアヌス帝の母方の祖父になる。

(39) *Panegyrici latini*, 4, 35, 2.

(40) 騎士身分の称号には、vir eminentissimus, vir perfectissimus, vir egregius の三種が元首政期にはあった。近衛長官にのみ与えられた vir eminentissimus の称号は、リキニウス帝の近衛長官であったユリウス・ユリアヌスを最後に消滅する。近衛長官職そのものが、後段で見るように、元老院議員の就く官職になるからである。vir egregius の称号は、三二一年の法文中(*C. Th.* 6, 22, 1)に見られるものを最後に消滅する。vir perfectissimus のみが vir clarissimus の次位の称号として四世紀の後半まで用いられた。O. Hirschfeld, Die Rangtitel der römischen Kaiserzeit, *Sitzungsberichte der Berliner Akademie*, 1901, S. 579-610=*Kleine Schriften*, 1913, S. 646-681.

(41) なお、騎士身分消滅の時期については、諸説ある。例えば、A・シャスタニョル(Chastagnol, *op. cit.*, pp. 238-241)は騎士身分がコンスタンティヌス帝により三二六年に廃止されたとするが、C・ルプレ(C. Lepelly, Fine dell'ordine equestre, *Società romana e Impero tardoantico*, 1, Roma e Bari, 1986. pp. 227-246)は騎士身分が一挙に廃されたのではなく、四世紀後半までに徐々に消滅していったと考えている。

(42) A. H. M. Jones, The Date and Value of the Verona List, *JRS*, 44, 1954, pp. 21-29; M. T. W. Arnheim, *The Senatorial Aristocracy in the Later Roman Empire*, Oxford, 1972, pp. 49-73; W. Kuhoff, Die Bedeutung der Ämter in Clarissimat und Spektabilität für die zivile senatorische Laufbahn im 4. Jahrhundert n. Chr., *Tituli*, 4, 1982, S. 271-288; Chastagnol, *op. cit.*, p. 240.

(43) Arnheim, *op. cit.*, pp. 169-171.

(44) *Origo Constantini Imperatoris*, 6, 30.

(45) 一般に、コンスタンティノープルの元老院は成り上がり者から構成されていたように考えられているが、実際は、コンスタンティウス二世の命でその成員をリクルートしたティメシテウスの発言から知られるように、新元老院の構成員の多くは富と教養と官職を持った伝統的な東部地中海の都市参事会員層であった。P. Heather, New Men for New Constantines? Creating an Imperial Elite in the Eastern Mediterranean, P. Magdalino (ed.), *New Constantines*, Cambridge, 1994, pp. 11-32.

(46) A. Alföldi, *The Conversion of Constantine and Pagan Rome: The Clash between the Senate and Valentinian I*, translated by H. Mattingly, Oxford, 1952, pp. 110-123. 新田一郎「コンスタンティノポリスの建設とその意義」『史林』四二―五、一九五九年、六四八～七〇九頁。

(47) 栗本薫「コンスタンティノープル三三〇年――その実態と伝承の形成」『史林』七一―二、一九八八年、二二三～二五八頁。

(48) 注(45)の文献参照。

(49) Eusebius, *Vita Constantini*, 4, 1.

(50) イリュリア語を話していた民族の居住地は、先史時代において広く小アジアからエーゲ海諸島、アペニン半島にまで及んでいた。高津春繁『印欧語比較文法』岩波全書、一九五四年、二五～二八頁。また、大プリニウスは現在のアルバニアと旧ユーゴスラヴィアのモンテネグロの境界あたりに居住していた民族を「正しくイリュリア人と呼ばれる」と表現している (Plinius, *Naturalis Historia*, 3, 22)。

(51) F. Altheim, *Die Soldatenkaiser*, Frankfurt am Main, 1939, S. 14.

(52) G. Alföldy, Die Romanisierung in den Donauprovinzen Roms, P. Kneissl, V. Losemann (ed.), *Alte Geschichte und Wissenschaftsgeschichte*, Darmstadt, 1988, S. 1-21.

(53) G. Alföldy, *Noricum*, translated by A. Birley, London and Boston, 1974, pp. 42-44.

(54) Appianos, 10, 22.

(55) Appianos, 10, 6. 二世紀の人であるアッピアノスは、アルプスから黒海に至るドナウ川右岸に住む諸民族、諸地方がイリュリアの名で総称されていること、また一つの徴税区をなしていたことを記している。ヘロディアヌスも、同様に、イリュリア地方という言葉をドナウ川流域の諸属州を総称するものとして使用している。多くの箇所で見られるが、例えば Herodianos, 2, 10, 1. なお、行政区分としてのイリュリア地方という語は、共和政末期から帝政初期にダルマティアとパンノニアの二つの属州を指す言葉として用いられていたが、その後用いられなくなり、再びこの語が行政用語として現れるのはコンスタンティヌス帝期以降である。イリュリア地方の語は、パンノニア、モエシア、ダキア管区 (dioecesis) を包括する道 (praefec-

tura)の名称として使用されるのである。J. Wilkes, *The Illyrians*, Oxford, 1992, pp. 208-211. なお、porotrium Illyricum については、P. Ørsted, *Roman Imperial Economy and Romanization*, Copenhagen, 1985, pp. 251-347 参照。

(56) Tacitus, *Annales*, 1, 47.

(57) G. Alföldy, Das Heer in der Sozialstruktur des Römischen Kaiserreiches, *Römische Heersgeschichte. Beitrage 1962-1985*, Amsterdam, 1987, S. 26-42.

(58) 南川高志『ローマ皇帝とその時代——元首政期ローマ帝国政治史の研究』創文社、一九九五年、二四一～二四五頁。

(59) J. Fitz, *L'administration des provinces pannoniennes sous le Bas-Empire romain*, Bruxelles, 1983, p. 87; Wilkes, *op. cit.*, pp. 260-261.

(60) Dio, 75, 2, 4-6; M. Durry, *Les cohortes pretoriennes*, Paris, 1938, p. 248.

(61) G. Forni, *Il reclutamento delle legioni da Augusto a Diocleziano*, Roma, 1953, pp. 97-99.

(62) G. Alföldy, La Pannonia e l'Impero romano, *La Pannonia e l'Impero romano*, Roma, 1994, pp. 25-40.

(63) サイムは、「イリュリアの」「イリュリア人」という言葉よりも、「ドナウの」と呼ぶほうが無難であるとしているが(R. Syme, Danubian and Balkan Emperors, *Historia*, 22, 1973, pp. 310-316)、ここでは、ローマ人が広くドナウ流域をイリュリア、ないしイリュリクムと総称していたことに基づき、その地の住人をイリュリア人と呼ぶ。

(64) Herodianus, 6, 7, 1-5.

(65) Mócsy, *op. cit.*, pp. 210-211; id., Pannonien und die Soldatenkaiser, *ANRW*, 2, 6, 1977, pp. 557-582; A. R. Birley, The Third Century Crisis in the Roman Empire, *Bulletin of the John Rylands University Library of Manchester*, 58, 1976, pp. 253-281. 他にも、邦語では、市川雅俊「ローマ帝国と軍隊」弓削達・伊藤貞夫編『ギリシアとローマ——古典古代の比較史的考察』河出書房新社、一九八八年、二三一～二四四頁。

(66) A. Alföldi, The Crisis of the Empire, *CAH*[1], pp. 165-231; Syme, 1973, p. 316. サイムが imperial patriotism という言葉を用いている。

(67) 他にも Genius Exercitus Illyriciani の銘を持った貨幣が知られている。*cf.* A. Alföldi, Die Vorherrschaft der Pannonier im Römerreiche und die Reaktion des Hellenentums unter Gallienus, *Studien zur Geschichte der Weltkrise des 3. Jahrhunderts nach Christus*, Darmstadt, 1967, S. 228-284.(初出は一九二九年)

(68) K. Stade, *Der Politiker Diokletian und die letzte grosse Christenverfolgung*, Dissertation (Frankfurt. am Main), Wiesbaden, 1926,

S. 66-68; T. D. Barnes, *Constantine and Eusebius*, Cambridge, Massachusetts and London, 1981, p. 19.

(69)　アウレリウス・ウィクトルによれば(39, 1)、ディオクレティアヌスは「将軍と将校の協議で(ducum consilio tribunorumque)」皇帝に選出されている。

(70)　J・フィッツは、ディオクレティアヌス帝期以降の行政区分の変動がイリュリア地方の一体性を破壊していったと指摘している(Fitz, *op. cit.*, p. 91-92)。イリュリア地方は、ディオクレティアヌス帝期にパンノニア、モエシア、トラキアの三つの管区に分かたれ、コンスタンティウス二世の治世下(三三七～三六一年)には、そのうちトラキア管区はオリエント道に、他の二管区はイリュリクム道に帰属したため、一地方としての統一性は、次第に失われていった。

終章　イリュリア人の興亡とローマ帝国の変容

本書は、軍人皇帝時代の政治史の分析、より厳密には三世紀半ばから四世紀初めにかけての統治階層の転変を考察することを通して、前期から後期へのローマ帝国変容の過程を明らかにしようと試みてきた。このような分析視角を本書がとったのは、旧説に従えば、統治階層の交替こそが帝国の政治体制の変容と結びつくと考えられてきたからであり、またこの事態が起こった軍人皇帝時代が前後の帝国の結節点にありながら、さまざまな事情で、特に政治史の点では、いわばブラックボックスの状態にあったため、前後のローマ帝国の関係性がこれまで十分に明らかにされてこなかったからである。そして、この試みはこの段階で振り返ってみれば、イリュリア人の興亡の跡を辿ることでもあった。事実上、第一部ではイリュリア人興隆の歴史的、制度的背景を、第二部ではイリュリア人の帝国支配とその終焉の問題を扱っていたからである。そこで、最後に、これまでの結論をイリュリア人の興亡という観点から、歴史的な流れに沿って整理することで、本書全体の結びとしたい。

二五三年の夏、ラエティア方面で軍を率いていたウァレリアヌスが、麾下の軍勢によって皇帝に推戴された。帝位に即いたウァレリアヌスは、アルプスを越えてイタリアに侵入し、つい数カ月前に皇帝になったばかりのアエミリアヌスを倒した。このアエミリアヌス自身も、実は、属州総督としてドナウ川流域でゴート族に対して勝利を挙げた後、皇帝に推戴され、先帝ガルスを破って、政権を打ち立てた人物であった。その当時、ガルスの治世も未だ三年に満たなかった。辺境属州の軍司令官が事あるごとに、麾下の軍によって皇帝に擁立され、都に攻め上ってくる、このような光景は、二三五年のマクシミヌス帝の即位以来、ローマ帝国の人々にはもはや日常的なものとなっていた。

しかし、ウァレリアヌスは、軍人皇帝時代の動乱の中でつねに政局の中心にあって、つぶさに帝国の現状を観察する機会に恵まれたからであろうか、(1)ローマに攻め上って来たときには、この悪循環を止める策を胸に秘めていた。その策とは、同僚皇帝を各戦線にあらかじめ配することで、簒奪帝の出現を防止し、かつ帝国を効率的に防衛するというものであった。ウァレリアヌスは、テトラルキア体制の先駆と評価できるこの策を、ローマに入城すると、すぐに実行に移した。すなわち、ウァレリアヌスは、息子のガリエヌスを同僚皇帝に任命し、彼に西方諸属州の防衛を委ね、自らは東方諸属州をササン朝ペルシアの侵略から護るべく、ローマを早々に発ったのである。一方、西方の諸属州を預かったガリエヌスは、ドナウ、ラインの二方面を担当せねばならなかったので、片方の戦線を不在にするときには、自身の息子をカエサルとして後に残す処置を取って、父帝の方針に忠実に従った。しかし、この帝国防衛分担政策が、後に図らずもイリュリア人の興隆を引き起こす歴史的要因になるのである。

ウァレリアヌスの政策は、皇帝が各戦線に軍とともに常時張りつくことを前提としていたため、辺境の属州で軍と多くの時間を過ごすようになった皇帝にとって、その忠誠心確保はこれまで以上に喫緊の課題となった。加えて、当時の軍が制度的には常設の機動軍と化していたことも、軍と皇帝の関係を考える際には、見逃してはならない。従前の機動軍は、必要に応じて各地の軍団からの分遣隊から編制され、任務が終了すれば解体され、これを構成していた分遣隊は母軍団に戻るという形をとっており、要するにその場限りの寄せ集めの軍に過ぎなかったのであるが、両皇帝の治世以後、機動軍は彼らの行った騎兵軍改革(二五八年以前)を通して創り出された独立騎兵部隊と独立歩兵部隊から編制されるようになって、恒常性を帯びるようになっていたのである。このことは、皇帝の新たな権力基盤が出現したことを意味すると同時に、機動軍のメンバーがある程度固定化したことで、機動軍自体が一つの集団としての意思を持つことに繋がった。以後、皇帝は、機動軍の意向を配慮しなければならなくなったのである。両皇帝が足下の軍幹部にプロテクトルの称号を与え、彼らの忠誠心を鼓舞しなければならなかったのは、このような事情があったからであろう。

だが、機動軍の忠誠心が空虚な称号だけで十分に担保できたとは思われない。ここに、軍人たちが、伝統的に元老院議員の手に委ねられてきた軍司令官職、例えば属州総督職や軍団長職などに登用される一つの、しかし重要な歴史的契機があったのではないだろうか。登用の前提に彼らの高い軍事的能力があったことは言うまでもないが、しかし、それだけでは、なぜまさにこの時期に皇帝たちが彼らを登用したのか、という特殊歴史的な事情までは説明できない。現に、両皇帝の共同統治期、より年代を限定するならば、二五七年頃からアウレオルスやポストゥムス、M・コルネリウス・オクタウィアヌス、あるいはオダエナトゥスといった伝統的統治階層とは異質な人間が、これまでであれば元老院議員が任用されていたであろう官職に就いていたことが史料上に確認できるようになるのであり、これが想定された騎兵軍改革の時期とほぼ一致しているのは、偶然とは思われないのである。

このようにしてウァレリアヌス帝とガリエヌス帝による共同統治期末期には、ローマ帝国は急速にその姿を変えつつあったのであるが、二六〇年の夏にウァレリアヌス帝がササン朝ペルシアの皇帝シャープール一世に戦場で捕らえられ、消息を絶ったことで、さらなる新しい展開が始まることになった。

すなわち、ウァレリアヌス父子の不幸が、イリュリア人にとっては彼らの時代の本格的幕開けを告げる出来事となったのである。なぜなら、ウァレリアヌス帝捕囚後の混乱の中で、ローマ帝国がガリア分離帝国とパルミラの勢力圏、そしてガリエヌスの支配地域の三つに分割されたことで、イリュリア人は当時台頭していた軍人の中の一集団ではなくなり、ガリエヌスという「正統帝」の機動軍の支配的勢力となり、また、同帝は父帝の軍人登用の方針を継承したため、あるいはむしろ改められなかったと言うべきかもしれないが、いずれにしても、その支配領域で彼らの台頭は顕著なものとなったからである。

そして、その行き着いた先が、ガリエヌス帝のイリュリア人たちによる謀殺であり、クラウディウスの即位であった。この意味で、クラウディウスの即位はこれまでのローマ帝国の変容の総決算であり、また新しいスタートが切られたことを象徴的に示す事件であったのである。通説では、これよりおよそ三〇年前に起こったマクシミヌスを最初の軍人皇帝と見なし、彼の即位に一つの画期を見出してきたが、実際には、マクシミヌスという皇帝の出現を除いて、当時のローマ帝国にそれ以前のローマ帝国との本質的な差異を見出すことはできない(2)。確かに、帝国外民族の活動は活発化しつつあり、国境地帯は予断を許さない状況になっていたが、帝国の統治構造やそれを運営する者たちの意識は変わっていなかった。皇帝は、ローマ市にいることを当然のこととし、そこに集う元老院議員は、皇帝の代官として属州の統治に、あるいは正規軍団の指揮に赴いていったのである。マクシミヌスの治世も、この現実に何ら変革を加えなかった。しかし、クラウディウスが後継帝として選出されたとき、ローマ帝国は、もはや、かつての帝国ではなかった。ローマ市は実質的には首都でなくなっており、皇帝のいるところ、それがすなわち「ローマ」となっていた。それは、機動軍の軍営にほかならなかった。属州総督の多くは、機動軍から派遣されたイリュリア人に入れ替わり、辺境に駐屯した伝統ある正規軍団は多くの分遣隊に解体され、一部は機動軍を編制し、一部は帝国内地の要衝に配置され、それらを率いる権限も元老院議員たちからイリュリア人に移っていたのである。

クラウディウス自身の治世は短命であったが、イリュリア人による帝国支配は、続くアウレリアヌスの時代に、彼らがパルミラとガリアの東西の敵対勢力を屈服させ、帝国の再統一に成功したことで、いよいよ確固たるものとなった。アウレリアヌスが不慮の死を遂げた後も、イリュリア人の帝国支配は揺るがず、タキトゥス、プロブス、カルス、そしてディオクレティアヌスに至るまでの皇帝はすべて、自身がイリュリア人であったか、あるいはイリュリア人が支配的な勢力を占めた機動軍の承認で生み出されたのであった。『ヒストリア・アウグスタ』は、デキウスに始まりテトラルキア体制に至る皇帝たちが、相互に密接な関係を持ち、おのおの先行する皇帝たちによって選抜されていったとする見方を提示しているが、あながち作り話ばかりとは言えないであろう。(3)

これらイリュリア人の帝国支配を支えたのはウァレリアヌス帝とガリエヌス帝の治世に出現した機動軍に権力基盤を置く統治体制であったが、このような体制に加えて、クラウディウス帝以後は、皇帝の出自すらも元老院議員からイリュリア人に変わったため、イリュリア人の政権は元老院議員を始めとする伝統的支配者層からいっそう乖離した。このため、かえって元老院議員などは彼らが古くから所領を有し、パトロンとして振る舞ってきたイタリアやアフリカで一地方勢力としてではあったが、その政治的影響力を伸ばすことができたようである。この時代に起こったタキトゥスの即位は、機動軍に権力基盤を置く皇帝と在地で勢力を伸ばしつつあった元老院との微妙な力関係を反映した事件として位置づけられるものであった。とはいえ、タキトゥスの即位といえども、あくまでも機動軍からの要請であったことが端的に示すように、この時代を左右したのは軍事的な力を掌握していたイリュリア人であったことは疑いない。伝統的支配者層から乖離したイリュリア人の統治体制は内に不安定さを多分に含んでいたが、イリュリア人自体の持った強い結束力には、これを補って余りあるものがあった。

イリュリア人の帝国支配は、ディオクレティアヌス帝の治世に入っても変わりなかった。しかしながら、ディオクレティアヌスのとったテトラルキア体制という帝国防衛政策は、皮肉なことに、彼らイリュリア人が支配権を握ったのとまったく同じ論理で彼らの支配を覆すことになった。先に説明したように、イリュリア人台頭の歴史的要因は、ウァレリアヌスのとった帝国防衛分担政策とそれに続いた帝国分割の結果であったのであるが、彼らの衰退も、ディオクレティアヌスのとったテトラルキア体制という帝国防衛分担政策が、同帝退位後の内乱の中で帝国分割に至ったことによって引き起こされたものであったからである。イリュリア人は、テトラルキア体制崩壊過程で、漸次、その全帝国規模での影響力を喪失し、最終的には、彼らの担いだ皇帝リキニウスが別の勢力に支えられたコンスタンティヌスに敗れたことで、その支配に完全に終止符が打たれたのである。

こうして、三世紀の半ばに端を発したイリュリア人の興隆と帝国支配は、直接的には、テトラルキア体制崩壊過程の軍事的、政治的動向の中で、終わりを告げることになった。しかし、イリュリア人の衰退は、遅かれ早かれ起こるものであったとも考えられよう。本書では、この点について十分に論じることができなかったが、彼らの興隆とその支配は、国家非常事態の下で、旧来の昇進階梯などを無視する形で実現していたのであり、帝国が安定を取り戻し、官僚制が整備されてくるならば、イリュリア人の活動の場は必然的に狭められる運命にあったと予想されるからである。だが、ともかくも、ここで重要なことは、イリュリア人の衰退が単にこれまでの一支配勢力が没落したことに止まらない問題であったということにある。イリュリア人は、彼らが形成された環境から、また彼らが帝国の実質的支配者となった経緯から、分離国家出現に見られるような遠心力の働いていた当時の帝国にとって強力な結合力となっていたからである。したがって、コンスタンティヌス帝の帝国再統一で彼らの支配が覆されると、一挙に、ローマ帝国はその結合力を失い、不安定化したことになる。そもそも、イリュリア人の政権は、基本的に伝統的勢力排除の上に成り立っていたのであるから、この事態はなおさら深刻であった。コンスタンティヌスが、これまでのイリュリア人皇帝たちの政策を逆転させ、伝統的統治階層を再び大規模に取り込んだのは、イリュリア人なき後の帝国の結合力を彼らが担うことを期待したからであろう。

以上のように、軍人皇帝時代を中心とする時期に起こった統治階層の転変は、イリュリア人の興亡という形で表出したのであるが、その背後には、帝国の統治構造の重大な変化が潜んでいた。そして、この点に着目するならば、軍人皇帝時代が前期のローマ帝国から後期のそれへの単なる「過渡期」としては捉えられないものであったことが明瞭になろう。実際には、ローマ帝国は、専制君主政期という新時代を開いたとされるディオクレティアヌス帝の即位以前の、ずっと早く軍人皇帝時代の只中で、急速に、それも決定的に統治構造と統治階層の面で変貌を遂げていたのである。そして、この現象は、一面では、元首政の崩壊にほかならなかった。序章で述べたように、元首政の本質的性格を「皇帝と元老院議員との共同統治」にあったとするならば、それはウァレリアヌスとガリエヌスの共同統治期に崩壊していたからである。(4)コンスタンティヌスの時代に元老院議員は再登用されるとはいえ、彼らの手には軍事に関する官職は二度と戻らなかったのであり、三世紀半ばの変革によって、彼らは共和政期以来八〇〇年近くに及んだローマ国家におけるその指導的地位を相当程度失ったのであった。

一方で、元首政に代わる新しい政治体制は、それと時を同じくして生まれていた。しかし、それが皇帝の専制化といった概念で捉えられるべきものでないことは言うまでもない。当時、起こったことは、皇帝の権力基盤が機動軍へと移り、元老院議員階層から決定的に離れてしまったことにあったからである。統治階層の転変は、これまで論じてきたように、この事態の結果であったし、また皇帝の専制化の端的な表れと見なされてきたその神聖化も、かつての同僚に過ぎない軍と皇帝との差異化を図ることで、同じ事態に対応したものと解釈できよう。三世紀半ばに誕生したこのような新しいローマ帝国の政治体制は、この後、少なくとも、ディオクレティアヌスの治世いっぱいまでは、いわば純粋な形で維持されたのであるから、旧来の時代区分の枠を超えて、具体的に言えば、「軍人皇帝時代(5)」とそれに続く「ディオクレティアヌスとコンスタンティヌスの時代」という区分を取り払って、この期間を一つの独特の、そして独自の意義ある時代として取り出し、ローマ帝国史の中に積極的に位置づけることも、あるいは可能となろう。(6)

そして、このように考えてくるならば、研究史上、前後のローマ帝国の狭間、ないしブラックボックスのような位置に置かれてきた軍人皇帝時代にこそ、実は、その後のローマ帝国のあり方を根底的に規定することになる諸要素が現れていたことが知られるのであり、言い方を変えれば、この時代に対する十分な理解なしには、前期から後期へのローマ帝国変容の過程を明らかにすることもできないことになるのである。

（1）ヴァレリアヌスは、二三八年の事件の際に史料上に初めて姿を現す。そのとき、『ヒストリア・アウグスタ』によれば「筆頭元老院議員」であり(*SHA, Gordiani tres*, 9, 7)、ゾシモスによれば「コンスル格の元老院議員」であった(Zosimos, 1, 14, 1)。その後、デキウス帝の治下では、皇帝と国事を分担したとされている(Zonaras, 12, 20)。そして、ガルス帝の時代に、ラエティア方面軍を指揮していたときに、その地で皇帝と歓呼されたのである。ヴァレリアヌスは、その最期があまりに悲劇的であったため、またキリスト教の迫害者でもあったため、研究史上その評価は低いが、実際には、相当有能な皇帝であったと考えられる。

（2）南川高志『ローマ皇帝とその時代――元首政期ローマ帝国政治史の研究』創文社、一九九五年、三二七～三二八頁。

（3）R. Syme, *Emperors and Biography: Studies in the Historia Augusta*, Oxford, 1971, pp. 208-220.

（4）南川前掲書、三五〇頁は、「「アリストクラシーとしての元首政」が最後の光を放った」二三八年を元首政の終焉期と見ているが、この点については本書は賛同しない。

（5）このような見方に対して、「三世紀の危機」という概念が批判されている今日、伝統的な意味での「軍人皇帝時代」の時代概念がローマ史を考える上で、むしろ意味を持ってきているとの議論もある。M. Heil, „Soldatenkaiser“ als Epochenbegriff, K. P. Johne, T. Gerhardt und U. Hartmann (Hrsg.), *Deleto paene imperio Romano: Transformationsprozesse des Römischen Reiches im 3. Jahrhundert und ihre Rezeption in der Neuzeit*, Stuttgart, 2006, S. 411-430.

（6）このような見方の必要性については、南川高志「ローマ皇帝政治の進展と貴族社会」『岩波講座世界歴史　四』岩波書店、一九九八年、三四二頁。

あとがき

本書は、左記の一覧に見られる、これまで筆者が個別論文として学術雑誌に発表してきた諸論文に、新たな論考を加えて、一書になしたものである。なお、そのうちの一部は、学位論文『軍人皇帝時代の研究——三世紀におけるローマ帝国の変容』としてすでに一度まとめられ、平成一三年に京都大学大学院文学研究科に提出されている。

序章　書き下ろし
第一章「「ガリエヌス勅令」と三世紀における騎士身分の興隆」『史林』第八一巻五号、一九九八年
第二章「プロテクトルについて——三世紀後半におけるローマ騎士身分」『古代文化』第五二巻九号、二〇〇〇年
第三章「ガリエヌス帝の「騎兵軍改革」について」『西洋古典学研究』第五二巻、二〇〇四年
第四章「パルミラの支配者オダエナトゥスの経歴」『史林』第九〇巻五号、二〇〇七年
第五章　書き下ろし(ただし、二〇〇七年度の西洋史研究会大会(於青山学院大学)で口頭発表)
第六章「軍人皇帝時代の元老院皇帝——タキトゥス帝登極の謎」浅香正監修『ローマと地中海世界の展開』晃洋書房、二〇〇一年
第七章「後期ローマ帝国形成期におけるイリュリア人」『西洋史学』第二〇二号、二〇〇一年
終章　書き下ろし

ただし、今回、旧稿を本の形にするに当たっては、いずれの論文にも大幅な修正を加えた。当時はどの論文もそれなりに満足して出していたはずであるのに、いざ一書にすべく読み返してみると、以前からうすうす分かっていたことはいえ、行論や文章の書き方に始まり、内容に至るまで数多くの問題が見つかったからである。実際、それは修正するのに閉口するほどであった。その程度は、古い論文ほど甚だしかったが、比較的新しい論文でも、第六章のように結論そのものの一部修正を余儀なくされたものもある。途中からは、意に満たない旧稿を直すことが、本書作成において半ば自己目的化した面も否めなかったが、しかし、一方で同時に、各章を構成する論文の論理的関係を、場合によっては過剰と思われるほどに極力明記し、本書が一貫性を持った一つの論文の体をなすように意識して全体に手を加えることも行った。この点は、いわば積極的修正なのであるが、その成否については、読者の判断に委ねるしかない。

また、内容的にも、本書は、必ずしも初めから前面に押し出しているわけではないが、イリュリア人をその一貫した主人公として設定しており、読者の方々にはイリュリア人の興亡という観点から本書を一つの物語として読んでいただくことも可能であろう。学部学生の頃から東洋史学者宮崎市定博士の著作に魅了されてきた筆者は、『隋の煬帝』(中公文庫、一九八七年)の一節「武川鎮軍閥の発展」を意識し、そのひそみに密かに倣ったことも、一言申し添えておきたい。

振り返ってみれば、このような拙い本であれ、同志社大学と京都大学の師友、そして筑波大学の同僚を始めとする実に多くの方々のご助力がなかったならば、とうてい完成し得なかったことを思わずにはいられない。特に、同志社大学名誉教授の浅香正先生、同教授の中井義明先生、京都大学教授の南川高志先生には、公私にわたり多大なお世話になった。記して御礼申し上げたい。中でも、南川先生には、本書を出版するに当たり、書店との仲介の労をとっていただいた。本書第六章の原型になったタキトゥス帝に関する卒業論文以来、元首政の終焉期に関する師説に反論しつづけてきた——そしてこの問題が私の学問的な意味での研究の出発点であった——たちの悪い学生であっただけに、先生から受けてきたご厚情には感謝の言葉もない。

それにしても、本来、積極性に欠ける筆者をこのような形でこれまでの研究をまとめる方向へと突き動かしたのは、学問的な理由をともかくとすれば、悲しいことではあるが、カナダ史家木村和男先生のご病気であった。木村先生は、筆者が平成一七年四月に筑波大学に赴任して以後、最も親しくお付き合いさせていただいた同僚であり、友人であった。大学に就職する際の面接では、ずいぶんいやなおっさんだと感じた先生が、いつの頃からか週に一度は、親子ほどの年齢差があったにもかかわらず、何時間も話をする間柄になっていたのであるから不思議なものである。先生との話題は多岐に及んだけれども、文学関係の話がそのうちの多くを占めていた。先生と親しくなったきっかけも、私が永井荷風が好きだと言ったことだったと記憶している。先生は、漱石ファンだったけれども、お付き合いしていただいて、東京麻布の偏奇館跡から雑司ヶ谷墓地、浅草、果ては千葉の市川まで荷風の足跡を追っていっしょに散策したこともあった。今となっては忘れられない思い出である。そんな先生が、不治の病であることを知ったのは、一八年の秋であった。どれだけ体がもつか分からないということであったが、先生は最後になるであろう自著（『北太平洋の「発見」——毛皮交易とアメリカ太平洋岸の分割』山川出版社、二〇〇七年）の出版を決意され、病と闘いながらも、それが出来上がっていく楽しみを熱心に語られた。研究者は、著書をもって研究成果を世に問うべきであるとの日頃からの主張を見事に実践されたわけである。このような先生のお姿を間近で見続けるうちに、やがて、私自身も、先生がお元気なうちに自分の著書を仕上げ、お見せしたいと考えるようになった。こうして、ようやく鈍牛が動き出したわけであるが、結果的にはとうてい間に合わなかった。慙愧に堪えないが、せめて本書を先生の御霊前に捧げたいと思う。

最後になったが、学界での評価も定かではない若造の著作の出版をご快諾いただいた岩波書店と、担当の天野泰明氏、そして天野氏と共に編集に加わっていただいた岡林彩子氏に心から感謝申し上げたい。お二方には、本当に多くの時間を割いていただき、本書の構成から内容に至るまで数々の貴重なご助言をいただいた。本書がこのような形で出版できることになったのは、お二方のおかげである。

平成二〇年九月四日

井上文則

■岩波オンデマンドブックス■

軍人皇帝時代の研究──ローマ帝国の変容

2008年11月12日　第1刷発行
2024年10月10日　オンデマンド版発行

著　者　井上文則《いのうえふみのり》

発行者　坂本政謙

発行所　株式会社 岩波書店
〒101-8002 東京都千代田区一ツ橋2-5-5
電話案内 03-5210-4000
https://www.iwanami.co.jp/

印刷／製本・法令印刷

ISBN 978-4-00-731489-6　　Printed in Japan